O Crucificado

```
CIP-BRASIL. CATALOGAÇÃO NA PUBLICAÇÃO
SINDICATO NACIONAL DOS EDITORES DE LIVROS, RJ

G53c    Godinho, Bruno
           O crucificado / Bruno Godinho. – 2. ed. – Porto Alegre
        : AGE, 2024.
           280 p. ; 16x23 cm.

           ISBN 978-65-5863-280-1
           ISBN E-BOOK 978-65-5863-034-0

           1. Jesus Cristo – Interpretações espíritas. 2. Espiritismo.
        I. Título.

           20-63509              CDD: 133.901
                                 CDU: 133.9
    Meri Gleice Rodrigues de Souza – Bibliotecária CRB-7/6439
```

Bruno Godinho

O Crucificado

2.ª edição

Editora AGE

PORTO ALEGRE, 2024

© Bruno Freitas Godinho, 2021

Capa:
Nathalia Real

Diagramação:
Nathalia Real

Revisão e supervisão editorial:
Paulo Flávio Ledur

Editoração eletrônica:
Ledur Serviços Editoriais Ltda.

Reservados todos os direitos de publicação à
LEDUR SERVIÇOS EDITORIAIS LTDA.
editoraage@editoraage.com.br
Rua Valparaíso, 285 – Bairro Jardim Botânico
90690-300 – Porto Alegre, RS, Brasil
Fone: (51) 3223-9385 | Whats: (51) 99151-0311
vendas@editoraage.com.br
www.editoraage.com.br

Impresso no Brasil / *Printed in Brazil*

Sumário

Exórdio..7
Abreviações alfabéticas dos livros bíblicos.......................11

PARTE I – A ANTIGA ISRAEL

Introdução..15
Abraão e as 12 tribos de Israel...20
O Juiz e os três reis de Israel..23
A Palestina e as regiões limítrofes.....................................28

PARTE II – OS DITADORES ROMANOS E AUGUSTO

Júlio César, Caio Mário e Lúcio Cornélio Sula.................40
O primeiro imperador de Roma..58

PARTE III – TRÊS HERODES E DOIS CÉSARES

Herodes, o Grande 74
Herodes Antipas 79
Herodes Agripa I 88

PARTE IV – A SOCIEDADE JUDAICA

A quem possa interessar...105
O clero..109
O Sinédrio 111
Os fariseus 115

PARTE V – RESPINGOS VALIOSOS

O Cristo Jesus 121
Os escolhidos 128
Irmãos de Jesus? 136
O Jesus histórico 141
Legitimidade dos Evangelhos 145
Em qual língua falou Jesus? 149
O Evangelho de Mateus 152
O Evangelho de Marcos 156
Éramos jovens 162
O Evangelho de Lucas 164
O Evangelho de João 167
Acordos e desacordos nos Evangelhos 169
O Apocalipse 172

PARTE VI – A CRÍTICA RACIONALISTA

Breve abordagem 187
Hermann Samuel Reimarus – A Santíssima Trindade e o Batismo 191
Karl Friedrich Bahrdt – Os essênios e os milagres 199
Karl Heinrich Venturini – Jesus, Espírito puro 210
Heinrich Gottlob Paulus – O que é mais importante em Jesus? 216
David Friedrich Strauss – O discípulo de Hegel 220
Ernest Renan – Jesus nasceu em Nazaré? 225
Simples, mas não simplório 233

PARTE VII – MODELO E GUIA

Ó, Crucificado, o que fizemos de Ti! 239
Heróis da intolerância 265
O servidor sincero, e solitário em Deus 269

Referências 278

Exórdio

O assunto deste livro, de caráter espiritualista, em um julgamento aparente, pode parecer pura história. No entanto, nesta obra não pretendemos somente narrar os fatos bons e maus que marcaram épocas, antes e depois do advento de Jesus à Terra, mas sim aliá-los à disciplina da Lei Única, que rege todo o desenvolvimento do Grande Plano Sideral, agindo em todas as leis dos Universos. Esta obra foi escrita durante inúmeras madrugadas, quando às vezes ribombava o trovão e o zigue-zague dos relâmpagos, que, a seu turno, pareciam lagartas de fogo queimando o espaço. Mas não nos esquecemos daqueles crepúsculos em que os pássaros cantavam seus hinos, prenunciando que a vida é estuante e nos convida a tudo amarmos, pois Deus, que é amor, está em tudo. Ademais, ensina-nos o maior filósofo espiritualista do século XIX – León Denis (1846-1927) – que "é no silêncio que se elaboram as obras fortes, pois o ruído é dos homens, o silêncio é de Deus."

Resolvemos pontuar neste livro os principais personagens envolvidos na maior trama da Humanidade, em que o ator principal não foi reconhecido como tal, pois no lôbrego proscênio desse teatro, o EGO da maioria de seus artistas queria brilhar mais que o EU divino do protagonista. É impossível, porém, que o EGO (como a água), sempre nivelado horizontalmente, possa se igualar à luz (EU). Toda água, quando deitada num recipiente impuro, torna-se impura. Nenhum EGO pode conservar-se puro, indene de contaminação, pelas razões óbvias das imperfeições da criatura humana. Quando o ser, porém, transcende a horizontalidade aquática do EGO humano (como Jesus o fizera), e entra na verticalidade da luz do EU divino (já que é a Luz do Mundo!), este ser está para além das mazelas humanas. Não existe luz impura, porquanto pode ela entrar nas maiores impurezas, que sempre sairá pura como entrou.

Por essa razão, comparamos Jesus (e ainda é muito imperfeita a analogia) com a açucena. Não é o pântano que realça a alvura dela, dando-lhe seiva e perfume extraídos do lodo infecto? Ora, a açucena não se mancha ao contato das águas pútridas do terreno alagadiço de fundo margoso, e não se atrofia. Aliás, essa bela flor não nos traz a impressão de ter nascido no mais maravilhoso jardim? Fazendo uma açucena (Jesus) abrolhar de um charco pútrido, o Criador quis demonstrar com isso que, assim como sucede àquela flor, nós também podemos viver imaculados nos pântanos mundanos, impregnados do aroma incomparável da fé e de todas as qualidades morais! – "Vós sois deuses e se o quiserdes podereis fazer o que eu faço e muito mais" (Jo 10:34) – disse Ele.

Para compreender corretamente a vida de Jesus, é essencial que os principais eventos da história política daqueles tempos sejam mantidos à vista. Existem milhares de literaturas que tratam, especificamente, sobre os ditadores romanos, seus Césares, sobre as Dinastias dos Herodes e daqueles que viveram com Jesus mais de perto, a exemplo de seus discípulos. Nossas referências bibliográficas e os apêndices, ao final do livro, poderão ajudar o leitor mais percuciente. Outrossim, convidamos os mais interessados no assunto à busca desses acontecimentos que, muitas vezes, serviram de crescimento cultural, social, econômico e, por incrível que pareça, também religioso a muitos países ocidentais e da Ásia Menor. Não iremos neste livro trazer senão os fatos mais importantes desses personagens, antes do Cristo Jesus, bem como alguns do primeiro e segundo séculos, depois do Cristo. Transcrevê-los-emos em seus momentos mais relevantes, a fim de que o leitor possa ter uma noção geral dos acontecimentos e, por conseguinte, fazer sua reflexão em face do que vivemos hoje, com a Humanidade mais civilizada, embora com sua barbárie escondida por detrás de uma personalidade, cuja máscara, muitas vezes, cai naturalmente.

Ora, os personagens de *ontem*, nesta obra, são preciosos símbolos do *hoje*. No palco da anti-história humana, mudam-se os cenários, poucas vezes os atores-autores, que, na ânsia da Perfeição, continuam em renovadas tragédias, dramas e epopeias, moldando e vivendo personalidades diferentes na argila reencarnatória da Terra. Talvez os episódios narrados neste livro, assinalados no tempo e no espaço, sejam identificados conosco – atores e autores do *Livro da Vida*. Entretanto, uma esperança alenta-nos o coração: que o leitor saiba usufruir das experiências de nossos antepassados, tirando conclusões sadias, e não rir das nefastas memórias pretéritas. Enfim, que a prudência e a tolerância possam pesar em seus julgamentos, a fim de que examine com imparcialidade as ações daqueles que, infantes, pouco conheciam os princípios de liberdade e justiça divinas.

Não planejamos escrever este livro. Ele surgiu de forma espontânea, quando percebemos, nesses 20 anos quase ininterruptos de estudos e anotações, um encadeamento sucessivo de fatos que se entrelaçavam e mostravam, por si mesmos, a ligação incontestável dos Espíritos envolvidos no maior cenário já então visto no planeta Terra – a presença de Jesus entre nós, na matéria ponderável, há mais de 2 mil anos. O resultado de nossos apontamentos íntimos ficou previsivelmente grande. Ficaria difícil, com efeito, comprimi-lo para umas poucas páginas, dado que o panorama histórico era demasiado amplo e hesitávamos em sacrificar detalhes que contribuíam para o fortalecimento do singular enredo. Optamos, então, por acrescer algumas notas mais extensivas (principalmente nas Partes II, III e V), não menos importantes que o texto genuíno, no intuito de que o leitor não perca sequer um detalhe das circunstâncias que envolveram os soberbos romanos, no maior império que o mundo conheceu, e os não menos autoritários judeus, ainda que pese sua restrita circunscrição geográfica. Não deixe o leitor, portanto, de se embebedar nas notas explicativas, assim que enxergá-las, porque, mesmo ébrios, não se perderão no contexto cronológico em que o livro foi construído.

Quanto ao rótulo desta despretensiosa obra, não associamos a pena de morte, através da crucificação, ao personagem principal – Jesus. Antes Dele, milhares de homens e mulheres morreram na cruz. É bem verdade que os seis dias – que vão de domingo, quando o Filho do Homem entra triunfalmente em Jerusalém (Mt 21:1-11; Mc 11:1-11; Lc 19:28-44; Jo 12:12-19), até a sexta-feira (14 de *Nisan*), pela manhã, na *terceira hora* (9h), quando Ele foi imolado no madeiro da infâmia, dando o último suspiro, à *nona hora* (15h) –, são inusitados quando comparados a todos os outros crucificados, seja na Judeia, na Pérsia ou em qualquer outro lugar.

A crucificação era uma forma de punição romana, e não judaica, que só era reservada aos ladrões, conspiradores e rebeldes. E os Seus sofrimentos físicos? Ah! no período de 33 anos de Sua vida, suas dores físicas não somam 20 horas. Seus sofrimentos, voluntários (Lc 22:52-53, 24:25-26), foram previstos e provocados por amor. Sobre o trajeto de Jesus, do Pretório ao Gólgota, cabe salientar em nossa narrativa as observações do notável teólogo e escritor Carlos Torres Pastorino (1910-1980), em seu livro *Sabedoria do Evangelho VIII*:

> O percurso do Pretório ao lugar da execução não era muito longo: de 500 a 600 metros. Todavia, era bem doloroso carregar aquele peso durante meio quilômetro,

com os ombros já feridos. A própria madeira era talhada a golpes de machado, irregular e cheia de arestas. No sudário de Turim (cf. Pierre Barbet, *A Paixão de Cristo Segundo o Cirurgião*, Edições Loyola, S. Paulo, 1966) são vistos os coágulos formados no ombro esquerdo, das escaras produzidas pelo peso da madeira, embora não se tratasse da cruz inteira, mas apenas da trave superior. Esse travessão, com 2,30 a 2,60 metros de comprimento, pesava em média 50 quilos. Como era arrastado pelo condenado, este suportava mais ou menos 30 a 40 quilos, o que não impedia, porém, que a carne ficasse macerada nos ombros e omoplatas.

A tradição reza que a idade de Jesus, ao ser crucificado, era de 33 anos. Carlos Torres Pastorino, porém, em sua obra *Sabedoria do Evangelho I*, diz que:

> o início da pregação de João ter-se-ia dado nesse ano de 28; o mergulho de Jesus (que contaria então 35 anos) teria ocorrido antes da Páscoa de 29, e sua morte na Páscoa (14 de Nisan) do ano 31 de nossa era (784 de Roma), contando Jesus 37 anos de idade.

Já no livro *Dor Suprema*, página 548, do Espírito Victor Hugo, lê-se que:

> a idade exata de Jesus, quando finalizou Sua sublime missão de sofrimento, era de 31 anos e 4 meses, pois, do ano I, contam-se apenas 6 dias, e do [ano] 33, 4 meses, porque exalou o último alento a 25 de abril.

No título desta obra – *O Crucificado* –, o artigo "o" tem a intenção de apresentar Jesus não como mais "um" dos que foram pregados em uma cruz, no contexto histórico da Humanidade. Ele não foi *um número dentre os milhares*, mas *O Eleito de Deus*, que converteu Sua imolação ignominiosa em luz inextinguível, pela qualidade de sentimento com que se entregou ao sacrifício, influenciando a maneira de sentir das nações e dos séculos, dividindo a história da Humanidade em antes Dele e depois Dele. Até hoje, infelizmente, Seu nome é motivo de escândalo, de debates, de controvérsias e de incompreensões. Quem desejar segui-Lo, causará o mesmo clamor e sofrerá em si a *crucificação* das mais diversas formas de incompreensão. Isso é inevitável, pois verdadeiramente, amigo leitor, não há salvação sem o amor preconizado por Jesus; mas também não há amor sem sacrifício pessoal.

Abreviações alfabéticas dos livros bíblicos

1 Co = 1.ª Epístola aos Coríntios
1 Cr = 1.º Livro de Crônicas
1 Jo = 1.ª Epístola de João
1 Pe = 1.ª Epístola de Pedro
1 Rs = 1.º Livro de Reis
1 Sm = 1.º Livro de Samuel
1 Tm = 1.ª Epístola a Timóteo
1 Ts = 1.ª Epístola aos Tessalonicenses
2 Co = 2.ª Epístola aos Coríntios
2 Cr = 2.º Livro de Crônicas
2 Jo = 2.ª Epístola de João
2 Pe = 2.ª Epístola de Pedro
2 Rs = 2.ª Livro de Reis
2 Sm = 2.º Livro de Samuel
2 Tm = 2.ª Epístola a Timóteo
2 Ts = 2.ª Epístola aos Tessalonicenses
3 Jo = 3.ª Epístola de João
Am = Amós
Ap = Apocalipse
At = Atos dos Apóstolos
Cl = Colossenses
Dn = Daniel
Dt = Deuteronômio
Ec = Eclesiastes
Ed = Esdras
Ef = Efésios

Ex = Êxodo
Ez = Ezequiel
Fp = Filipenses
Gl = Gálatas
Gn = Gênesis
Hb = Hebreus
Is = Isaías
Jn = Jonas
Jo = João
Jó = Jó
Jr = Jeremias
Js = Josué
Jz = Juízes
Lc = Lucas
Lv = Levítico
Mc = Marcos
Ml = Malaquias
Mq = Miqueias
Mt = Mateus
Nm = Números
Os = Oseias
Pv = Provérbios
Rm = Romanos
Sl = Salmos
Tg = Tiago
Zc = Zacarias

PARTE I

A antiga Israel

Introdução

O objetivo desta Parte I é resumir em poucas páginas a história de uma civilização – Israel –, a fim de esclarecermos que "dos Espíritos degredados na Terra, foram os hebreus que constituíram a raça mais forte e mais homogênea, mantendo inalterados os seus caracteres através de todas as mutações. Examinando esse povo notável no seu passado longínquo, reconhecemos que, se grande era a sua certeza na existência de Deus, muito grande também era o seu orgulho, dentro de suas concepções da verdade e da vida. Consciente da superioridade de seus valores, nunca perdeu oportunidade de demonstrar a sua vaidosa aristocracia espiritual, mantendo-se pouco acessível à comunhão perfeita com as demais raças do orbe. Entretanto, em honra da verdade, somos obrigados a reconhecer que Israel, num paradoxo flagrante, antecipando-se às conquistas dos outros povos, ensinou de todos os tempos a fraternidade, a par de uma fé soberana e imorredoura. Sem pátria e sem lar, esse povo heroico tem sabido viver em todos os climas sociais e políticos, exemplificando a solidariedade humana nas melhores tradições de trabalho; sua existência histórica, contudo, é uma lição dolorosa para todos os povos do mundo, das consequências nefastas do orgulho e do exclusivismo."[1]

Antes que Israel se estabelecesse na Terra, seria geralmente correto dizer que a região costeira, a sudoeste, era denominada Filístia (o Caminho dos Filisteus), enquanto as regiões centrais mais altas, eram denominadas Canaã. Os filisteus (do hebraico: *Pilisheth*) eram povos europeus do Mar Adriático, próximo à Grécia. No Antigo Testamento, o povo de Israel não passava de um milhão de pessoas. Nação pequenina, continua, ainda hoje, a dominar o mundo em três planos – na religião, na ciência e nas finanças. Estranho, sob uma análise superficial, mas a verdade é que Israel impôs ao mundo ocidental a marca da sua religião. Atualmente, o Cristianismo eclesiástico, com cerca de 1 bilhão de adeptos – católicos romanos, ortodoxos, protestantes e o Islã em peso –, está imbuído da ideologia religiosa de Israel, no tocante à ideia de Deus e da criatura humana. Ora, Deus é para o **monoteísta-dualista** – o católico, o protestante e o islâmico – uma entidade separada do mundo. Salvaguardamos, neste caso, o espírita, se, e somente se, estudar e viver a concepção mais pura do Espiritismo – ou seja, aquela que rememora a mensagem crística de Jesus. E esta nada tem a ver com a teologia cristã, a qual, conceituando o Homem como um ser essencialmente mau, separando-o do Criador, desde o início do século IV foi colocada sob o padrão dualista da Torah de Israel.

A Torah (em hebraico: *lei* ou *doutrina*) são os cinco livros escritos por Moisés, quais sejam: o Gênesis (livro da Criação), o Êxodo (livro da libertação de Israel), o Levítico (livro teocrático, isto é, o ritual e a legislação sagrada. Neste livro está a maior, mais ousada e mais breve formulação da ética cristã: "Amarás o próximo como a ti mesmo"), os Números (registra os censos de Israel) e o Deuteronômio (registra os discursos de Moisés no deserto). Os cristãos chamam-no de Pentateuco.[2] Moisés legou "à posteridade as suas tradições no Pentateuco, iniciando a construção da mais elevada ciência religiosa de todos os tempos, para as coletividades porvindouras."[3]

Não se pode negar que o Pentateuco é o mais admirável monumento que existe da crença de todo povo em unidade com Deus, cujos sacerdotes são os ministros, porém que governa diretamente seu povo e lhe manifesta diretamente seu prazer ou a sua cólera. Ora, o único rei e único senhor de Israel – Javé – não suporta que seu povo contraia aliança com qualquer outro. Quando Israel se alia com pagãos, por exemplo, ou comete qualquer ação criminosa, todos os livros do Velho Testamento – Juízes, Reis ou Profetas – dizem que Israel foi adúltera a respeito de Jeová (Javé). Por isso, os castigos caíram sobre a nação infiel, desde que ela veio a ser idólatra. Javé reina pelo temor sobre o povo que ele escolheu. Quando Israel não faz o que é direito, segundo a sua vontade, deixa-o cair nas mãos dos reis bárbaros, que o dizimam e o pilham. Mas Jeová é sensível ao arrependimento e liberta os seus cativos ao primeiro sinal de submissão.[4]

Por volta de 1250 a.C., os hebreus fugiram do Egito sob a liderança do feroz e intransigente Moisés, e viveram como nômades na Península do Sinai. No entanto, não consideravam essa situação como definitiva, pois estavam certos de que Javé (ou Jeová) lhes prometera a terra fértil de Canaã. Ao terceiro mês da saída dos filhos de Israel do Egito, acamparam-se de fronte ao Monte Sinai. Javé (ou Jeová) pediu a Moisés que ele fosse sozinho ao Monte Sinai. Depois de falar com Moisés lá em cima, deu-lhe as duas tábuas do Testemunho; eram tábuas de pedra, escritas pelo dedo de Deus. Sabemos que foram recebidas mediunicamente, de um Espírito Superior que atuava como guia do povo judeu, pelo qual era considerado um ser divino. Como é sumária a informação contida no texto sagrado, não poderíamos hoje determinar, com precisão, como foram grafadas as palavras nas duas placas de pedra; supomos, porém, que haja ocorrido um fenômeno mediúnico de efeitos físicos, provavelmente com a materialização das mãos do Espírito manifestante.

Moisés, então, ao descer do Monte Sinai, depois de 40 dias e 40 noites, com as tábuas nas mãos, trazendo os Dez Mandamentos, foi ao encontro do povo que, a seu turno, estava realizando o culto do *Bezerro de Ouro*, ou seja, cultos da idolatria. Seu próprio irmão – Aarão (1396-1274 a.C.) – foi o estimulador dessas cerimônias, mesmo Moisés tendo proibido essas reuniões desde que haviam saído do Egito. O líder do povo hebreu ficou de tal maneira transtornado que, num ímpeto de cólera, atirou as placas ao chão, quebrando-as em pedacinhos. Só depois viu que não seria capaz de reconstituir pessoalmente, com seus recursos, os textos que elas continham.

Por essa razão, recorreu novamente a Javé, que lhe transmitiu a seguinte ordem: "Prepara outras duas pedras como as primeiras, sobe para onde estou eu e eu escreverei nelas as palavras que havia nas primeiras que você quebrou". Assim se fez! O fenômeno mediúnico de materialização mais uma vez ocorreu. Salientamos que Moisés, além de médium de *efeitos físicos* – faculdade, esta, explicada em *O Livro dos Médiuns*, no capítulo XIV –, era também médium de *efeitos intelectuais*, tendo a faculdade de vidência e audiência. Lê-se que, quando ele se inclinou diante do propiciatório da arca da aliança, escutou vozes (Nm 7:89).

Moisés era um magnetizador poderoso! Iniciado primeiramente no Egito, visitou a Índia e lá estudou revestindo-se dos mais elevados poderes espirituais. Hipnotizava serpentes e as transformava em um bastão, fazendo-as reviver somente com um comando de sua vontade. Realizou esse feito, inclusive, diante do Faraó Merneptah (?-†). Extraía ectoplasma à luz do dia; praticava levitações, transportes. Realizou a mais assombrosa hipnose da História, quando usou o povo egípcio como *sujet* e o fez ver o rio Nilo a correr como sangue. O que dizer das sete pragas do Egito, cujas forças vivas da Natureza ele manipulava? Ele semeava o fogo em torno de si, cercando-se da *sarça ardente*, e, com efeito, punha em fuga os soldados escolhidos para matá-lo.

O filho de Thermutis (?-†) também foi um legislador humano. Malgrado sua intransigência e a agressividade, disciplinou o povo hebreu, especulativo e belicoso, impondo as leis severas da justiça de Jeová. É inconcebível que o grande missionário dos hebreus e da Humanidade pudesse ouvir Javé (Deus). Os Dez Mandamentos, por exemplo, foram-lhe ditados "pelos emissários de Jesus, porquanto todos os movimentos de evolução material e espiritual do orbe se processaram, como até hoje se processam, sob o seu augusto e misericordioso patrocínio. Examinando-se os seus atos enérgicos de homem, há a considerar as características da época em que se verificou a grande tarefa do missionário hebreu, legítimo emissário do plano superior, para entregar ao mundo terrestre a grande e sublime mensagem da primeira revelação. Com expressões diversas, o grande enviado não poderia dar conta exata de suas preciosas obrigações, em face da Humanidade ignorante e materialista."[5]

Moisés expressa em Jeová a unidade de Deus, embora ainda o fizesse bastante humanizado e temperamental, pois todos os sentimentos e emoções dos hebreus, no culto religioso, fundiam-se com as próprias atividades do mundo profano. "O que a Bíblia relata sobre Moisés foi escrito por seus irmãos hebreus, parciais e animados unicamente do desejo de exaltar a grandeza do seu povo. Não obstante, nesse relato, o leitor atento encontrará elementos para retratar o verdadeiro Moisés, grande legislador e homem de gênio, porém mau, arrebatado, ambicioso, inescrupuloso, que usurpou a direção de um povo sobre o qual nenhum direito tinha; de um povo que ele não estimava, antes, detestava e de que se serviu para ferir o Egito e erguer um trono para si próprio. É verdade que pregou a existência de um Deus único e pelos Dez Mandamentos estabeleceu uma base para o futuro edifício da cristandade; mas também lhe pertencerá a responsabilidade de ter feito do Criador do Universo, do Ser infinitamente grande, sábio e misericordioso, o Deus parcial vingador e sanguinário do Velho Testamento."[6]

Moisés desencarnou antes de os hebreus chegarem à Terra Prometida. Certo de que iria deixar o corpo, pois sua missão estava cumprida, designou como seu sucessor – Josué (1355-1245 a.C.) – para ser o guia dos hebreus, conduzindo-os a Canaã. Feita essa passagem de poder, através da imposição das mãos (Nm 25:15-22), Moisés subiu ao Monte Nebo e não se soube mais onde estava. Seu corpo jamais foi encontrado. Tinha 120 anos de idade. Terminada sua missão combativa, no seu compromisso de codificar a ideia de um Deus único entre o povo hebreu retirado do Egito, por vezes fora cruel. Foi Jesus quem estabeleceu os planos para a sua descida messiânica à Terra, a fim de reajustar os ensinamentos dos seus predecessores. O Crucificado viria mais de mil anos depois, não para "revogar a Lei, mas sim completá-la" (Mt 5:17), pois Jesus não trouxe apenas a ideia de um *povo de Deus*, mas deu aos Homens a denominação de *filhos de Deus*.

Ora, se todos os seres são irmãos no seio eterno do mesmo Pai, não há mais nações, nem barreiras, nem forças que os separem, pois todos são filhos de Deus, devendo cada qual, como ele o fizera, perdoar tão docemente os que não sabem o que fazem, firmados na certeza do "amai-vos uns aos outros, como eu vos amei" (Jo 15:12). E foi no pecaminoso seio de Israel que a Pomba de Deus viria pousar, e a Voz do Verbo feito Homem entoaria o Cântico das Bem-Aventuranças, chamando a todos de *irmãos*. Mas estranho povo é esse: destinado a receber um dia Aquele Hóspede almejado e anunciado em todas as nações, mas que, ao invés de ofertar-Lhe o doce vinho da acolhida e banhar-Lhe os pés cansados da jornada, fechar-Lhe-ia as suas portas, desconhecendo-O como o Príncipe anunciado pelos profetas, indicando-Lhe o fel, a lança, a cana do opróbio, a condenação mais injusta de que se tem notícia e, por fim, a cruz ignominiosa.

Pois bem. O novo chefe dos hebreus – Josué – não introduziu seu povo na Terra Prometida de Canaã senão depois de seis anos de batalhas. O livro de Josué narra terríveis massacres. Diz-se que ele subjugou "as terras altas, o Negueb, as planícies, as encostas e todos os reis ali existentes. Não deixou um só homem vivo" (Jos 10:37-40). Cada tribo recebeu uma parte de Canaã. Contudo, entre o território das tribos de Judá e Benjamim, lê-se que "os filhos de Judá não conseguiram expulsar os jebuseus que habitavam Jerusalém" (Jo 15:63). Fez "parar o sol" (Jos 10:12-13).

Abraão e as 12 tribos de Israel

A palavra *hebreu* aparece, pela primeira vez, no livro Gênesis (14:13), referindo-se, exatamente, ao pai deste povo – Abraão (1750 a.C.-†) –, e assim está escrito:

> Então veio um, que escapara, e o contou a Abraão, o hebreu; ele habitava junto dos carvalhais de Manre, o amorreu, irmão de Escol, e irmão de Aner; eles eram confederados de Abraão.

Embora Abraão tenha vivido antes de Moisés, só conhecemos aquele através deste. Por isso, resolvemos tratar da vida de Abraão tão somente depois de saber quem o citou pela primeira vez – o legislador hebreu. Pois bem: Abraão chegou aos 175 anos de idade (Gn 25:7). Era filho de Terah (Gn 11:26), e se tornou um beduíno (pessoa do deserto) das pastagens de Ur. Este povo que continua até hoje, em grande parte, pervagando por várias nações, beneficiando-se nelas como se beneficiaram no antigo Egito dos faraós. Abraão tinha 75 anos de idade, por volta do ano 1800 a.C., quando recebeu o chamado do Senhor, em Ur dos Caldeus. Para corroborar essa referência, vejamos o que diz o texto do livro Gênesis, capítulo 12, versículo 1:

> Sai da tua terra... Eu sou o Senhor que te tirei de Ur dos Caldeus.

Ur, na Caldeia, era um centro industrial, agrícola e comercial daquela época, além de ser uma importante cidade portuária, visto que recentes descobertas arqueológicas indicam que o Golfo ia até Ur. Hoje, esta cidade é chamada de Tel El-Muqayyar, localizada no sul do Irã. Vejamos algumas cidades percorridas por Abraão, citadas no livro Gênesis: Ur dos Caldeus (11:31), Harã (12:4), Siquém (12:6), Betel (12:8), entre Ai e Betel (1:8), o Deserto do Neguev (12:9), Egito (12:10), o Deserto do Neguev/Berseba (13:1), Betel (13:3), entre Ai e Betel (13:3), Hebrom – Carvalhais de Manre (13:18), Gerar (20:1), Berseba (21:31-33), Hebrom – Quiriate-Arba (23:1).

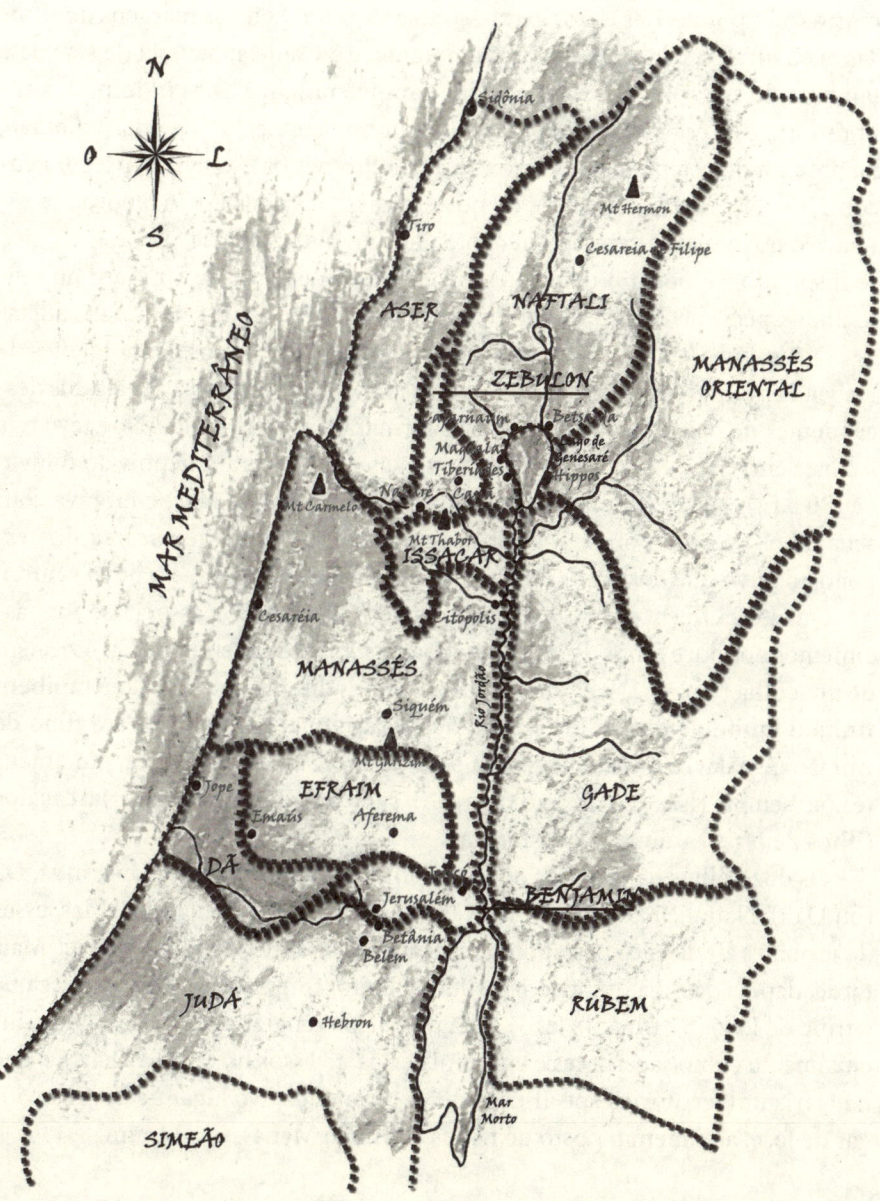

Nas duas viagens que Abraão fizera, percorreu aproximadamente 2.400 km. E o primeiro patriarca dessas emigrantes tribos semitas, em suas constantes peregrinações por nações estrangeiras, sonhava que do Egito às margens dos Rios Tigre e Eufrates, da Armênia à Mesopotâmia e à Caldeia, haveria de ser sua e também de sua geração, conforme lhe prometera Jeová. Mas indo por caminhos estreitos, por reduzidas veredas do mundo conhecido de então, Abraão, na procura do seu paraíso terrestre (a Terra Prometida), jamais conseguiu encontrá-lo. Nessa busca milenar, do norte para o sul e do sul para o norte, caminhava o povo semita sempre em contenda com outras gentes, o que era lógico se inspirado ele por um deus guerreiro. Esses forasteiros de Ur viam no Egito uma espécie da Terra Prometida que procuravam, desde saídos da Caldeia.

O vocábulo *hebreu*, no sentido etimológico, refere-se aos descendentes de Héber. Perguntar-se-ia: quem foi Héber? No livro Gênesis (10:21), fala dos descendentes de Noé e das nações que se formaram a partir deles. Noé teve três filhos: Sem, Cam e Jafé, além de outros mais que nasceram depois do dilúvio (2.180 a.C.). Héber foi um dos trisnetos de Sem, filho de Noé, e morava com seus filhos na Mesopotâmia. Pode-se também considerar, que *hebreu* diz respeito **ao povo que descende de Sem – filho de Noé. Ou seja, é o povo semita**.

Quanto à origem das doze tribos de Israel (Gn 29,30,35), associa-se aos nascimentos dos doze filhos de Jacó, com quatro mulheres diferentes (Gn 49), além de uma filha (Gn 30:21), e setenta descendentes diretos (Ex 1:5). **Jacó também tinha o nome de Israel**. Ele era filho de Isaac, que, por sua vez, era filho de Abraão. A palavra *israelita* significa *povo descendente de Jacó*. Este, juntamente com seu pai (Isaac) e seu avô (Abraão), **são considerados os patriarcas dos filhos de Israel** – ou seja, os israelitas.

Os doze filhos de Jacó (ou de Israel) foram: Rubén, Simeão, Levi, Judá, Dã (ou Dan), Naftali, Gade, Asser, Issacar, Zebulom, José e Benjamim. Mas, esses doze nomes ainda não correspondem, exatamente, às doze tribos de Israel. Mais tarde, depois da fuga do povo israelita do Egito, com Moisés, *Deus* define que a tribo de Levi (3.º filho de Jacó) seria uma tribo separada para servi-Lo (principalmente como sacerdotes e em ministérios diversos no culto a Deus), e que não teria um território específico na terra prometida. No lugar de Levi e no lugar de José, assumem o posto de tribos de Israel: Manassés e Efraim.

O Juiz e os três reis de Israel

É baseado nas doze tribos de Jacó (ou de Israel), que todo o território da terra prometida é dividido (esta história está no livro de Josué). Essa tênue associação de tribos se desfez devido a intermitentes lutas internas e porque repetidas vezes fora molestada na paz e na guerra por filisteus, moabitas, amonitas e edomitas.[7] Por certo tempo, juízes e sacerdotes mantiveram a lei e a ordem. Quando a população cresceu e se espalhou, surgiu a demanda por uma autoridade central, de comando quase absoluto. Então, no livro dos Reis, vamos ler o relato de como essas doze tribos se uniram sob uma monarquia, onde reinaram Saul, Davi e Salomão. Mas a história desses três reis começa com o primeiro dos profetas bíblicos – Samuel (1095-1010 a.C.). Ele foi o último dos juízes, no Velho Testamento. Homem de profunda piedade e discernimento espiritual, dedicava-se totalmente à realização dos propósitos de Deus para o bem de Israel. Em Provérbios (31:1-9) é relatada a profecia que lhe ensinou sua mãe. Ela, não em forma de anjo, mas em forma humana, aparece para seu filho, e lhe dita uma mensagem. Temos, ali, uma manifestação mediúnica integralmente produzida na Bíblia.

Aliás, foi com Samuel que a mediunidade profética reapareceu de maneira esplendorosa, conquanto Moisés a tenha iniciado. Samuel foi profeta desde a infância (1 Sam 3:1-18), visto que, quando dormia no Templo, era despertado por vozes que o chamavam e lhe falavam, no silêncio da noite, anunciando coisas futuras. "Tendo compreendido que a mediunidade transcendente está subordinada às disposições morais dos indivíduos e das sociedades, Samuel instituiu escolas de profetas, isto é, agremiações em que os seus membros se iniciavam nos mistérios da comunicação fluídica. Essas escolas eram estabelecidas em certas cidades, de preferência, porém, nos vales solitários ou nos recôncavos das montanhas."[8]

Quanto a Saul (1079 a.C.-†) – o primeiro Rei de Israel –, não se pode definir uma nação israelita sem ele. Como já escrevemos, Israel dividia-se em tribos unidas por laços étnicos e culturais, que se aliavam ou batalhavam entre si de acordo com a conveniência, e eram governadas por juízes, geralmente pessoas de renome que lideravam suas respectivas tribos em combates, e serviam como legisladores em tempo de paz. Com o envelhecimento do último juiz – Samuel –, as tribos israelitas uniram-se para pedir um rei que pudesse guiá-las, como havia em outras nações. Apesar da condenação por parte de Samuel contra a proposta (já que Deus deveria ser o *único Rei* de Israel), este acaba pedindo um sinal divino, que lhe indica Saul como escolhido para governar sobre os israelitas. As vitórias iniciais de Saul sobre os amonitas (antiga nação que ocupava uma área ao leste do Rio Jordão e do Mar Morto) fizeram com que o povo o confirmasse como rei.

Após a morte de Samuel, seu protetor e conselheiro, Saul determinou a expulsão de todos os profetas (médiuns) do país. Acontece que Saul se viu ante a inevitável contingência de ter de lutar contra os filisteus – adversários tradicionais dos judeus. O exército inimigo acampou num lugar chamado Sunem. Saul reuniu seus soldados em Gelboé – local de onde via o acampamento dos filisteus. A Bíblia (1 Sm 28: 5), sem rodeios, diz que Saul teve medo. Sua primeira providência foi consultar Javé, Deus de Israel. É a maneira de dizer que ele orou a Deus, pedindo socorro e inspiração, embora não tenha conseguido nada. Estava, pois, à mercê dos seus próprios meios, contando apenas com o seu orgulho de rei arbitrário e violento. Desesperado ante o silêncio do mundo invisível, ele ordenou aos seus servidores que encontrassem urgente um médium (profeta), para que ele pudesse consultar os Espíritos.

Disseram-lhe que ali mesmo, em Êndor, havia uma necromante. Saul disfarçou e saiu incógnito, com duas pessoas de sua confiança, para a casa da médium, onde chegou à noite. Disse que gostaria de falar com os mortos, ou melhor, com um deles em particular, que ela deveria evocar. A pobre mulher, contudo, estava apreensiva, assustada mesmo e procurou recusar o consulente, dizendo que ele deveria saber muito bem das perseguições do Rei Saul, que havia mandado expulsar todos os profetas do país. Saul, por sua vez, jurou que nada aconteceria a ela, embora ainda não tivesse sido reconhecido. – Chame Samuel. – disse ele. Então a mulher viu Samuel e, soltando um grito medonho, disse a Saul: – Por que me enganaste? Tu és Saul!

À sombra, o Espectro (Espírito) de Samuel apresentou-se a ela. E somente ela o via. O fenômeno, portanto, segundo *O Livro dos Médiuns*, capítulo XIV, é de vidência. Saul ajoelhou-se com o rosto no chão. Samuel mostrou-se muito severo, logo às primeiras palavras: – Por que me perturbas, evocando-me? – Disse Samuel. – É que estou em grande angústia. Os filisteus guerreiam contra mim. – disse Saul. – Javé se afastou de ti e se tornou teu adversário. Tirou das tuas mãos a realeza e a entregou a Davi... Como consequência, Javé entregará, juntamente contigo, o teu povo de Israel nas mãos dos filisteus. Amanhã, tu e os teus filhos estareis comigo e o acampamento de Israel também Javé o entregará nas mãos dos filisteus. – disse Samuel.

Era o fim. Saul ficou estirado ao solo, arrasado pelas duras palavras do Espírito que anunciava as desgraças que o esperavam. No dia seguinte, Saul perdeu a batalha, bem como sua vida e a dos filhos. Quando se viu derrotado, ordenou a seu escudeiro que o matasse à espada para que não caísse vivo nas mãos dos gentios. Mas o homem não teve coragem de matar seu próprio rei. Saul sacou a espada e atirou-se contra ela. O mesmo fez o escudeiro. No dia seguinte, os filisteus encontraram os corpos, despojaram-nos, cortaram-lhes as cabeças e mandaram-nas exibir por toda parte, para que o povo soubesse que o rei estava morto e acabado.

O belo e simpático Davi (1040-970 a.C.), que fora capitão da guarda real de Saul, foi o segundo Rei de Israel. Assumiu o trono por volta de 1000 a.C. Foi um rei popular e o homem mais vezes mencionado na Bíblia. Nasceu em Belém – a mesma cidade em que, mais tarde, nasceria Jesus. O reinado de Davi marca uma mudança na realidade dos judeus – ou seja, depois de conquistar e unir todas as regiões de Israel (uma confederação de tribos), transformou-a em uma nação estabelecida. Tomou por esposas algumas mulheres desse povo para firmar o seu domínio. Ele transferiu a capital de Hebron para Jerusalém, após conquistá-la, pois esta não tinha nenhuma lealdade tribal anterior, e tornou-a o centro religioso dos israelitas, trazendo consigo a Arca Sagrada (seu mais sagrado objeto).

Reinou por trinta e seis anos e deixou uma lembrança de tamanha prosperidade que os judeus, em infortúnios posteriores, ansiavam por um *Messias*, um *Ungido*, descendente de Davi, que restauraria o esplendor e a felicidade do governo que ele fundara. Davi é um dos mais antigos e diferentes heróis da história: guerreiro vitorioso, praticou feitos dignos de grande general e grande rei. Foi Cantador de salmos e tocador de harpa. Tinha grande apreço por Jônatas, filho de Saul, e por seu próprio filho, Absalão (2 Sam 11). Roubou Betsabá do marido, Urias, e enviou este ao combate, onde desencarnou. Trata-se de um homem surpreendente, por conseguinte autêntico, de elementos ricos e variados, que trazia consigo muitos vestígios do barbarismo. Realizou massacres aos amonitas e moabitas, quando mandava passar carroças com pontas de ferros sobre os infelizes prisioneiros estendidos ao longo das estradas.

O terceiro Rei de Israel foi Salomão (1050-931 a.C.), filho de Davi. Ascendeu ao trono no ano de 997 a.C. Salomão se notabilizou pela sua grande sabedoria, prosperidade e riquezas abundantes, bem como um longo reinado sem guerras. Preservou a paz e a prosperidade durante um reinado de trinta e sete anos. Ao manter relações amigáveis com o rei Hiram, de Tiro, induziu os mercadores fenícios a dirigirem suas caravanas através da Palestina e desenvolveu uma lucrativa troca de produtos agrícolas de Israel por bens manufaturados em Sidon e Tiro. Formou uma esquadra mercante para o comércio no Mediterrâneo e no Mar Vermelho, garimpou ouro e pedras preciosas em Ofir – localidade, esta, recentemente descoberta na Arábia Saudita. Permitiu-se um harém de *setecentas esposas e trinta concubinas*. Esses números podem ser divididos por dez, considerando-se o resto como relacionamento amável com outros Estados; além disso, é possível que o grande rei tenha tido a paixão eugênica de transmitir suas qualidades superiores a um máximo de filhos.

A autoria do Eclesiastes é reportada a Salomão, conquanto sempre tenha gerado dúvidas por parte dos estudiosos desse livro do Velho Testamento, uma vez que o estilo literário em que foi escrito pertence a um tempo bem posterior à época em que viveu Salomão. Como, então, saber a verdade? No capítulo I, versículos 12 a 18, do Eclesiastes, assim está escrito: "Eu, o Pregador, fui Rei de Israel em Jerusalém. Dediquei-me a investigar e a sondar com sabedoria tudo o que é feito sob o céu; é a pior ocupação que Deus determinou que os filhos dos homens exercessem. Vi todas as obras que são feitas sob o sol e eis que tudo é vaidade e tormento do espírito, (...) pois muita sabedoria é muito sofrimento, e quem aumenta o conhecimento aumenta a dor." Esta obra, portanto, crendo-a não ter sofrido interpolações, foi psicografada; isto é: ela foi escrita por Salomão, sim, mas depois de seu desencarne.

O Rei Salomão foi quem ordenou a construção do Templo de Jerusalém, também conhecido como o Templo de Salomão, localizado no Monte Moriá. Este feito já havia sido vaticinado a seu pai – Davi (*Antiguidades Judaicas*, Livro VII, cap. IV, § 270). Em sua primeira construção, mister se fez empregar mais de 70 mil homens. Foi totalmente destruído por Nabucodonosor II, Rei da Babilônia, em agosto de 586 a.C., após 18 meses de cerco a Jerusalém. Os seus tesouros foram levados para Babilônia, e iniciou o período que se convencionou chamar de *Exílio Babilônico* na história judaica. A Babilônia, porém, em 539 a.C., foi conquistada pelo Rei da Pérsia – Ciro II, o Grande (?-530 a.C.). Esse rei, além de favorecer a libertação dos hebreus, protegeu-lhes o retorno a Jerusalém, garantindo-lhes ajuda para restaurarem o Templo de Salomão. Zorobatel (?-†), líder israelita, foi quem comandou o retorno do primeiro grupo de hebreus exilados do cativeiro babilônico (aproximadamente 40 mil pessoas). A reforma do Templo de Jerusalém foi concluída em 516 a.C., e se tornou o centro de um renascimento religioso no qual os reis se apoiavam no clero (sacerdotes), para manter a ordem social. Mas o segundo Templo não se igualou ao primeiro em magnificência; tampouco foi consagrado pelos visíveis sinais da presença divina que o primeiro tivera. A arca, o propiciatório, as tábuas do testemunho não mais se encontravam ali. Os primeiros hebreus que, depois do cativeiro, voltaram à sua terra, pertenciam à tribo de Judá. Espalharam-se pelo território a que deram o nome de Judeia, ficando o povo, desde então, chamado não mais *hebreu* ou *israelita*, porém *judeu*.

A Palestina e as regiões limítrofes

O nome *Palestina* foi colocado no país de Israel pelo imperador romano Adriano (76-138), depois da segunda revolta dos judeus contra Roma, liderada por Bar Kochba, em 135, quando morrera em combate. A primeira revolta judaica aconteceu no ano 70, e trataremos dela na Parte III desta obra. Como essa denominação (*Palestina*) foi usada durante tanto tempo, esse nome se tornou de uso comum. No entanto, a região em que Abraão, Moisés, os profetas e Jesus viveram, se Adriano não tivesse estabelecido aquela denominação, continuaria a se chamar *Israel*. Jamais houve uma *Palestina* na época de Jesus. O termo *Palestina* é raramente usado no Antigo Testamento; e quando aparece, refere-se especificamente à área costeira a sudoeste de Israel, ocupada pelos filisteus. A palavra *Palestina*, portanto, no Velho Testamento, jamais é usada para se referir à área total de Israel, mas, sim, repetimos, a uma região a sudoeste de Israel. E no Novo Testamento, o vocábulo *Palestina* não é usado nenhuma vez.

Vamos, agora, trazer uma ideia geográfica de como se dividia a região em que Jesus viveu e transitou. Começaremos pela Galileia, localizada ao norte. É um vale úmido e fértil. O calor dos meses cede lugar às chuvas e ao frio da quadra oposta. Está situada ao redor do Lago de Genesaré. Este possui 21 km de extensão por 14 km de largura, estando a 210 metros abaixo do nível do mar. É também chamado de Mar da Galileia ou Lago de Tiberíades ou Lago Semechonte. Segundo o historiador judeu Flávio Josefo (37-100), em *Guerras III*, 506-510, "sua água é muito doce e ótima para se beber." O famoso lago estava rodeado de aldeias de pescadores, tais como, Corazim, Magdala, Cafarnaum, Betsaida, Tiberíades, Dalmanuta. A população da Galileia era constituída por sírios que vieram do norte, gentios, romanos de meados do século I a.C. e gregos que fugiram da conquista de Alexandre, o Grande, e pelo povo da região que falava o aramaico.

A Samaria era uma região situada ao centro, com altas colinas, cujo nome é conhecido como Montes Semer. Foi construída no ano de 880 a.C., por antigo Rei de Israel – Omi (?-†). Os samaritanos eram israelitas apóstatas (renegados) que, desde o domínio assírio e babilônico, tornaram-se um povo destinado à miscigenação e, com efeito, insubmisso ao Templo de Jerusalém e a sua orientação política, étnica e religiosa. O Pentateuco de Moisés constituía a base da religião dos samaritanos; não reconheciam nenhum outro registro sacro. Entre eles, não havia castas sacerdotais, liturgias, nem templos grandiosos; somente simples altares sobre os montes. Registravam suas mensagens não a um Deus nacionalista, mas Deus de todas as terras e todos os povos.

A animosidade entre samaritanos e judeus vinha de longa data, e foi recrudescida após o cativeiro, quando os companheiros de Zorobatel recusaram que os samaritanos colaborassem na restauração do Templo de Salomão. Mais tarde, no reinado de Alexandre, o Grande (século IV a.C.), o sacerdote Manassés, expulso de Jerusalém, estabeleceu um templo no Monte Garizim (Monte do Gafanhoto), onde estava localizada a cidade de Siquém, rivalizando com Jerusalém, o que fez mais tensas as relações. E foi no governo do asmoneu João Hircano (164-104 a.C.) que as tensões assumiram maiores proporções, pois ele e seu exército se apoderaram de Siquém, e o Templo de Garizim foi destruído. Ainda hoje os samaritanos celebram sua Páscoa nesse monte. A cena passa-se no sopé do Garizim e do Hebal. Este último monte é o local onde estava o poço de Jacó, em que Jesus se encontrou com a Samaritana (Jo 4:4-26). Na era cristã, além de Siquém, existiam cidades como Betel e Silo.

Um fato digno de menção: quando os judeus da Galileia se encaminhavam para Jerusalém, especialmente para as festas anuais das peregrinações – Dia das Expiações, Festa dos Tabernáculos e Páscoa –, era hábito, no século I, fazer o percurso atravessando a Samaria. Ma ainda era uma época de relações tensas entre judeus e samaritanos. Ora, quando Jesus atravessa a Samaria, não encontra hospedagem por estar a caminho do detestado Templo de Jerusalém (Lc 9:51-53); negam-Lhe, inclusive, água para beber (Jo 4:9). O vocábulo *samaritano* havia se tornado grande injúria na boca de um judeu (Jo 8:48). O desprezo dos judeus perante essa população mesclada era tão grande, que um certo Doutor da Lei, ao conversar com Jesus, evita pronunciar a palavra *samaritano*, mesmo quando teve que se quedar diante de Sua dialética e maiêutica incomuns (Lc 10:37). O Crucificado é admirável; além de mostrar que o bom samaritano era um homem piedoso, deu Seu exemplo curando um samaritano leproso (Lc 17:11-19).

Por fim, examinaremos a Judeia. Localizada ao sul, no deserto de Negev, nessa região faz um calor abrasador no verão, e bastante frio no inverno. É bem árida e deveras acidentada. É na Judeia que se encontra a cidade de Belém, onde Jesus nasceu. Fica somente a 7 km ao sul de Jerusalém (capital da Judeia), e está a 777 m de altitude. Foi também a cidade natalina de Davi, conforme já relatamos. Também na Judeia vamos encontrar Hebrom – a cidade mais alta da região –, cuja altitude é 1.000 metros. Hebrom foi a última moradia de Abraão; e Davi, quando se tornou Rei, fê-la primeira capital judaica.

Sobre Jerusalém, à época do Cristo Jesus, escreveremos caracterizando-a em seu aspecto geofísico e social. No que concerne à sua política, iremos deixar para a Parte III desta obra, ainda que tratando somente da Dinastia dos Herodes, começada no ano 37 a.C. É bem verdade que há milhares de livros que falam sobre Jerusalém, embora existam muito poucas narrativas históricas sobre a Cidade Santa (Is 52:1). Quatro épocas – Davi, Jesus, as Cruzadas e o conflito árabe-israelense – nos são familiares graças à Bíblia, às produções cinematográficas, aos romances (sejam eles espíritas, espiritualistas), e aos noticiários. Depois da Roma antiga, talvez seja Jerusalém (também a antiga) a cidade mais comentada nos compêndios históricos.

Jerusalém era situada numa colina; foi construída em terraços, um sobre o outro; uma cidade de mármore e pedra amarela, de abóbadas, pórticos e cones, de estreitas ruas pavimentadas e limpas, de alamedas, ciprestes, palmeiras, tamargueiras, árvores frondosas, aquedutos e fontes. O solo era terracota; as trilhas que podiam ser vistas eram de cascalho. Por todos os lados havia muros de pedra cor de açafrão, exceto nas casas gregas e romanas, que, até o primeiro quartel do primeiro século, exibiam a aparência *aberta* defendida pelos arquitetos romanos.

A capital da Judeia era uma cidade empilhada, de tetos rasos, apesar das cúpulas e dos cones, tão amontoada que seus habitantes se jactavam de poderem caminhar quilômetros pelos telhados, sem precisar tocar o solo. Jerusalém era o centro da cultura, do comércio, dos negócios e da riqueza do Oriente Médio; repleta de inúmeras raças, tinha uma certa tristeza indescritível, um certo peso e escuridão de espírito. Sua população aproximada era de 20 mil habitantes dentro do recinto da cidade, e de 5 mil a 10 mil habitantes fora dos seus muros. Em Jerusalém, a influência helênica brilhava muito visivelmente entre os judeus cosmopolitas saduceus e floresciam intensamente muitas colônias gregas de mercadores, negociantes, acadêmicos e ricos indolentes, bem como muitos soldados romanos, com suas mulheres e famílias, para não falar nos banqueiros, homens de negócio, burocratas, administradores romanos, muitos dos quais casados com belas judias de dotes atraentes. Ali moravam sírios, persas, árabes, fenícios e outros de raças semíticas, incluindo-se egípcios que estudavam na academia de medicina ou que eram valorizados como cozinheiros nas casas mais nobres. Se já houve uma cidade heterogênea, tão mesclada de raças quanto a própria Roma, essa cidade era Jerusalém.[9]

Não podemos deixar no ostracismo o Rio Jordão, que corre frouxo pela *Depressão do Ghor*, e que se distende, rasgando o calcário, até a imensa fossa do Mar Morto (ou Lago Asfaltite). O nome *Jordão* significa *aquele que desce*. Portanto, corre no sentido sul. É o maior rio da antiga Palestina. A distância da fonte (nascente) até a foz (onde termina) é de 190 km. O Rio Jordão nasce à sombra do Monte Hermon – que está, quase sempre, coberto de neve, tendo 2.750 metros de altitude.

O Mar Morto encontra-se a Sudeste da cidade mais antiga do mundo – Jericó. Tem 75 km de comprimento por 16 km de largura, e é o ponto mais baixo da superfície terrestre, a quase 400 metros de profundidade em relação ao nível do Mar Mediterrâneo. Assim narra Flávio Josefo, em *Guerras IV*, 476-482, sobre o Lago Asfaltite:

> Sua água [do lago Asfaltite] é amarga e estéril, mas, graças à sua leveza, faz voltarem à superfície os objetos mais pesados que aí são jogados, e é muito difícil conseguir atingir o seu fundo, mesmo que se queira. Vespasiano quis ir aí para ver com seus próprios olhos o fato e mandou lançar no fundo pessoas que não sabiam nadar e cujas mãos tinham sido amarradas atrás das costas; o que aconteceu, porém, foi que todas acabaram boiando, como que empurradas por um sopro ascendente.
>
> Uma coisa notável também é a mudança de cor na superfície: com efeito, ela muda de aparência três vezes por dia e reflete de modo variado os raios do sol. Em numerosos pontos, ela lança para fora torrões pretos de asfalto, que boiam na superfície, parecendo, pela forma e pelo talhe, touros decapitados. (...) Ele [o asfalto] é utilizado não só para a calefação dos navios, mas também como remédio; ele entra na composição de muitos produtos farmacêuticos.

No Mar Morto não existem peixes, pois sua salinidade, de 30%, que é a mais alta do mundo, não permite a presença de qualquer espécie de vida. Encerraremos este capítulo trazendo o notável cristão indiano Sadu Sundar Singh (1889-1929) quando teceu, quase em forma de poesia, uma excelente comparação entre os dois mares da antiga Palestina – o Mar da Galileia e o Mar Morto. Retiramos o texto da obra *Notações de um Aprendiz,* cuja singela historieta se intitula *A Parábola dos Dois Mares*:

> Na Palestina existem dois mares. Um é doce e nele abundam peixes. Prados, bosques e jardins enfeitam as suas margens. As árvores estendem sobre ele os seus galhos e avançam as suas raízes para beber de suas águas saudáveis. Em suas praias brincam grupos de crianças, como brincavam quando Jesus estava ali. Ele amava esse mar. Contemplando sua prateada superfície, muitas vezes predicou suas parábolas. As cristalinas águas espumantes de um braço do Jordão, que descem saltando dos montes, formam esse mar que ri e que canta sob a carícia do Sol. Os homens edificam suas casas perto dele, e os pássaros, seus ninhos. E ali tudo vive feliz, por estar às suas margens. O Jordão desemboca, ao sul, em outro mar, onde não há movimento de peixes, nem surrurro de folhas, nem cantos de pássaros, nem risos infantis. Os viajantes evitam essa rota, a menos que os seus negócios os obriguem a segui-la. Uma atmosfera densa paira sobre as águas desse mar, que nem os homens, nem os animais, nem as aves, bebem jamais.
>
> A que se deve tão grande diferença entre os dois mares vizinhos? Não se deve ao rio Jordão; tão boa é a água que lança num, como no outro mar. Também não se deve ao solo que lhes serve de leito, nem às terras que os circundam. A diferença se deve a isto: o mar da Galileia recebe as águas do rio Jordão, mas não a retém, não as conserva consigo. A cada gota que nele entra, corresponde uma gota que dele sai. O dar e o receber ali se cumprem em idêntica medida. O outro mar é avaro e guarda com ciúmes tudo o que recebe. Jamais é tentado por um impulso generoso. Cada gota que nele cai é gota que nele fica. O mar da Galileia reparte e vive. O outro não; tudo retém para si. Chama-se Mar Morto.

Notas

1. Emmanuel. (*A Caminho da Luz*, cap. VII.)
2. Por uma questão de organização pessoal, não colocaremos os livros bíblicos – Velho Testamento e Novo Testamento – na forma itálica. A quaisquer outros, porém, assim os caracterizaremos.

3. Emmanuel. (*A Caminho da Luz*, cap. VII.)
4. Ressaltamos que a tradição oral instituída por Moisés resulta primeiramente do próprio Pentateuco. Lemos em os Números (XI, 16-17) que o Senhor respondeu a Moisés da seguinte maneira: "Juntai-me 70 homens, Sábios de Israel, que souberdes mais instruídos, e conduzi-os à entrada do Tabernáculo da Aliança, onde os fareis permanecer convosco. Eu descerei aí para vos falar; tomarei o Espírito que está em vós e inspirar-lhe-ei." E mais adiante, no versículo 25: "Então o Senhor, tendo descido na nuvem, fala a Moisés, toma o Espírito que estava nele, e o infunde a esses 70 homens. O Espírito, apenas penetrado em cada um, tornou-os Profetas e continuaram sempre assim."

    Posto isso, queremos deixar o leitor esclarecido que a tradição oral, confiada primeiramente aos 70 discípulos, continuou muito tempo assim, sem a intervenção de qualquer escrito. Não foi senão tempos depois que esses ensinamentos secretos foram conhecidos. Um exemplo está no livro Gênesis, escrito em hieróglifos egípcios. Moisés confiou a chave e a explicação oral a seus sucessores. Mais tarde, no tempo do Rei Salomão (966 a.C.), traduziu-se o Gênesis em caracteres fenícios. Quando, depois do cativeiro babilônico (457 a.C.), Esdras (?-†) o redigiu em caracteres aranianos caldaicos, o sacerdócio judeu não manejava as chaves senão imperfeitamente. Finalmente, quando vieram os tradutores gregos da Bíblia, estes não tinham senão uma fraca ideia dos sentido esotérico dos textos.

    São Jerônimo (347-420), que conhecia bem o hebraico, o grego e o latim, ficou na incumbência, a pedido do Papa Damásio (305-384), de retraduzir para o latim todas as Escrituras, já que as versões antigas eram variadíssimas. E mesmo com suas sérias intenções e seu grande espírito, quando fez a sua tradução latina segundo o texto hebreu, não pôde penetrar até o sentido primitivo. Então, quando lemos Gênesis, nas nossas traduções, não temos senão o sentido primário e inferior. Nos dias atuais, apesar da boa vontade, os teólogos, ortodoxos e livre-pensadores, salvo raríssimas exceções, veem o texto hebraico através da *Vulgata Latina*. O sentido comparativo e superlativo, porém, que é o sentido profundo e verdadeiro, escapa-lhes. Para os intuitivos, no entanto, esse sentido profundo salta como uma centelha do texto.
5. Emmanuel. (*O Consolador*, perg. 269 e 270.)
6. John Wilmot Rochester. (*O Faraó Merneptah*, p. 278/279.)
7. Os moabitas, os amonitas e os edomitas estavam em constante conflito com os seus vizinhos – os israelitas. Viviam em uma faixa de terra montanhosa, na margem oriental do Mar Morto, atualmente sendo a Jordânia.
8. León Denis. (*No Invisível*, capítulo XXVI.)
9. Na década de 1910, sobreveio a Primeira Guerra Mundial (1910-1914), que pôs em xeque toda a geopolítica mundial, inclusive a da região do Oriente Médio. Resultado: o Império Otomano, que antes garantia a unidade das nações muçulmanas, fragilizou-se durante a guerra, sendo extinto em 1924. Muitas das nações outrora submetidas à autoridade otomana conquistaram sua independência política, a exemplo da Turquia.

Outras, como a Palestina, por não constituírem uma unidade política definida e, evidentemente, pela então presença massiva de judeus no mesmo território, não puderam formar imediatamente um Estado. Coube a um dos países vencedores da guerra, a Grã-Bretanha, administrar a região da Palestina após a Primeira Guerra Mundial.

Em 1920, os britânicos criaram o chamado Mandato Britânico da Palestina – uma comissão de administração de todo o território palestino, no lado ocidental do Rio Jordão. Esse Mandato atravessou o período da Segunda Guerra Mundial (1939-1945), e o malfadado holocausto dos judeus, perpetrado pelos nazistas, foi revelado e noticiado no mundo inteiro, estimulando ainda mais as ações do Movimento Sionista Internacional – criado por intelectuais judeus, no início da década de 1890, que tinha por objetivo principal o combate ao antissemitismo (aversão ao povo judeu que se espalhou pelo mundo após a dissolução dos antigos reinos judeus na Idade Antiga, subsistia na Europa desde a Idade Média e que havia se intensificado no século XIX).

Com efeito, gerou-se uma tensão entre as potências vencedoras da Segunda Guerra Mundial, para que decidissem a questão da Palestina. O problema foi que a radicalização entre palestinos e judeus aumentou consideravelmente dos dois lados. Ao mesmo tempo em que milícias palestinas continuavam os ataques aos assentamentos judaicos e negavam veementemente a criação de Israel, outras nações árabes, como o Egito e a Síria, também se declaravam abertamente contra o mesmo propósito. Diante do agravamento dos fatos, os ingleses repassaram o problema para a recém-criada (24 de outubro de 1945) Organização das Nações Unidas (ONU), que, por sua vez, criou o Comitê Especial para a Palestina (UNSCOP) a fim de tratar da decisão pela partilha territorial. O eleito para a Assembleia Geral de 1948, que ficou encarregado de gerir essa questão, foi o brasileiro Osvaldo Aranha (1894-1960), ex-ministro do Presidente Getúlio Vargas (1892-1954), que advogou em favor da criação do Estado judaico e conclamou uma votação de delegados das nações então constituídas. Nasce, em 1948, o Estado de Israel. Em 1967, Jerusalém se tornou sua capital.

PARTE II

Os ditadores Romanos e Augusto

DIAGRAMA DOS PERSONAGENS DA PARTE II

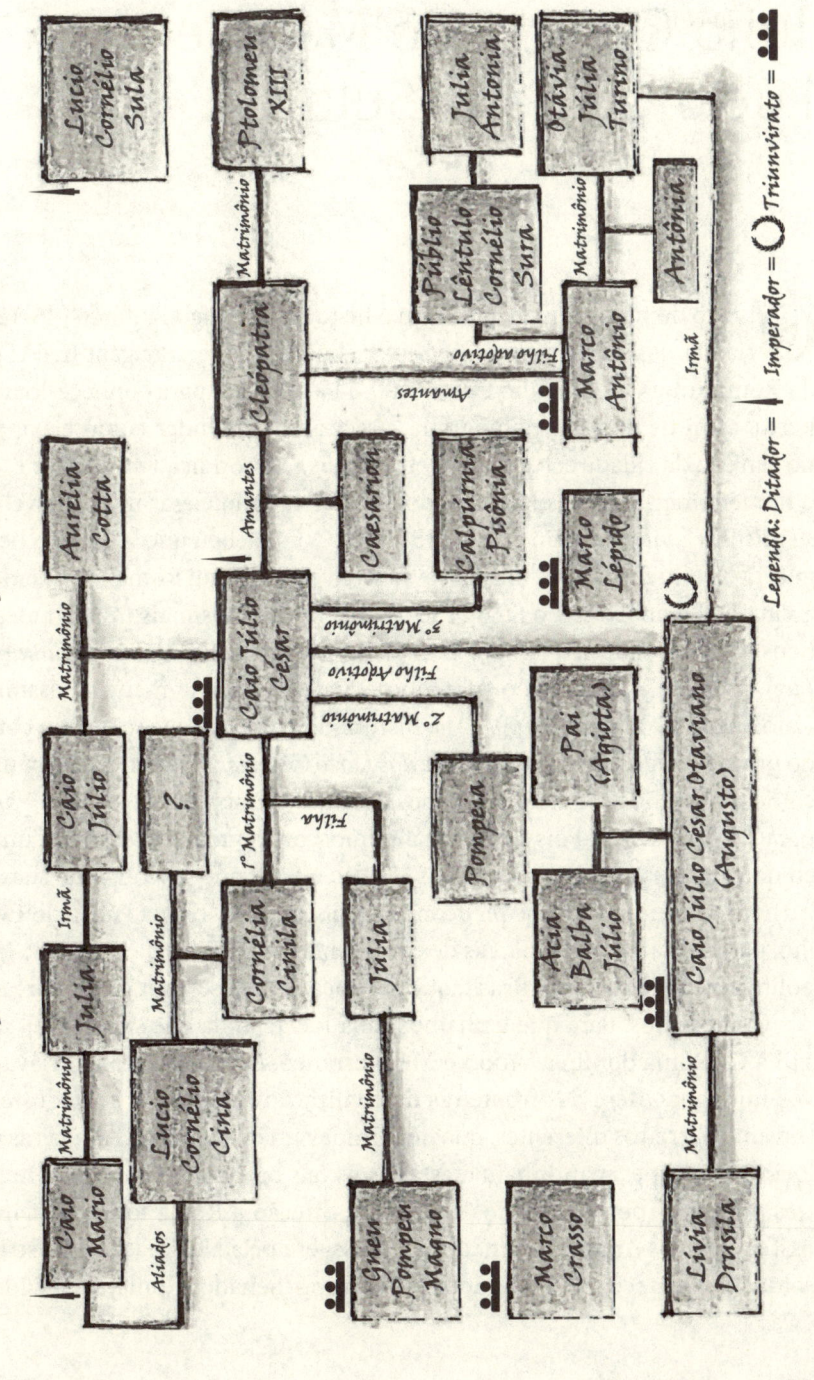

O CRUCIFICADO

Júlio César, Caio Mário e Lúcio Cornélio Sula

O início do *nosso enredo*, ou como o historiador grego Plutarco (46-120) diria: da *nossa biografia comparada*, abordará o personagem mais famoso da Roma antiga – Caio Júlio César (100-44 a.C.). Mas para conhecê-lo mais de perto, além de uma breve biografia, precisamos entender como ele apareceu no cenário da cidade cercada por sete colinas,[1] na condição de ditador e, então, o homem mais poderoso do mundo. A vida de Júlio César impreterivelmente se mistura à vida de Caio Mário (157-86 a.C.) – plebeu que se tornou herói de guerra e político famoso, tornando-se sete vezes Cônsul Romano –, bem como à vida de Lúcio Cornélio Sula (138-78 a.C.) – um dos mais importantes políticos e militares de seu tempo. O Espírito Emmanuel (na obra *A Caminho da Luz*) refere-se à Sula com o sobrenome *Sila*. Da mesma maneira, assim o faz Caio Suetônio Tranquilo (69-141), historiador romano que se tornou conhecido por sua magnífica obra *As Vidas dos Doze Césares*. Plutarco também usa *Sila* como a alcunha do ditador romano, em duas de suas obras – *Vidas Paralelas* e *Alexandre e César*. Pois bem: retrataremos, brevemente, neste item, um pouco da vida desses dois personagens (Mário e Sila) que, ao longo de suas reencarnações futuras, iriam se reencontrar, no século XVIII, na Pátria do Evangelho, para deixarem suas marcas de confidentes assumidos da liberdade (social, política e econômica) do Brasil, que, à época, estava sob o jugo de Portugal.[2]

Comecemos. Para que tenhamos uma ideia, ainda que superficial, no ano 113 a.C., Roma dominava todo o Mediterrâneo, mas novas terras criavam novos inimigos. Além das fronteiras da civilização romana, os soldados encontravam guerreiros diferentes, que denominavam de *bárbaros*. Apenas as cordilheiras dos Alpes mantinham afastados os tais bárbaros do norte da Itália. Os três primeiros povos nórdicos a irem em direção a Roma foram os Cimbros, os Teutões e os Ambrões. Tentaram a passagem pela Nórica (atual Áustria). Os soldados romanos eram liderados por Cargo – Senador Romano enviado para ser o Magistrado da Guerra contra os primeiros invasores bárbaros do Norte. No entanto, Cargo não logrou êxito em seu desiderato, uma vez que traiu os embaixadores bárbaros germânicos quando a ele se dirigiram para um acordo de deixar a Nórica. Ou seja, foram pegos de supetão, em uma emboscada arquitetada pelo próprio General. Resultado? Sobreviveram alguns embaixadores nórdicos, que, depois de informar o acontecido, o peso da traição de Cargo foi pago a ferro e sangue, na famosa Batalha da Nórica. Ele, depois de fugir durante a batalha, cometeu suicídio, porque viu sua vida arruinada, tanto como General, quanto como Senador Romano.

A partir daqui, começamos a conhecer Caio Mário – o primeiro dos dois heróis conquistadores a se aproveitar de sua reputação militar. Eleito Cônsul pela primeira vez em 107 a.C., através das massas, não conseguiu de imediato o comando da Guerra da Numídia – reino localizado no norte da África (atual Argélia), não muito longe da cidade de Cartago (atual Tunísia) –, pois a atribuição era feita por sorteio e comandada pelo Senado. Porém, os populares, aliados de Mário, passaram uma lei na Assembleia da plebe para que o comando da guerra fosse entregue a ao já famoso General do Povo. Este foi um evento muito importante na política romana, pois era a primeira vez que a Assembleia usurpava uma prerrogativa do Senado, sem encontrar resistência. Ato contínuo, Mário, enfim, foi para a Numídia. Várias batalhas, desde 111 a.C., já haviam sido travadas contra esse reino, mas sem êxito algum para os romanos. As táticas de guerrilha de seu rei – Jugurta (160-104 a.C.) – sempre impediam uma vitória decisiva. Rapidamente ficou evidente que Roma não conseguiria vencer Jugurta através da guerra. Mário, então, enviou seu Questor – Lúcio Cornélio Sula –, para negociar uma paz em separado com o sogro e aliado de Jugurta – Boco (?-†) –, na condição de que ele prendesse e entregasse Jugurta. Assim se fez: depois de traído, Jugurta fez parte dos despojos exibidos por Mário quando desfilou em Roma (como era costume na época), com o rei da Numídia, em uma jaula, no dia 1.º de janeiro do ano 104 a.C., morrendo neste mesmo ano.[3]

No mesmo ano (104 a.C.), Mário parte para a Gália na intenção de guerrear contra os Timbrios (ou Cimbros) – tribo germânica localizada na atual Dinamarca. No entanto, estes fogem para a Hispania (atuais Portugal, Espanha, Andorra, Gibraltar e uma pequena parte a sul da França). No ano 102 a.C., a ameaça se tornou real: os Cimbros, os Teutões (também tribo germânica, localizada no extremo norte da atual Alemanha) e os Ambrões (tribo celta) vieram do norte e do oeste, em um curso de colisão com Roma. Eram mais de 150 mil homens. Mário construiu uma fortaleza perto de Aráusio (atual Orange, na França) e outra na Nórica.

Os bárbaros germanos (ou germânicos) não conseguiram ultrapassar nenhuma das barreiras, e saíram em demanda ao sul, procurando atravessar outra passagem Alpina. Mas Caio Mário e seus soldados seguiram os bárbaros, a fim de mostrar o poder de seu exército. Para tanto, transferiu suas tropas de Aráusio para *Aqua Sextae* (atual *Aix-en-Provence*, na França). Depois de planejar estratégias que à época somente um homem como Mário era capaz de realizar, na Batalha de *Aqua Sextae* os romanos mataram mais de 100 mil bárbaros, entre Ambrões e Teutões. Entretanto, o Cimbros ainda estavam à solta, e pareciam não saber que seus aliados já haviam sido vencidos. Com efeito, enquanto Mário estava em Roma, os Cimbros suplantaram os fortes romanos na Nórica, e atravessaram as fronteiras da Itália. Mário, ao tomar conhecimento desse feito, partiu de Roma para a planície do Rio Pó, jurando eliminar aqueles bárbaros.

Porém, apresentaram-se no acampamento romano alguns embaixadores Cimbros, e Caio Mário reuniu seus comandados e seus oficiais, a fim de ouvirem, em conjunto, as propostas desses embaixadores bárbaros. Eles pediram que os romanos lhes dessem terras para cultivar e morar, a si e aos seus *irmãos* (Teutões e Ambrões), pois não sabiam ainda, repetimos, que aqueles dois povos bárbaros já não se encontravam entre os encarnados. Sem se deixar levar por qualquer sentimento de piedade ou condescendência para com eles, Mário respondeu, com ironia, que eles não precisariam se preocupar com seus *irmãos*, porque já tinham toda a terra que precisavam, já que a deram e nelas estavam trabalhando maravilhosamente. O que Mário estava querendo dizer, em tom sarcástico, era que todos os *irmãos* estavam enterrados, pois haviam sido derrotados.

Gargalhadas maldosas foram ecoadas diante dos dizeres de Mário. E os embaixadores Cimbros disseram que ele (Mário) seria castigado por sua zombaria, por sua maldade e malícia de suas palavras, primeiramente pelos próprios Cimbros, e depois por seus *irmãos*, tão logo chegassem. Perceba o leitor que até aqui, mesmo com a ironia de Mário, os representantes Cimbros realmente não sabiam da guerra travada contra os Teutões e Ambrões e, com isso, desconheciam a derrota de seus irmãos bárbaros. Foi nesse momento que Mário disse aos embaixadores não precisarem esperar pelos *irmãos*, porque eles já chegaram há muito tempo. Simplesmente pediu que trouxessem, das cadeias mais abjetas, os reis que haviam sido presos após a derrota infligida ao inimigo. Esfarrapados e rotos, maltratados e quase na insânia mental, foram mostrados aos embaixadores seus reis. Eles ficaram estarrecidos diante do que viram e, sem embargo, já sabiam o que esperar dos romanos. Ou seja: não haveria terras, nem complacência para com eles. Voltaram, os representantes bárbaros, ao seu rei – Boiórige (?-†) – e relataram tudo quanto haviam visto e ouvido.

A batalha contra os quase 100 mil Cimbros se deu no ano 653 de Roma ou, segundo o calendário gregoriano, no ano 101 a.C., conforme narra Plutarco. Mais precisamente no dia 30 de julho, em uma planície de nome *Verceli*, três dias depois de um acordo entre ambos os líderes – Caio Mário e Boiórige. O antigo plebeu, e agora Cônsul, bem como líder natural das tropas romanas, delineou um plano: sua ala de 32 mil homens ficaria dos lados da ala de Quinto Lutácio Cátulo (?-61 a.C.) – também Cônsul, mas que foi derrotado pelos próprios Cimbros na batalha anterior – que tinha 21.300 soldados. Em um combate travado homem a homem, *per si*, devido à poeira levantada no campo de batalha, não conseguiram aquilatar a quantidade enorme do contingente vindo pela ala esquerda. Mas esse dia, propositalmente escolhido por Mário, apresentava-se quente, e o sol já ia a pino. Sua estratégia de guerra e as previsões de sua vidente, que o acompanhava nas batalhas – Marta –, aliaram-se com sucesso. Os bárbaros, acostumados às geleiras infindáveis das regiões úmbrias, das quais haviam partido, sofriam terrivelmente o golpe dos raios solares; transpiravam abundantemente, perdendo forças, e mal podiam enxergar, diante de tanta claridade, a que não estavam acostumados, bem como os reflexos luminosos das armaduras e dos escudos. Usavam, durante a batalha, os mesmos escudos para se protegerem do calor escaldante, e, com isso, tornavam-se vulneráveis aos golpes das espadas romanas.

Resultado? A carnificina atingiu seu auge quando começou uma debanda geral dos Cimbros, que, ao perceberem a derrota sem apelo, marcharam desordenadamente em direção às suas fortificações. Os romanos prenderam mais de 60 mil Cimbros, entre homens, mulheres e crianças. Mesmo a vitória sendo dada pela maioria, Cátulo, que lutou contra as alas mais fortes, muitos soldados a creditavam para Mário. Como Cátulo havia pedido a seus soldados que a cada bárbaro abatido deveria se gravar em seus dardos, espadas ou lanças o seu próprio nome, a fim de que pudessem, após a guerra, comprovar que o maior número de bárbaros mortos seria resultado da batalha, frente a frente, realizada por ele e seus comandados, isso foi comprovado posteriormente, quando juízes de Parma foram ao local da guerra para resolver o litígio entre as partes. A glória era de Mário ou de Cátulo?

Criou-se, desde então, uma grande cisão entre os dois cônsules. Não haveria mais como impedir que Mário passasse a odiá-lo pela humilhação que Cátulo lhe infligia, no juízo dos homens sábios de Parma, chamados ao local do confronto com os Cimbros para resolver a contenda. No entanto, pesava no ânimo dos povos a lembrança da primeira vitória de Mário sobre os Teutões e Ambrões, bem como a derrota sofrida por Cátulo, na primeira tentativa, inglória, de derrotar os Cimbros. O Cônsul das massas – Mário – resolveu desfilar, ombro a ombro, com o Cônsul dos nobres – Cátulo – nas homenagens prestadas. Nesse desfile, houve quem visse modéstia no gesto de Mário. O plebeu que se tornou Cônsul, é bem verdade, salvou Roma dos bárbaros, mas feriu o coração da República, porque recebeu hostilidade de quase toda a aristocracia romana, seja por inveja (e isso é certo), seja porque não era um bom político. Mas ele também invejou a ascensão de outros militares, cujo resultado foi mandar matar vários dos pretendentes. Mesmo assim, Caio Mário não perdeu o amor do povo.

O leitor lembra de Lúcio Cornélio Sula – Questor ao serviço de Caio Mário na campanha da Numídia, e destacou-se sobre o seu comando ao capturar o rei Jugurta? Pois é: a partir daqui, começaremos a falar dele com mais vagar. Sula (ou Sila) foi o chefe de guarda nas conquistas de Caio Mário. Em 94 a.C., tornou-se Pretor urbano e subsequentemente governador da Cilícia, na Ásia. No regresso a Roma, distingue-se como General nas Guerras Sociais, entre os anos de 91 e 88 a.C., e é eleito Cônsul no fim desse conflito, graças às vitórias alcançadas. Em 88 a.C., foi dado a Sula o comando de uma campanha, onde hoje é a Turquia, cujo rei Mitrídates VI (135-63 a.C.) tinha promovido uma rebelião contra o poder de Roma. Vencendo o confronto, o general traria para si uma fortuna considerável. Prezado leitor: era tão sedutor ir a uma campanha, que Caio Mário subornou os representantes do povo para que dessem o comando a ele, e não a Sula. Este tinha acabado de sair para o leste, e, quando soube da intenção de Mário, voltou com os seus homens, e, ao invés de atacar Mitrídates VI, atacou Roma. Os correligionários de Mário lutaram de volta, gerando vários dias e noites de disputa intensa nas ruas, até que Sula ganhou a supremacia. Mário fugiu para o norte da África, e Sula partiu outra vez para lidar com Mitrídates VI, na primeira guerra contra esse rei, conhecida na história.

Mal Sula virou as costas, Caio Mário voltou. Dessa vez com o apoio de seu amigo Lúcio Cornélio Cina (?-84 a.C.). Eles assassinaram os aliados de Sula e assumiram o poder em Roma. Entretanto, algumas semanas depois, mais precisamente no dia 13 de janeiro de 86 a.C., Mário desencarnou de uma hemorragia cerebral. Cina ficou descansado, pelo menos até chegarem as notícias de que Sula estava de volta. Nessa altura, Cina foi morto por suas próprias tropas, que não queriam estar ao lado do opositor de Sula quando este regressasse. Os seguidores de Mário, porém, não estavam dispostos a entregar o poder a Sula. Determinados a lutar por isso, eles resistiram. Depois de um ano e meio de uma feroz luta civil, Sula acabou chegando em Roma. Havia sido vitorioso na guerra contra Mitrídades VI. Em 82 a.C., Sula foi nomeado (não eleito) ditador pelo Senado, por prazo ilimitado. Tratou logo de exterminar os seus opositores e de restaurar os poderes primitivos do Senado. Até mesmo o veto senatorial, sobre os atos da assembleia, foi restabelecido, ao mesmo tempo que se restringia enormemente a autoridade dos tribunos. Nomear Sula como ditador foi a última atitude dos representantes do povo, porque a partir dali a palavra de Sula era lei.

E foi na ditadura de Sula (de 82 a 79 a.C.) que muitos foram obrigados a fugir de Roma. Entre aqueles estava o jovem Júlio César, que, a seu turno, era casado com Cornélia Cinila (94-69 a.C.), filha de Lúcio Cornélio Cina, o grande aliado de Caio Mário. Portanto, tratava-se de um homem marcado. A mãe de César – Aurélia Cotta (120-54 a.C.) – tinha influência no círculo de Sula e, com o tempo, conseguiu acalmar a situação, ao ponto de retirar a pena de morte que pendia sobre seu filho. Contudo, Sula continuava desconfiado, o que tornava Roma um local desconfortável para César. Alistou-se, então, no exército, onde fez nome e carreira como um jovem oficial bravo e inteligente. Depois de três anos de ditadura (criando uma guerra civil em Roma), Sula resolveu mudar a pompa de poder pelos prazeres da carne, retirando-se para uma vida de luxo e despreocupações em sua propriedade da Campânia – região belíssima, localizada ao sul da Itália, cuja capital é Nápoles. Sula desencarnou no ano 79 a.C., na comuna italiana de Pozzuoli. Júlio César, nesse ano, estava em ascensão, pois havia brilhado na tomada de Mitilene – a capital da ilha grega de Lesbos (situada no Mar Egeu) –, ganhando a *coroa cívica*.

Com a notícia do desencarne de Sula, nutrindo uma esperança de que poderia tirar partido das perturbações da ordem, Júlio César voltou a Roma. Eleito Questor, em 69 a.C., proferiu diante da tribuna um elogio fúnebre à sua tia Júlia, irmã de seu pai, e esposa de Caio Mário. Na verdade, ele queria deixar claro sua casta superior na sociedade romana, cujo clã chamava-se *Julia* e se julgava de descendência divina. De acordo com o historiador e naturalista romano Plínio, o Velho (23-79), que desencarnou durante a famosa erupção do Monte Vesúvio, em Pompeia, o ramo do clã que adotou o cognome *César* era descendente de um homem que nascera num *parto por cesariana* (que vem da palavra latina cujo significado é *cortar*), originando, assim, este nome. Conquanto Plutarco fale de Júlio César começando por sua adolescência, pouco se sabe sobre a infância do filho de Aurélia Cotta. Quanto a seu pai, de mesmo nome, chegou ele ao magistrado de Pretor.

Antes de continuarmos a relatar sobre a vida de Júlio César, com o máximo de cronologia que nos é possível tentar, pedimos vênia ao leitor para fazer uma digressão sobre um fato que, entre os anos 63 e 62 a.C., abalou o Senado Romano. Trata-se de uma conspiração contra a República, encabeçada por um patrício – Lúcio Sérgio Catilina (108-62 a.C.) –, cuja antiga linhagem há muito se afastara do centro da vida pública. Catilina lucrara com o sucesso de Sila, mas depois esbanjou de tal maneira, que rapidamente se encontrou cheio de dívidas. Fazia parte da vida boêmia, misturando-se com jovens rapazes e mulheres cujo comportamento proporcionava bastante material aos boatos maliciosos. Catilina, em 63 a.C., perdera o consulado para Marco Túlio Cícero (106-43 a.C.). Este, porém, não imaginou nem originou a rebelião que se seguiu doravante. Após três campanhas fracassadas ao consulado, Catilina fugiu de Roma, e juntou-se a um exército reunido pelos seus associados.

O Cônsul Romano Públio Lêntulo Cornélio Sura (114-63 a.C.), eleito em 71 a.C., era amigo muito próximo do ambicioso conspirador e, por essa razão, foi o líder dos homens que Catilina deixou em Roma. A ideia era o massacre dos magistrados e senadores opostos a ele. Marchariam da Etrúria (região na Itália Central, que abrangia uma parte do que é atualmente a Toscana, o Lácio e a Úmbria), no intuito de tomar Roma, ateando fogo à cidade, e organizar um novo governo. A revolução de Catilina foi descoberta por Cícero. Pouco depois, tendo o Senado decretado estado de emergência, Lêntulo e outros conspiradores que se encontravam em Roma, foram presos. Expulso do consulado e condenado à morte por estrangulamento, o próprio Cícero conduziu Lêntulo pela mão até o *Tulianum* – que servia de prisão e local de execução. Finalmente, o exército de Catilina foi derrotado e ele tombou na batalha, desencarnando no ano de 62 a.C.

O Espírito Emmanuel, na obra *Há Dois Mil Anos*, no capítulo I da Primeira Parte, deixa claro ter assumido a personalidade do Cônsul Romano – Lêntulo Sura –, e narra com propriedade essas recordações de que, abaixo, colocamos os principais trechos:

> (...) Vi-me revestido das insígnias de cônsul, ao tempo da República. Parecia-me haver retrocedido à época de Lúcio Sergius Catilina, pois o via a meu lado, bem como a Cícero, que se me figuravam duas personificações, do mal e do bem. Sentia-me ligado ao primeiro por laços fortes e indestrutíveis, como se estivesse vivendo à época tenebrosa da sua conspiração contra o Senado, e participando, com ele, da trama ignominiosa que visava à mais íntima organização da República. Prestigiava-lhe as intenções criminosas, aderindo a todos os seus projetos com a minha autoridade administrativa, assumindo a direção de reuniões secretas, onde decretei assassínios nefandos.
>
> Num relâmpago, revivi toda a tragédia, sentindo que minhas mãos estavam nodoadas do sangue e das lágrimas dos inocentes. Contemplei, atemorizado, como se estivesse regressando involuntariamente a um pretérito obscuro e doloroso, a rede de infâmias perpetradas com a revolução, em boa hora esmagada pela influência de Cícero; e o detalhe mais terrível é que eu havia assumido um dos papéis mais importantes e salientes na ignomínia... Todos os quadros hediondos do tempo passaram, então, à frente dos meus olhos espantados.
>
> Todavia, o que mais me humilhava nessas visões do passado culposo, como se a minha personalidade atual se envergonhasse de semelhantes reminiscências, é que me prevalecia da autoridade e do poder para, aproveitando a situação, exercer as mais acerbas vinganças contra inimigos pessoais, contra quem expedia ordens de prisão, sob as mais terríveis acusações. E ao meu coração desalmado não bastava o recolhimento dos inimigos aos calabouços infectos, com a consequente separação dos afetos mais caros e mais doces, da família.
>
> Ordenei a execução de muitos, na escuridão da noite, acrescendo a circunstância de que a muitos adversários políticos mandei arrancar os olhos, na minha presença, contemplando-lhes os tormentos com a frieza brutal das vinditas cruéis!... Ai de mim que espalhava a desolação e a desventura em tantas almas,

porque, um dia, se lembraram de eliminar o verdugo cruel! Depois de toda a série de escândalos que me afastaram do Consulado, senti o término dos meus atos infames e misérrimos, diante de carrascos inflexíveis que me condenaram ao terrível suplício do estrangulamento, experimentando, então, todos os tormentos e angústias da morte.

Pois bem. Voltemos à Júlio César. Ele estava solidificando sua reputação em Roma, pois era um orador brilhante e um político bastante habilidoso. Sua bem-sucedida campanha de conquista da Espanha Ulterior (atual sul da Espanha) tornou-o herói para as suas legiões, dando-lhe força militar para apoiar ainda mais sua reputação, pois já a possuía. Na volta da Espanha, casou-se em segundas núpcias (67 a.C.) com Pompeia (?-†). Ganhou a magistratura de Pretor em 62 a.C., assumindo o governo da Espanha Ulterior. Lá, "marchou contra os galegos e os lusos, vencendo-os, e avançou até o mar externo, subjugando países ainda não submetidos aos romanos. À glória de seus sucessos militares acrescentou a de uma sábia admiração durante a paz: restabeleceu a concórdia nas cidades e esforçou-se, sobretudo, para que acabassem as contendas que surgiam cada dia entre credores e devedores. Ordenou que os credores tirassem, cada ano, duas terças partes das rendas dos devedores, ficando os devedores com a outra terça parte até completo pagamento da dívida. Partiu depois, deixando no país por ele governado um grande renome, tendo acumulado grandes riquezas e assegurado ganhos consideráveis para seus soldados, que o saudaram, na partida, com o título de *imperator*."[4]

Impaciente com as hesitações dos políticos de Roma, César começou a se questionar por que é que devia seguir o comando do Senado. Mas como fazer isso? Começou a cercar (bajular) Gneu Pompeu Magno – famoso general que, dentre várias guerras vencidas, havia derrotado, definitivamente, Mitrídates VI, no ano 61 a.C., encerrando, assim, a Terceira Guerra Mitridática. Como Pompeu entrou em conflito com os senadores, pela inveja que tiveram dessa sua última conquista, e medo de seu poderio militar, Júlio César encheu-o de atenções. Sabedor que Marco Crasso (114-53 a.C.) havia acabado de triunfar sobre a enorme rebelião, capitaneada pelo escravo Spartacus, reconciliou Pompeu com aquele, já que estavam malquistados desde quando exerceram juntos o consulado. "Passou despercebida a importância desse fato, aparentemente tão honesto, mas que causou a ruína da república. Com efeito, não foi a inimizade entre César e Pompeu – como geralmente se crê – que deu origem às guerras civis, e sim a amizade que os uniu no começo para derrubar o governo aristocrático e que acabou depois numa irreconciliável rivalidade. Catão [95-46 a.C.], [o jovem], predizendo frequentemente tal desfecho, adquiriu a reputação de homem difícil e inoportuno e, só mais tarde, de conselheiro prudente, mas infeliz."[5]

Apresentando-se às eleições, com o apoio de Crasso e Pompeu, César foi eleito Cônsul em 59 a.C. Tendo os dois homens mais poderosos de Roma ao seu lado, perguntou-lhes, em voz alta, se aprovariam as leis por ele propostas. A resposta foi um *sim*. Solicitou-lhes que o apoiassem contra os que ameaçavam resistir-lhe, de espada na mão. Ambos aquiesceram seu pedido. Essa atitude desagradou ao Senado Romano. Porém, César obteve, do povo, grande satisfação. O efeito dessa união – César, Pompeu e Crasso – ficou conhecido no contexto histórico da Humanidade, como *Primeiro Triunvirato* – ou seja, nada se faria na República Romana que pudesse desagradar a cada um dos três. O *governo de três* foi consolidado pelo casamento entre Pompeu e a filha de César – Júlia (76-54 a.C.).[6] Vale a informação que César tornou-se Cônsul, juntamente com Calpúrnio Bíbulo (102-48 a.C.). Este, porém, diante da inutilidade de seus esforços para impedir as leis draconianas que César imputava ao Senado, sob o apoio das *armas* de Pompeu, e tendo-se arriscado mesmo, como Catão, o jovem, a ser morto no Fórum, fez Bíbulo passar o resto de seu consulado fechado em casa.

Pouco tempo depois de se tornar Cônsul, Júlio César casou-se em terceiras núpcias com Calpúrnia Pisônia (77 a.C.-†), e, com a ajuda de aliados, foi nomeado governador, por cinco anos, das duas Gálias – a Cisalpina (atual França) e a Transalpina (juntas, atualmente, França, Suíça, Holanda e Bélgica) –, bem como da Ilíria (hoje em dia, os países da Sérvia, Bósnia e Croácia). Antes de partir para seu governo, com as quatro legiões que lhe foram dadas, César mandou prender o seu maior opositor – Catão, o jovem. Entre idas e vindas a Roma, quando seu consulado terminou, perdendo a imunidade pessoal, César fugiu para suas províncias, a fim de evitar ser processado por irregularidades cometidas em seu mandato. O Primeiro Triunvirato, de fato, havia acabado, porquanto Marco Crasso desencarnara naquele ano (54 a.C.). Em vez de César conspirar contra Pompeu e os seus parceiros no governo, dedicou-se à patriótica tarefa de tornar o Império Romano ainda maior. Durante o ano 50 a.C., César e suas legiões subjugaram a vasta região da Gália e fizeram expedições exploratórias na Alemanha e na Bretanha.

"As façanhas de César o colocam acima de todos esses heróis. Sobrepujou um pela dificuldade dos lugares onde guerreou; outro, pela extensão dos países subjugados; este, pelo número e a força dos inimigos vencidos; aquele, pela ferocidade e perfídia dos povos subjugados; aquele outro, pela brandura e clemência para com os prisioneiros; aquele outro, ainda, pelos prêmios e benefícios com que cumulou as tropas; foi, em suma, superior a todos pelo número das batalhas travadas e pela multidão de inimigos mortos. Em menos de 10 anos de duração das guerras das Gálias, expurgou mais de oitocentas cidades, subjugou trezentos povos, combateu, em diversas batalhas campais, contra três milhões de inimigos, matou um milhão destes e fez mais de um milhão de prisioneiros."[7] Júlio César era um líder nato. Sua *veia* política não era menos acentuada que sua *artéria* para a arte da guerra e da conquista. César tinha um talento militar que nem Mário e Sila puderam sobrepujar. E não era por menos: o espírito de guerreiro vinha de reencarnações anteriores.

Vejamos. Na obra *Os Senhores do Mundo*, do notável pesquisador e escritor espírita Hermínio Miranda (1920-2013), vê-se a tese de que Tutmés III (1482-1425 a.C.), último faraó da 18.ª Dinastia Egípcia, Alexandre Magno (356-323 a.C.), Júlio César e Napoleão Bonaparte (1769-1821) são existências assumidas pelo mesmo Espírito. Na literatura *Cartas e Crônicas*, capítulo 28, o Espírito Humberto de Campos deixa claríssimo que Napoleão Bonaparte era a reencarnação de Júlio César. Ademais, não é novidade aos espíritas que o médium Divaldo Pereira Franco já afirmou, em palestras públicas pelo mundo afora, que Júlio César era a reencarnação do rei da Macedônia – Alexandre, o Grande –, bem como viria, mais tarde, na personalidade do corsário Napoleão Bonaparte. Há uma existência mais atual de Júlio César, que o referido médium nos informou; mas sem autorização prévia dele, preferimos ocultá-la. No livro *O Problema do Ser do Destino e da Dor*, página 214, do filósofo espiritualista León Denis (1846-1927), iremos encontrar o seguinte texto:

> Em cada renascimento volve o indivíduo à massa; a alma, reencarnando, toma nova máscara; as respectivas personalidades anteriores apagam-se temporariamente. Reconhecem-se, entretanto, através dos séculos, certas grandes figuras do passado; torna-se a encontrar César em Napoleão.

No livro *A Sobrevivência do Espírito*, cujos autores espirituais são Ramatís e Atanagildo, psicografia do médium Hercílio Maes, iremos encontrar a seguinte informação:

> Alexandre Magno – por exemplo – cuja índole psíquica era a belicosidade, os sonhos de conquistas materiais, ao reencarnar no vosso orbe viveu novamente nas figuras invasoras de César e Napoleão.

O próprio Júlio César, narra Plutarco, durante sua permanência na Espanha, lia, em um dia de folga, alguns trechos da história de Alexandre, e caiu, depois dessa leitura, numa meditação profunda, acabando por chorar. Seus amigos, espantados, perguntaram-lhe o motivo de suas lágrimas. "Não vos parece – disse ele – justo motivo de dor que Alexandre, na idade em que eu estou, já tivesse conquistado tantos países, ao passo que eu nada ainda fiz de memorável?" Júlio César, nessa ocasião, estava quase com 40 anos de idade, ao passo que Alexandre Magno desencarnara aos 33. Não pense o leitor, porém, que é por essa ocorrência que também acreditamos ser Júlio César a reencarnação de Alexandre, o Grande. Não. Apenas ressaltamos um fato na vida desse grande guerreiro que nos chamou a atenção.

Pois bem. Voltando à sua existência propriamente dita, César recebeu, na Gália que subjugava, a notícia do falecimento de sua filha – Júlia –, morta de parto na casa de seu marido – Pompeu. Esse acontecimento foi causa de muita dor para os dois amigos. Eles também ficaram apreensivos, receando que essa morte rompesse uma aliança que assegurava a paz e a concórdia na república. Destacamos, aqui, a Batalha de Alésia, travada no ano 52 a.C., quando Júlio César vence (com 70 mil soldados) os gauleses – liderados por Vercingetórix (80-46 a.C.), com mais de 250 mil homens – e faz dela o fim das guerras na Gália, deixando-a conquistada por Roma.[8]

Na Cidade Eterna, César já era visto como um herói. Com sua popularidade em alta, não foi visto com apreço por Pompeu, pois este se sentia ameaçado. César, adestrado nas guerras da Gália, juntou muitas tropas, aumentando sua glória em batalhas, e igualando os feitos de Pompeu. Este, temeroso, conseguiu que o Senado ordenasse a parada do exército de César. Quando ele não cumpriu tal ordem, foi acusado de traição ao Estado.

De sua base na Gália, dirigiu-se para o sul com a sua legião.[9] Logo estavam na margem do rio Rubicão, na fronteira da Gália com a Itália. Avançar, segundo a lei romana, seria uma declaração de guerra; mas para César, a retirada era impensável. "Os dados estão lançados" – disse ele –, dando ordens para prosseguir. Assim que atravessou o Rubicão, em janeiro de 49 a.C., César tornou-se oficialmente um inimigo do Estado. A guerra civil tinha começado, e duraria dois anos. Quando ele chegou em Roma, Pompeu foi apanhado de surpresa. Apesar de suas tropas serem maiores que as de César, Pompeu não reagiu. Ao contrário, comandou a evacuação de alguns navios para a Grécia e outros para a Espanha, além de preparar uma campanha por todo o Império. César, então, estabeleceu seu amigo Marco Antônio (83-30 a.C.) como seu apoio em Roma, depois seguiu com seu exército para a Espanha, completando a viagem em espantosos 27 dias. As tropas de Pompeu não estavam preparadas e, sem ele, foram facilmente derrotadas. Após a batalha, César voltou para o leste, passou pela Gália, atravessou a Itália e seguiu para a Grécia, onde Pompeu tinha seu quartel-general. Na batalha conhecida como *Durrës*, em 10 de janeiro de 48 a.C., as tropas de César, cansadas, quase foram derrotadas pelas tropas de Pompeu.

Em 9 de agosto de 48 a.C., aconteceu a Batalha de Farsalos, na Grécia, onde César vence com 22 mil homens contra 45 mil homens de Pompeu. Este, depois da derrota, foge para Alexandria, no Egito, esperando proteção do rei local – Ptolomeu XIII (62-47 a.C.). César perseguiu-o, mas Pompeu foi executado assim que chegou em Alexandria, a mando do próprio Ptolomeu XIII. Dois soldados de Pompeu, já a serviço do rei egípcio, foram enviados num bote para receber o navio ao ser aportado. Eles ofereceram-se para levá-lo à terra, para uma audiência com o governante egípcio, que tinha prometido encontrar-se com ele. O bote dirigia-se para terra com Pompeu e sua família. O general Romano estava praticando o seu discurso de agradecimento a Ptolomeu XIII, quando, subitamente, os seus antigos companheiros o esfaquearam pelas costas, antes que sua mulher e seus filhos, aterrorizados, pudessem reagir. Ptolomeu decapitou a cabeça do ex-triúnviro e presenteou-a a Júlio César, quando da sua chegada; mas o ditador não ficou agradecido. Achou os maus-tratos de Pompeu como um ultraje a Roma e, como efeito, deu seu apoio aos inimigos de Ptolomeu XIII. Obviamente que uma guerra civil egípcia, a partir daí, começou.

Ptolomeu XIII era casado com sua irmã mais velha – Cleópatra VII (69-30 a.C.). A partir de agora, trataremos a rainha egípcia sem o número romano que especificamente a caracterizava como descendente de uma linhagem dos Ptolomeus. Pelo nome, ela era a cogovernante de Alexandria, embora estivesse determinada a reinar no seu próprio direito. Em 47 a.C., as tropas de César ganhavam a Batalha do Nilo (ou de Alexandria) e Cleópatra tornava-se rainha do Egito, assim como uma cliente leal a Roma. Ela tinha 21 anos de idade quando conheceu Júlio César, que, por sua vez, era 30 anos mais velho. Pouco se sabe sobre Cleópatra até esta altura de sua vida, e qual seria seu aspecto. Para além de uma educação extensa e clara inteligência, todo o resto sobre seu caráter permanece conjectura. Pelos padrões de beleza de Roma, ela era uma beldade bastante exótica, com a sua pele escura, as suas ricas joias e o seu cabelo suntuosamente enfeitado. A relação dos dois durou 14 anos, entre idas e vindas dos dois amantes. Eles tiveram um filho, chamado *Caesarion* (47-30 a.C.), que significa *Pequeno César*. As leis romanas não permitiam a César casar-se com Cleópatra, porque ela era estrangeira. Estranhamente, no entanto, como a relação não era legalmente reconhecida, a lei também não a classificava de adultério, mesmo César estando casado com Calpúrnia.[10]

Do Egito, César ainda iria provocar a Batalha de Zela, contra Fárnaces II (97-47 a.C.) – filho de Mitrídates VI, e, com efeito, Rei do Ponto –, a guerra contra Catão, o jovem, na África, onde triunfou sobre o rei da Numídia – Juba (85-46 a.C.) – e, por fim, foi à Espanha, a fim de dirigir a guerra contra os filhos de Pompeu, que, a seu turno, haviam conseguido reunir um exército formidável, pelo número de soldados, mostrando-se dignos de chefes de exército poderoso. E isso constituía para César gravíssimo perigo. Esta foi "a última guerra de César; e o triunfo que a seguiu afligiu os romanos mais do que qualquer dos seus feitos anteriores, pois não se tratava de um triunfo pelas suas vitórias contra generais estrangeiros ou reis bárbaros, e sim da conclusão de uma luta de destruição em que foi extinta a família da maior personagem [Pompeu] que havia resplandecido em Roma, e que fora a vítima dos caprichos da Fortuna. Aos olhos dos romanos, era uma vergonha triunfar sobre as desgraças da pátria e glorificar-se por triunfos que só podiam ser justificados pela necessidade, perante a divindade e a humanidade. (...) Entretanto, os romanos inclinavam-se ao êxito, submetiam-se ao jugo sem resistência. Na persuasão de que o único meio de reparar tantos males causados pelas guerras civis era a autoridade de um único homem, nomearam César [quando voltou a Roma, em outubro de 45 a.C.] ditador perpétuo."[11]

Os nobres, porém, ficaram descontentes e aumentaram o ódio contra César, e que seria a causa de sua morte, quando perceberam, sobretudo, o desejo que ele tinha de se fazer declarar rei. Para se ter uma ideia precisa disso, "um dia, tendo-lhe o Senado decretado honras extraordinárias, os cônsules e os pretores, seguidos por todos os membros do Senado, foram em cortejo um por um ao Fórum, onde ele [César] esperava sentado na tribuna dos oradores, para receber comunicação oficial do decreto. Ele não se levantou à sua chegada; concedeu-lhes audiência como o teria feito com simples particulares, e respondeu que era preciso reduzir seus títulos e não os aumentar. Essa conduta desagradou não somente ao Senado, mas também ao povo, que julgou ver Roma desprezada na pessoa dos senadores."[12] Estes, então, agregaram-se em torno da figura de Marco Júnio Brutus (85-42 a.C.), membro de uma das famílias mais distintas de Roma – Servília –, era sobrinho e genro de Catão, o jovem. Brutus era um dos amigos mais íntimos de César e foi um aliado inestimável na guerra contra Pompeu, mas encarava a situação com reservas. César lhe dera, por incrível que possa parecer, o magistrado de Pretor e o designara Cônsul.

O historiador Plutarco deixa transparecer que foi o cunhado de Brutus – Caio Cássio Longino (87-42 a.C.) –, também Pretor, quem originou a conspiração. Brutus era bravo e idealista, mas demasiadamente honesto para uma operação como esta; eles teriam que ser impiedosos. O Senado sabia que a única solução seria o homicídio. Os conspiradores decidiram agir nos idos de março de 44 a.C. (que corresponde ao dia 15 deste mês). Havia uma psicosfera de agouro por toda a cidade. Um dia, ao sair do edifício do Senado, Júlio César foi parado por um vidente que o avisou de maneira sombria: "Cuidado com os idos de março!" Outrossim, sua esposa – Calpúrnia Pisônia – sonhou que a estátua do marido estava jorrando sangue por centenas de lugares. Suplicou-lhe que não saísse, naquele dia, e adiasse a sessão do Senado. César resolveu mandar Marco Antônio, seu melhor amigo e homem da sua mais alta confiança, ao Senado, para adiar a sessão. A caminho, Antônio encontrou Públio Servilo Casca (84-42 a.C.) em extrema ansiedade, e deixou escapar um comentário na frente dele. Desconfiado, foi em direção a César para interceptá-lo e alertá-lo. Antônio, cujo extraordinário vigor físico era temido, foi parado pelo Cônsul Caio Trebônio (92-43 a.C.), que propositalmente travou com ele longa palestra. Ganhou, com isso, o tempo que precisava para que a conspiração lograsse êxito. Os conjurados não queriam que o robusto Cônsul estivesse no seu lugar, sentado ao lado de César, sabendo que sua reação instintiva seria a de lutar.

No lugar onde o Senado se reuniria naquele dia, havia uma estátua de Pompeu, e a própria sala era num edifício que o triúnviro havia oferecido e que servia de ornamento ao seu teatro. Quando César saiu desse edifício, foi abordado por Lúcio Tílio Cimber (85-42 a.C.), pedindo-lhe que lesse uma petição que trazia. Lógico que o documento era falso, conquanto bom o suficiente para o reter e distraí-lo durante o tempo necessário para que Cimber pudesse agarrar a sua túnica. Nessa altura, Casca atingiu o pescoço de César com um golpe de punhal. Após isso, os outros golpes sucederam-se numa tempestade tal, que os assassinos se cortavam uns aos outros. César foi atingido por mais 23 punhaladas; entre elas, nos olhos e no rosto. Plutarco afirma que Marco Júnio Brutus deu-lhe um golpe na virilha, e, depois que César morreu, ele avançou para o meio do Senado, a fim de justificar o que acabava de ser feito; mas os senadores não puderam escutá-lo, porque fugiram precipitadamente pelas portas, espalhando no povo a emoção e o espanto.

Que atitude pusilânime a dos conspiradores, não é verdade? Pois é: a covardia é fruto do medo. Dentre as várias sensações corrompidas que jazem, inermes, nos tecidos sutis do perispírito – envoltório fluídico do Espírito –, o medo tem sua importância no processo de burilamento moral da criatura humana. Em si mesmo, o medo não é negativo senão quando irracionalmente desequilibra o indivíduo. O desconhecido, pelas características de que se reveste, pode desencadear momentos de medo, porquanto se apresenta como fator de preservação da vida, ampliação do instinto de autodefesa. Até aí tudo bem. Encará-lo, eis a meta que cabe a todos os transeuntes do planeta Terra, encarnados e desencarnados. O conhecimento dos postulados doutrinários do Espiritismo, e de outras antigas doutrinas espiritualistas, ajuda-nos, naturalmente, a canalizar o medo, transformando-o em prudência, em equilíbrio, auxiliando-nos a discernir qual o comportamento ético adequado, até o instante em que o amadurecimento emocional o substitui pela consciência responsável. Doravante, sem jamais findar, o ser humano vai tomando coragem, alicerçada na fé raciocinada, lógica e intuitiva. Dessa forma, a covardia – que só encontrava eco quando o medo se apresenta em seu reflexos fisiológicos, tais quais a disritmia cardíaca, sudorese, sufocação, colapso periférico, produzindo palidez generalizada, etc. – vai desaparecendo e, por consequência, o ser vai se armando de fé, de brandura, tendo-as como armas precisas na batalha do autoconhecimento.

César desencarnou aos 56 anos de idade, apenas 4 anos depois de Pompeu. Antônio, logo após o ato de covardia dos conjurados, salva-se secretamente, procurando asilo em casas anônimas. Diz-se que ele escapou de Roma vestido de escravo. Mas no dia seguinte, quando viu que ninguém o perseguira, resolveu voltar, disposto a discutir uma trégua com o grupo dos assassinos, com o fito de manter a paz e o fim das tensões políticas. Era, obviamente, uma manobra política, pois ele desejava secretamente vingar o amigo (César). Foi ao Senado Romano ver o famoso orador Cícero dar um discurso que resultou em anistia para todos os implicados na conspiração. Marco Antônio, porém, aguardou o dia do funeral de César (20 de março de 44 a.C., cremado no coração de Roma – o Fórum), e na qualidade de segundo em comando do general morto, Cônsul e melhor amigo, discursou e aproveitou a oportunidade para acusar os assassinos, garantindo uma ruptura permanente na suposta paz estabelecida com eles. Usando muita retórica, pois era um orador incomum, e uma dose cavalar de interpretação dramática (aprendizado obtido em Atenas, na década de 50 a.C.), Antônio levantou uma parte da toga do cadáver de César, com o fito de mostrar à multidão as feridas provocadas pelos conspiradores. Apontando para cada uma delas, e nomeando um dos assassinos, gerou, assim, uma culpa pública. Também leu o testamento de César, que deixava a maior parte de suas propriedades para o povo romano, demonstrando, com efeito, que, ao contrário do que afirmavam aqueles que o mataram, o ditador não tencionava montar nenhuma dinastia real.

A tática deu certo, e a opinião pública logo ficou do lado de Marco Antônio. O ressentimento latente da multidão se transformou em fúria. Naquela mesma noite, o povo formou grupos que invadiram as casas dos implicados no assassinato, e os forçou, ao longo do mês seguinte, a fugirem para salvarem suas vidas. Ciente do que havia provocado, o agora primeiro homem de Roma logo convocou alguns veteranos que conhecia da guarda pessoal de César, para que entrassem a seu serviço. Brutus e Cássio abandonaram a cidade, fugindo para a Grécia, com outros conspiradores. Contudo, assim que chegaram lá, começaram a fazer preparativos para regressar com força total. Antônio, malgrado tenha ficado com a província da Macedônia, a qual continha seis legiões bem treinadas e numericamente poderosas, permaneceu agindo em Roma. Depois de se apoderar dos papéis de César que estavam na posse da sua viúva – Calpúrnia –, apresentou-os ao Senado, num conjunto de decisões do ditador, para serem implementadas à força. Como Cônsul, Antônio estava extremamente atarefado a resolver uma longa série de diferentes assuntos. Era simplesmente mais rápido ter a certeza de que cada decisão tinha na realidade sido tomada por César, uma vez que isso garantia a sua aprovação. Não há dúvida de que ele estava igualmente a explorar a situação para fortalecer a sua própria posição.

Entrementes, o sobrinho-neto e filho adotivo de César – Caio Júlio César Otaviano (63 a.C.-14 d.C.) –, ao saber que foi apontado como único herdeiro de seu *pai*, resolve voltar da Ilíria (mais especificamente da cidade de Apolônia), onde se preparava justamente para isso. O próprio César já tinha falado sobre deixar o seu título de *ditador*, quando morresse, ao seu sobrinho-neto e **filho adotivo**. Os romanos levavam muito a sério a adoção, e era um meio comum para os homens que não tinham filhos perpetuarem o nome e as ambições da sua família. Para se ter uma ideia do quanto Júlio César estimava Otaviano, quando sua filha – Júlia – desencarnou (54 a.C.), foi o então *menino* quem discursou no funeral. No ano da morte de seu tio-avô, Otaviano contava 18 anos de idade. A seguir, vamos conhecê-lo melhor, e entender o que aconteceu com os dois principais conspiradores – Brutus e Cássio –, como também o melhor amigo de César – Marco Antônio – iria passar os seus próximos 14 anos de vida, sendo Cônsul apenas até o final daquele ano fatídico de 44 a.C, pois uma já conhecida forma de governar iria se apresentar, novamente, em Roma.

O primeiro imperador de Roma

Otaviano era filho de um agiota de *Villetri* – comuna italiana situada na cidade metropolitana de Roma, no Lácio (região central da Itália). Suetônio afirma que pouca coisa se sabe sobre o antepassado paterno de Otaviano, conquanto não seja segredo que o nome de seu pai era homônimo, e que atingiu a magistratura de Pretor, ganhando o governo da Macedônia. No entanto, ao voltar de lá, no ano 58 a.C., desencarnou subitamente antes de poder se apresentar candidato ao consulado. Havia se casado com Ácia Balba Júlio Segunda Cesônia (85-43 a.C.), sobrinha de Júlio César e mãe de Otaviano. Este, "embora a sua aparência de fragilidade, era portador de temperamento forte e valoroso, de grande ambição política".[13] Falar de Otaviano esquecendo Marco Antônio, é inviável. O leitor perceberá, doravante, que, embora essas duas personalidades tenham feito história juntas, não obstante fossem unidos apenas por interesses políticos, hoje esses dois Espíritos estão ligados em uma só causa – Jesus.

Depois do assassinato de César, era claro que uma guerra civil em Roma estava latente e ameaçava, uma vez mais, mergulhar todo o mundo mediterrâneo, incluindo o Egito, no conflito e no caos. Depois de alguns confrontos no Senado, entre Antônio e Cícero, este, a partir do final de 44 a.C., esforçou-se para que o Parlamento considerasse Antônio inimigo público e para declarar formalmente hostilidades contra ele. O medo da guerra civil era a emoção mais poderosa, e era ainda mais alimentada pelo fato de ser incerto quais seriam os lados e quem iria vencer. Otaviano e Marco Antônio começaram a criar o seu próprio exército, com a ajuda de Marco Emílio Lépido (89-13 a.C.), Mestre de Cavalaria de César. O Senado Romano reconheceu oficialmente, pelo *Conciliumm Plebis*, em 27 de novembro de 43 a.C., os três homens – Antônio, Otaviano e Lépido – como o *Segundo Triunvirato*. Isto é: governantes oficiais do Estado Romano. Nem os magistrados nem as Assembleias Populares os podiam contestar. Isso posto, era somente uma questão de tempo para Cícero enfrentar calmamente os seus executores, no dia 7 de dezembro de 43 a.C., levando sua cabeça diretamente ao melhor amigo de César – Antônio –, que, por sua vez, dizia ainda haver uma guerra para resolver e uma vingança para ser executada, pela morte de César.

Ah! Sempre a guerra! Infelizmente, sempre elas "ensanguentaram o roteiro dos povos nas suas peregrinações incessantes para o conhecimento superior. Caíram os tronos dos reis e esfacelaram-se coroas milenárias. Os príncipes do mundo voltaram ao teatro de sua vaidade orgulhosa, no indumento humilde dos escravos, e, em vão, os ditadores conclamaram, e conclamam ainda, os povos da Terra, para o morticínio e para a destruição. O determinismo do amor e do bem é [felizmente] a lei de todo o Universo e a alma humana emerge de todas as catástrofes em busca de uma vida melhor."[14]

Possamos, nós, sentir e dizer: "não mais guerra, mas paz; não mais antagonismos e egoísmos individuais e coletivos, destruidores de trabalho e de energias, mas colaboração; não mais ódios, mas amor. Cumpra cada um o seu dever, e a necessidade de luta cairá por si. Só a retidão produz equilíbrio estável nas construções humanas, ao passo que a mentira representa um fundamental desequilíbrio, irremediável vício de origem que destrói tudo. A justiça suprimirá o gigantesco esforço da luta, que sobre vós pesa como uma condenação. O amor, que só existe no mundo em oásis fechados, isolado no deserto do egoísmo, precisa sair do âmbito fechado desses círculos e invadir todas as formas de manifestação humana."[15]

O Segundo Triunvirato liderava um exército com mais de quarenta legiões, para lutar contra as vinte legiões de Brutus e Cássio, embora estas fossem mais fortes no mar. Os triúnviros decidiram deixar Lépido para supervisionar a Itália, enquanto Antônio e Otaviano partiram ao oriente, para defrontar os conspiradores. Lépido emprestou algumas das suas legiões aos seus colegas, e durante a campanha estas seriam integradas nos seus próprios exércitos, passando a ver os seus novos líderes como a fonte das suas recompensas. Não se pode negar que Antônio era a figura dominante do Segundo Triunvirato, e não era possível recusar a Otaviano a oportunidade de vingar o seu pai (adotivo) e obter glória. Por essa razão, Lépido era a opção lógica para permanecer em Roma. Os dois lados se encontraram em Filipos, na Macedônia, travando a primeira batalha no dia 3 de outubro de 42 a.C. Brutus e Cássio acamparam separadamente, mas construíram uma vala e um muro que juntava os dois acampamentos. Em suma, Brutus encontrava-se ao norte e Cássio ao sul de Filipos.

Brutus estava quase vencendo as legiões de Otaviano, enquanto o exército de Antônio ganhava perante o de Cássio. Este, sem saber que o lado de Brutus estava vencendo, convenceu Pindauros, seu amigo e homem-livre, a matá-lo com a mesma espada que apunhalou César. A força de Brutus, com efeito, estava enfraquecida; mas ele não tinha pressa em renovar o ataque, porque tinha esperança nos seus navios. Vencendo o triúnviro (Otaviano), no mar, seus inimigos ficariam isolados em terra, bem lá no alto, sem navios e mantimentos. Essa estratégia de guerra teria dado certo se as suas tropas na costa não tivessem ficado impacientes e irrequietas. Em breve, começaram a desertar, e Brutus viu-se obrigado a atacar o inimigo, enquanto ainda tinha exército. Essa segunda batalha se deu no dia 23 de outubro de 42 a.C. Entretanto, a situação não foi favorável a Brutus, e isso ficou rapidamente patente. Resultado? Os seus soldados começaram a se retirar e, com tudo evidentemente perdido, Brutus, como Cássio, preferiu o suicídio, em vez de cair nas mãos dos seus inimigos. O corpo de Brutus foi decapitado e depois cremado. Antônio enviou as cinzas à mãe do conjurado – Servília. Filipos foi a maior vitória da carreira de Antônio. Em verdade, foi ele, na prática, quem venceu as duas batalhas e a campanha no seu todo. Sua coragem pessoal era inquestionável. Ela já havia demonstrado este estado de espírito na Judeia e no Egito, bem como quando se juntou a César na Macedônia, em 48 a.C.

Marco Antônio passou o inverno de 42 e 41 a.C. em Atenas – cidade já conhecida por ele, haja vista lá ter estudado. Adotou, sem problemas, o estilo de vestuário grego. Na primavera de 41 a.C., Antônio foi até a Ásia Menor e viajou pela província, gozando o seu poder e riqueza, como sempre havia feito. Veremos, na Parte III desta obra, sua influência sobre a Judeia, e quanto Herodes, o Grande, estimava-o. Em 41 a.C., Antônio, sem ainda ter voltado a Roma depois da Batalha de Filipos, convocou Cleópatra para se encontrar com ele, na cidade de Tarso, na Cicília. Pouco depois da sua chegada àquela cidade, os dois tornaram-se amantes. Dentro de um ano, ela dar-lhe-ia um casal de gêmeos. Antônio passou o Inverno de 41 e 40 a.C. em Alexandria. Na primavera de 40 a.C., partiu da cidade egípcia, porquanto precisou lidar com uma crise na Itália.

O Segundo Triunvirato seguia pelo mesmo caminho do Primeiro Triunvirato e pelas mesmas razões. Não que o Império Romano não fosse suficiente. Ora, Otaviano governava o oeste, a partir de Roma; Antônio o leste, a partir de Alexandria; e a Lépido foi destinado todo o resto do norte da África. Desde o início, Lépido sempre foi o mais fraco, conquanto antes do *Conciliumm Plebis*, ele tenha assumido o papel de mediador entre os mutuamente desconfiados – Antônio e Otaviano. Em verdade, reforçamos que os dois nunca foram aliados naturais, mesmo tendo partilhado do mesmo desejo de vingar César (e ganhar poder às custas dos assassinos). Antônio chegando em Roma, Otaviano ofereceu a ele a mão da sua irmã – Otávia Júlia Turino (69-11 a.C.) – em casamento. Malgrado, uma guerra civil entre Antônio e Augusto era inevitável, pois o vencedor ficaria com tudo. Três anos depois de ter saído de Alexandria, Antônio para lá voltou. Qual a razão? Ora, sua amante – Cleópatra!

Otaviano começou a espalhar, em Roma, notícias sobre Antônio, dizendo que ele estava se tornando um nativo de Alexandria, com a sua rainha exótica. Não demorou muito para o sobrinho-neto de César sentir-se confiante o suficiente para enviar a sua marinha de guerra contra o Egito. Antes, porém, em 1.º de janeiro de 31 a.C., Otaviano tornou-se Cônsul pela terceira vez, e despojou Antônio do consulado que lhe fora concedido, quando o Segundo Triunvirato estava seguro. Otaviano, portanto, agora tinha novamente o poder formal de um magistrado da República Romana. Antônio, entretanto, continuou a chamar a si próprio de *triúnviro*, embora prometesse depor o seu poder quando alcançasse a vitória. Várias batalhas aconteceram, mas o alvo de Otaviano era Ácio, na Grécia, e, conquanto não tenha conseguido surpreender, ali, os esquadrões de Antônio, conseguiu ocupar a colina, hoje conhecida como Mikalitzi, que dominava a península, formando a entrada, pelo lado norte do Golfo de Ambrácia. Plutarco afirma, em *Vidas Paralelas*, que Antônio tinha 100 mil soldados de infantaria e 12 mil soldados de cavalaria.

Tudo culminou, no dia 2 de setembro de 31 a.C., na conhecida Batalha de Ácio, quando a frota de Antônio, seguida pela esquadra de Cleópatra, saiu do Golfo de Ambrácia, pondo-se em formação, encontrando-se com os 400 navios de Otaviano, cujo almirante era Marco Vipsânio Agripa (63-12 a.C.). Nenhum dos lados queria lutar muito perto de terra. Agripa queria que o inimigo viesse para a frente, pois dessa forma um maior número de barcos poderia envolver a linha inimiga. E isso fez a diferença. Os navios de guerra de Antônio foram afundados. Plutarco aduz que, em determinada altura, Antônio evitou por pouco ser capturado em uma emboscada feita pelos homens de Otaviano. Milhares de soldados morreram, de ambos os lados. A derrota já estava escrita e os homens de Antônio começaram a desertar. Ele mesmo abandonou o grosso da sua frota. O exército que deixara para trás mudou de lado no espaço de uma semana. Tudo que restou foi um terço da sua esquadra. O tesouro da rainha Cleópatra fora salvo, mas nem este nem tudo aquilo que ela conseguisse extrair do seu reino, no futuro, conseguiria substituir as legiões e a frota que ele perdera.

Qual seria o motivo da fuga de Antônio? Plutarco (a melhor fonte da Batalha de Ácio) não associa a deserção de Antônio com Cleópatra. Mas como um homem corajoso, destemido (e com aptidão militar), pôde abandonar sua frota e seu exército, entrando em um barco a remos? O historiador grego diz não saber se Antônio se consumia de vergonha ou de fúria. Ademais, informa que Antônio, depois que voltou para Alexandria, entregou-se à autocomiseração e à amargura, vivendo em uma solidão relativa, embora confortável. Aos poucos, foi novamente se acostumando com luxos. Cleópatra organizou uma grande comemoração do seu aniversário, em 14 de janeiro de 30 a.C. Ele tinha 53 anos de idade, e a rainha egípcia contava 39 anos.

No verão de 30 a.C., Otaviano invade o Egito. Cleópatra isolou-se em seu mausoléu. Tratava-se de uma estrutura de dois andares, com uma única porta e uma ou mais janelas no andar superior. Os trabalhos de construção ainda não tinham acabado e havia cordas e outro equipamento de construção para elevar e colocar os blocos de pedra. Ela entrou, acompanhada por duas damas – Charmion (?–†) e Iras (?–†) – e um eunuco. Os mecanismos foram acionados, fazendo cair à porta uma barreira de pedra que fechava permanentemente a entrada. Selada juntamente com seu tesouro, a rainha obviamente não esperava que seu amante se juntasse a ela. Plutarco diz que Cleópatra disse aos cortesãos que dissessem a Antônio que estava morta. Quando Antônio recebeu a notícia, entrou em desespero. Plutarco diz que ele teve remorsos por a rainha ter tomado, em primeiro lugar, este corajoso passo, de modo que ele – o grande comandante – tinha de seguir o exemplo. Retirou-se para os aposentos, despiu sua armadura e pediu a um escravo – de nome Eros – que o ajudasse. Tomando a espada de Antônio, como se fosse dar um impulso, o escravo feriu-se antes a si mesmo. Inspirado pelo seu gesto, Marco Antônio feriu-se no estômago, cambaleando até um sofá. Ainda não havia dado o último suspiro, quando chegou um escriba, enviado por Cleópatra, para trazê-lo até ela. Isso se deu porque os gritos dos criados fizeram a rainha ir até a janela do mausoléu. Alguém viu e disse a Antônio. Ele, apercebendo-se de que a amante não estava morta, tentou levantar-se; caiu, porém, de cansaço e pediu que o levassem até ela. Assim se fez. Pouco tempo depois, desencarnou ao seu lado.

Otaviano entrou em Alexandria, com mais espetáculo do que propriamente força. Plutarco afirma que Cleópatra foi capturada em seu mausoléu, e o eunuco que lá estava desencarnou na luta, quando a protegia. Foi permitido à rainha do Egito assistir ao funeral do amante. Os romanos, e em especial a aristocracia, no século I a.C., cremavam os mortos e depois enterravam suas cinzas em um túmulo. O corpo de Antônio, contudo, não foi cremado, mas sim embalsamado e colocado em um caixão. No entanto, testemunhar o enterro de seu amante era bastante para Cleópatra. Ela caiu doente, devido à tristeza e a uma infecção nos cortes que infligia a si própria com as unhas, desenvolvendo febre e recusando-se a comer. Estes detalhes são sabidos, porque o médico que cuidou de Cleópatra – Olimpo (?-†) –, mais tarde escreveu um relato dos últimos momentos da rainha egípcia, que foi usado por Plutarco. Depois de uma reunião com Otaviano, Cleópatra não teve vontade de prolongar sua existência física, contrabandeando duas áspides (cobras extremamente venenosas) no seu cesto de figos, e, depois de uma suntuosa última refeição, Cleópatra suicidou-se, deixando o veneno provocar convulsões. As criadas deitaram-na em um sofá, mantendo o corpo, as roupas e as joias o mais imaculadas possível. Ato contínuo, ou tomaram veneno fatal ou permitiram-se serem mordidas por cobras. *Caesarion*, o filho de Júlio César com Cleópatra, era um jovem de 17 anos, mas com idade suficiente para suceder à mãe no trono do Egito. Contudo, Otaviano mandou assassinar o potencial rival, afirmando que dois Césares são demais! A partir dali o Egito estaria reduzido à condição de província romana.

O filho adotivo de César regressou a Roma e encontrou os senadores em dúvida, pois embora louvassem a volta do herói, tinham medo de lhe dar mais poder. Por outro lado, era um alívio ter um final para a longa rivalidade entre Otaviano e Antônio. Em 29 a.C., o sobrinho-neto de César tornou-se Cônsul pela quarta vez. Em 27 a.C., deram-lhe o nome honorífico de *Augusto* (que significa *esplêndido*), e o título de *princeps* (que significa *primeiro*), conquanto ninguém o tenha proclamado imperador. Mas Otaviano avançou para isso ao longo dos anos que se seguiram, não deixando dúvidas sobre quem era a lei em Roma. A despeito disso, fazia questão de ser humilde. Ele desencorajava os bajuladores. Casou-se com Lívia Drusila (58-29 d.C.), que se tornou um ícone da cônjuge romana: devotada, fiel, forte e até um pouco severa. Fazia questão de se apresentar como a ajudante do seu esposo. Fisicamente linda, esforçava-se para não o demonstrar. Ela se mantinha ao lado de seu marido com o mais admirável altruísmo, chegando mesmo, dizia-se, a trazer-lhe virgens para serem desfloradas. Dignidade era o que importava. Desde que o adultério não prejudicasse a reputação da casa, não contava como traição. Por isso, não havia razão para que Lívia se preocupasse com o que o marido fazia, desde que o seu prestígio como *Lívia Augusta* se mantivesse seguro.

Nos dias de hoje, infelizmente, muitos maridos agem como Otaviano Augusto, e muitas esposas assemelham-se a Lívia Drusila. Quando não, embora mais difícil de ocorrer, o papel também se inverte, infelizmente. Ademais, em grande número de casamentos, derivando para a disputa de muitas profissões que estão em desacordo com sua principal função, que é a maternidade, a mulher não entrevê no lar o ponto mais alto de sua missão. Ela passou a disputar com o homem o lugar deste, em quase todas as profissões. Conseguiu, inclusive, impor-se em igualdade de condições, justificando-se em nada ser inferior ao seu companheiro masculino. No aspecto moral e no direito de ser livre como Espírito, o sexo feminino jamais foi e jamais será inferior ao sexo masculino. Ora, no carreiro de várias reencarnações, o Espírito ora assume a personalidade feminina ora a masculina. Ou seja: "em nova existência, pode o Espírito que animou o corpo de um homem animar o de uma mulher e vice-versa."[16] Mas no que tange à fragilidade física da mulher, quando comparada ao vigor físico do homem, salvaguardadas raríssimas exceções, é fato inegável. Isso se dá para determinar às mulheres "funções especiais. Ao homem, por ser o mais forte, os trabalhos rudes; à mulher, os trabalhos leves; a ambos o dever de se ajudarem mutuamente a suportar as provas de uma vida cheia de amargor."[17]

Antes de finalizarmos esta Parte II, prestando as justas homenagens ao nosso personagem – Otaviano Augusto –, deixaremos abaixo, na íntegra, o pensamento do Espírito Emmanuel (com o qual concordamos por completo), exarado na obra *Palavras do Infinito*, psicografia de Francisco Cândido Xavier (1910-2002), capítulo 36:

> A mulher não precisa masculinizar-se. Precisa educar-se dentro da sua feminilidade. O problema do feminismo não é o da exclusão da dependência da mulher: deve ser o da compreensão dos seus grandes deveres. Dentro da natureza, as linhas determinadas pelos desígnios insondáveis de Deus não se mudam sob a

influência do limitado arbítrio humano; e a mulher não pode transformar o complexo estrutural do seu organismo.

Homem e mulher, cada um deles tem obrigações nobilíssimas a cumprir nas posições diferentes em que foram colocados dentro do planeta. Aliás, na humanidade, a mulher, por sua profunda capacidade receptora, guarda os deveres mais sagrados diante das leis divinas. Todas as questões feministas se reduzem a um problema de educação mais do que necessária.

Neste século, as experimentações tocam ao auge. A mulher não podia escapar a essa onda de transições. Todavia, faz-se preciso conter o delírio, a alucinação de mentalidades apaixonadas, nos excessos de idealismo, e que se voltam para o campo da publicidade, falhas no conhecimento imprescindível das realidades da vida, sem saber o que desejam e sem nada trazer de melhor aos que se formam para as lutas da existência, intoxicando o espírito da juventude. As ideias são forças que, como a eletricidade, arruínam o que encontram na sua passagem, quando não são devidamente controladas. Toda força necessita de educação para se expandir com benefícios. O problema da mulher, antes de ser estudado dentro dos códigos transitórios dos homens, precisa ser resolvido à luz do Evangelho.

Caro leitor: O casamento é o resultado natural do amor entre duas pessoas de sexos diferentes, quando se tem por objetivo a comunhão física, o desenvolvimento da emoção psíquica, o companheirismo, como também o objetivo de formarem uma família mais extensa – esta, o pequeno núcleo social da Humanidade. O casamento é muito mais que um ato religioso ou social, conforme se encontra em algumas doutrinas ancestrais, que se atêm a liturgias e a ortodoxias. É um ato de amor. O amor, porém, reclama cultivo. E a felicidade na comunhão afetiva não é uma receita pronta, e sim construção do dia a dia. As leis humanas casam as pessoas para que as pessoas se unam segundo as Leis Divinas. Em um relacionamento em que estejamos unidos sem amor, infelizes seremos, porque seguiremos junto à pessoa como dois rios paralelos que, embora correndo lado a lado, jamais se encontram.

Pois bem: vamos encerrando esta Parte II informando que os registros oficiais mostram o reinado de Augusto como de prosperidade e sucesso. Durante 41 anos, ao todo, sua autoridade foi inquestionável. E assim também era Roma. Depois de tantas décadas de guerra civil, a *Pax Romana* (Paz Romana) agora estabelecia o Império, e o regresso à ordem surgiu como um alívio enorme para todos. Roma havia se tornado grandiosa. Quem poderia negar esse fato, quando, ano após ano, viam-se edifícios públicos majestosos sendo erguidos na capital? Ademais, a simplicidade da vida de Augusto contrastava com toda essa grandeza pública. Ele tinha uma máquina de propaganda ocupada em fazer com que todos soubessem quão modesta era a sua vida.

O Espírito Joanna de Angelis informa que "Augusto assumira o poder em circunstâncias muito singulares e complexas. (...) Idealista, esmagara contínuas rebeliões que lavraram por toda parte. Acoimado por enfermidades constritoras, no entanto, estimulou as Artes, a Filosofia, a Literatura, de tal forma que o seu foi o período áureo. Apesar disso, padecia no lar terríveis flagícios morais que o martirizavam, tendo lenidas somente as ulcerações íntimas quando se empolgava ante as massas deslumbradas que o ovacionavam, na tribuna de ouro a que assomava, nos inesquecíveis espetáculos públicos."[19]

A poetisa baiana Amélia Rodrigues (1861-1926), já desencarnada, fala do comportamento de César (Augusto), dizendo que ele "alcançou o poder máximo, embora a sua conduta moral nem sempre fosse digna, caracterizando-se pelos sucessivos casamentos e adultérios, não obstante se empenhasse por manter a dignidade em todo o Império, de maneira serena, inclusive em relação à família, na intimidade palaciana. Conseguiu pacificação em todo o território que governava, na Espanha, nos Alpes, e anexou a Galícia e a Judeia. Propondo as bases do governo imperial, criou organizações administrativas, reergueu as finanças e propiciou um período de paz como anteriormente raras vezes acontecera. (...) Realmente, a paz romana reinou na Terra, porque, nesse período, não renasceram os generais belicosos, mas antes os artistas e os pensadores que adornaram a capital e engrandeceram o mundo romano com os seus valiosos tesouros de beleza e sabedoria."[18]

Quando Jesus nasceu, Roma estava sob o governo de Otaviano César Augusto – o primeiro Imperador Romano. Tudo estava pronto para Aquele que viria dos Altiplanos siderais, descer ao orbe terrestre – um Vale de Lágrimas. Seus habitantes, porém, "não conseguiram saber que, no seu reinado, a esfera do Cristo se aproximava da Terra, numa vibração profunda de amor e beleza. É por essa razão que o ascendente místico da era de Augusto se traduzia na paz e no júbilo do povo que, instintivamente, se sentia no limiar de uma transformação celestial. Ia chegar à Terra o Sublime Emissário. Sua lição de verdade e de luz ia espalhar-se pelo mundo inteiro, como chuva de bênçãos magníficas e confortadoras. A humanidade vivia, então, o século da Boa-Nova. Era a 'festa do noivado' a que Jesus se referiu no seu ensinamento imorredouro."[20]

Ora, a regência de Augusto "decorreu em grande tranquilidade para Roma e para o resto das sociedades organizadas do planeta. Realizam-se gigantescos esforços edificadores ou reconstrutivos. Belos monumentos são erigidos. O espírito artístico e filantrópico de Atenas revive na pessoa de Mecenas, confidente do imperador, cuja generosidade dispensa a mais carinhosa atenção às inteligências estudiosas e superiores da época, quais Horácio e Vergílio, que assinalam, junto de outras nobres expressões intelectuais do tempo, a passagem do chamado século de Augusto, com as suas obras numerosas."[21]

Notas

1. Roma também era conhecida por suas sete colinas (montes) magistrais – Palatino (onde foram construídas as primeiras habitações. Os Imperadores Romanos aí residiam), Aventino, Campidoglio, Quirinale, Viminale, Esquilino (Paulo de Tarso foi levado, um dia antes de seu martírio, a uma prisão nesse monte) e Célio.
2. Segundo a obra *Inconfidência dos Inconfidentes*, do Espírito Tomás Antônio Gonzaga, pela psicografia da médium paulista Marilusa Moreira Vasconcellos, a qual confiamos ao leitor, o Cônsul Romano Caio Mário voltaria na personalidade do Papa Gregório IX (1145-1241), e depois como Joaquim José da Silva Xavier (1745-1792) – o Alferes Tiradentes. Já o ditador Lúcio Cornélio Sula, reencarnaria como Antônio Francisco Lisboa (1738-1814) – o Aleijadinho. Aproveitamos a nota em pauta, para dizer que também Tomás Antônio Gonzaga (Espírito), no livro supracitado, refere-se à Sula, com a alcunha de *Sila*.
3. Para o leitor compreender como funcionavam os magistrados romanos, classificá-los-emos na ordem de importância política. I) Questor – era o primeiro passo na hierarquia política da Roma Antiga. O cargo, que hoje chamaríamos de *Procurador*, implicava funções administrativas e era geralmente ocupado por membros da classe senatorial, com menos de 32 anos de idade. O mandato dava acesso direto ao colégio do Senado Romano. Por serem os cobradores de impostos do Império, eram malvistos pela população. II) Pretor – era um dos títulos concedidos a homens que atuavam, ou como comandante de um exército (já em campanha ou, muito raramente, antes dela) ou para realizar diversas funções (que variaram em diferentes períodos da história de Roma). III) Cônsul – era o mais alto cargo político da República Romana, e o maior na ordem sequencial dos cargos públicos pelos quais os políticos deveriam passar durante sua carreira.
4. Plutarco. (*Alexandre e César*, p. 276/277.)

5. Idem. (Idem, p. 278.)
6. Marco Crasso já era um velho amigo de Júlio César, pois quando este ganhou a magistratura de Pretor, em 62 a.C., assumindo o governo da Espanha Ulterior, "seus credores, que não podiam ser pagos, vendo-o prestes a partir, foram gritar com ele, solicitando a satisfação de seus créditos. Ele apelou para o socorro de Crasso, o mais rico dos romanos, que precisava da atividade e do ardor de César, para ser sustentado contra Pompeu, seu rival político. Crasso fez uma combinação com os credores mais difíceis e menos dispostos a concessões, tornando-se fiador por 830 talentos. César pôde, então, partir para assumir seu governo." (Plutarco – *Alexandre e César*, p. 274/275.)
7. Plutarco. (*Alexandre e César*, p. 285/286.)
8. Na obra O Gênio Céltico e o Mundo Invisível, capítulo V, lemos o seguinte texto: "Servindo uma mesma causa, sob o mesmo estandarte. César chamava-se então Napoleão Bonaparte e Vercingetórix tornara-se no general [Louis Charles Antoine] Desaix [1768-1800]. Em Marengo, quando a batalha parecia perdida para os franceses, este último [Desaix] chegou no momento exato com a sua divisão para salvar o seu antigo inimigo, e foi essa toda a sua vingança! (...) Foi a modéstia na força, a energia na abnegação. Procurou sempre o segundo lugar e conduziu-se como no primeiro. Golpeado mortalmente em Marengo, nesta grande batalha que fez ganhar ao primeiro Cônsul e temendo que a sua morte desencorajasse os seus, diz simplesmente aos que o transportavam: "Não digam nada." Nesses detalhes históricos, não encontramos uma confirmação do que disseram os nossos instrutores do espaço sobre a identidade desses dois personagens: Vercingetórix e Desaix, animados por um mesmo espírito no decurso dos séculos?"
9. O exército romano era organizado por uma hierarquia bem definida. Um *contubernium* era formado por oito legionários (soldados). Dez *contubernium* formavam uma centúria, que era comandada pelo centurião, havendo, portanto, oitenta homens à sua disposição. Cada grupo de seis centúrias formava o *cohort*, tendo seu comandante um grupo de 480 soldados. Cada grupo de dez *cohorts* (4.800 soldados) constituía-se uma legião, que era liderada pelo *legatus* ou general romano. Eram guerreiros treinados e disciplinados até a exaustão. Habilidosos no uso das espadas, eram frios e sanguinários. Um patrício romano, que se tornava membro de alguma legião, tornava-se, quase que espontaneamente, um fanático na defesa da Águia. Uma legião romana, juntando médicos, enfermeiros, veterinários, padeiros, ferreiros e carpinteiros (os chamados *imunes*), totalizava algo entre 6 mil homens.
10. Plutarco narra que a beleza de Cleópatra não era sem paralelo, embora sua presença causasse fascínio inevitável, devido aos seus dotes físicos, combinados ao charme persuasivo quando falava. Cabe ressaltar que a magreza excessiva, enquanto ideal de beleza feminina, é um fenômeno muito recente, não obstante a sua fervorosa promoção por parte da indústria farmacêutica, da moda e dos meios de comunicação. O historiador grego revela que a aura de Cleópatra estimulava, de certa maneira, quem se apro-

ximava dela. O Espiritismo explica essa força de atração através do fluido magnético – adredemente ligado ao perispírito.

11. Plutarco. (*Alexandre e César*, p. 378/379.)
12. Idem. (Idem, p. 388/389.)
13. Amélia Rodrigues. (*Vivendo com Jesus*, cap. I.)
14. Emmanuel. (*A Caminho da Luz*, Introdução.)
15. Sua Voz. (*A Grande Síntese*, cap. XLII.)
16. Allan Kardec. (*O Livro dos Espíritos*, perg. 201.)
17. Idem. (Idem, perg. 819.)
18. Joanna de Angelis. (*Estudos Espíritas*, cap. XIX.)
19. Amélia Rodrigues. (*Vivendo com Jesus*, cap. I.)
20. Humberto de Campos. (*Boa Nova*, cap. I.)
21. Emmanuel. (*A Caminho da Luz*, cap. XIII.)

PARTE III

Três Herodes e dois Césares

DIAGRAMA I DOS PERSONAGENS DA PARTE III

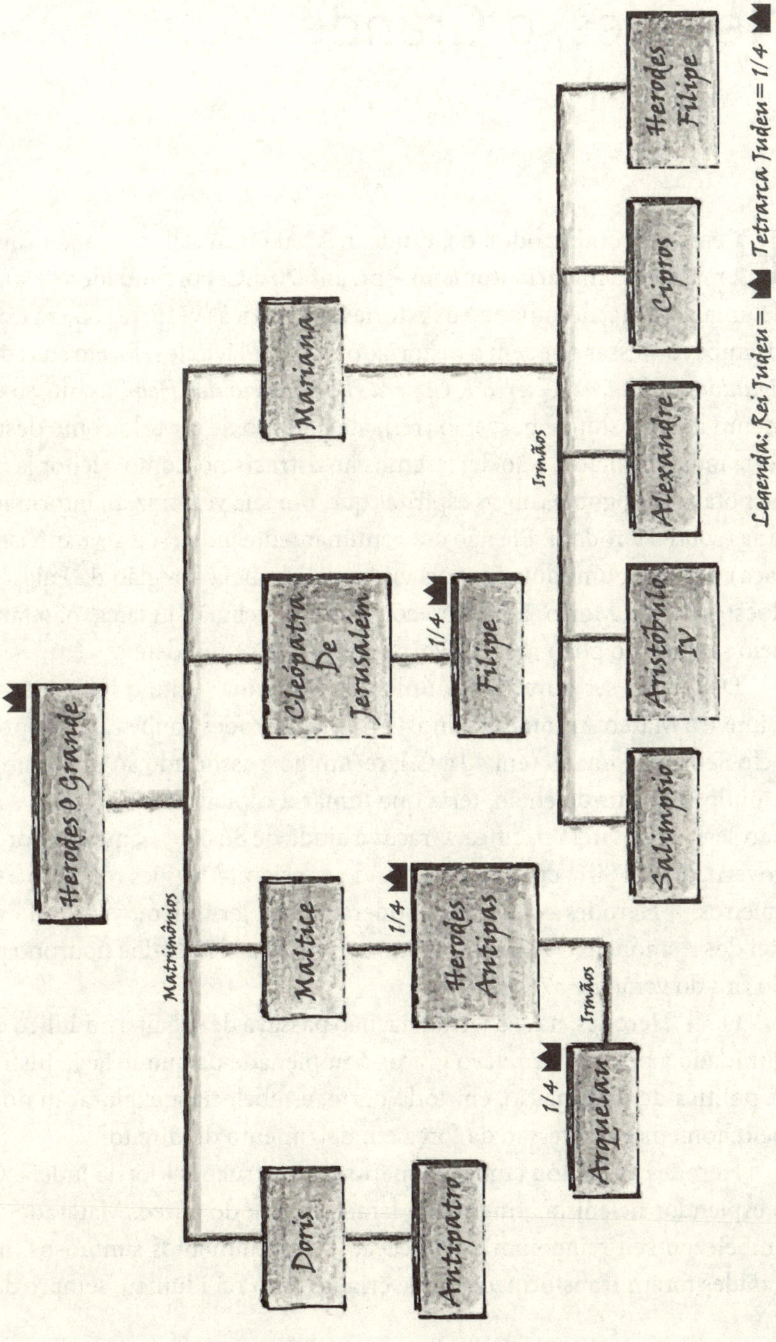

```
                          Herodes O Grande ▲
                                  │
         ┌────────────┬───────────┴────────┬─────────────┐
        Doris       Maltice          Cleópatra         Mariana
         │            │              De Jerusalém          │
         │            │                  │                 │
      Antípatro   Herodes Antipas 1/4 ▲  Filipe 1/4 ▲      │
                      │                                    │
                  Arquelau 1/4 ▲                           │
                      Irmãos                               │
                                                           │
                    ┌──────────┬──────────┬──────────┬──────────┐
                Salumpsio  Aristóbulo  Alexandre   Cipros   Herodes
                              IV                             Filipe
                                                            1/4 ▲
                              Irmãos
```

Matrimônios

Legenda: Rei Judeu = ▲   Tetrarca Judeu = 1/4 ▲

O CRUCIFICADO 73

Herodes, o Grande

Herodes I, ou Herodes, o Grande, nasceu em Ascalon – uma província do majestoso Império Romano – no ano 70 a.C. Foi fundador de um reino e de uma dinastia, dominando a história da Judeia, às vésperas da era cristã. Precisamos confessar que sem o historiador judeu Flávio Josefo, em suas obras *Antiguidades Judaicas*, *Guerra I*, *Guerra II* e *História dos Hebreus*, nosso conhecimento desse "astuto e perverso [rei], até o ponto de ser tido como desumano",[1] seria muito limitado. Não deixaremos no ostracismo, como o leitor já percebeu na nota n.º 2, algumas obras espíritas que, por sua vez, trazem informações isoladas sobre Herodes I. Ele não era genuinamente judeu (ou seja, um israelita de raça), mas sim um idumeu, pois vinha da Idumeia – região da Palestina a sudoeste do mar Morto. E mesmo convertido à religião judaica, não fazia parte, pelo sangue, do povo hebreu. Portanto, ele era semijudeu.

Depois de ser governador único da Palestina – título lhe conferido pelo triúnviro Marco Antônio no ano 41 a.C. –, Herodes soube fazer-se proclamar, pelo Senado Romano (em 40 a.C.), rei amigo e associado ao maior império do mundo. A partir de então, teria que tomar a capital judaica, que, a seu turno, não seria uma tarefa pacífica. Graças à ajuda de Sósio – nomeado por Antônio governador da Síria em 38 a.C., levando consigo 11 legiões romanas e 6 mil cavaleiros –, Herodes conseguiu apoderar-se de Jerusalém, vencendo o último Rei dos Asmoneus – Antígono (?-37 a.C.) –, sucedendo-lhe no trono por volta do fim do verão de 37 a.C.[2]

O rei "Herodes, na sua jactância, não passava de subalterno áulico de César, guindado à posição de relevo graças à impiedade de que se fazia instrumento. A política de dominação, em toda parte, estabelecia a exploração do homem pelo homem e a opressão da força em detrimento do direito."[3]

Herodes I mandou erguer numerosas construções fora da Judeia. Com ele, o esplendor helenista atingiu, em Israel, o período áureo. Malgrado, também embelezou seu reino com a edificação de monumentos suntuosos. Inúmeras cidades foram transformadas e até criadas pelo rei idumeu, sempre dedicadas a César (Augusto). O que dizer da Cesareia? "Entre as cidades marítimas, a que se chamava de Torre de Estráton, já bem danificada, mas que merecia ser alvo de suas liberalidades pelo fato de sua excelente localização, ele [Herodes] mandou reconstruir inteiramente de pedra branca e orná-la de palácios magníficos."[4] Concebeu-a como uma cidade pagã que celebrasse a memória de César (Augusto), seu protetor, continuando assim a desfrutar dos poderes que Roma lhe conferia. A partir do ano 6, essa cidade transformou-se no local da residência do governador romano (At 23:33-35).

Cesareia (marítima), localizada a 102 km de Jerusalém, era a porta da Judeia para o mundo exterior, e através do grande porto Palestinense dessa cidade Paulo de Tarso embarcou para Roma, depois de lá ter permanecido preso do ano 58 a outubro do ano 60 (At 24:27). Outro evento em Cesareia diz respeito ao discípulo de Jesus, Filipe, que ali adquiriu residência por longo tempo (At 21:8).[5] Em Jerusalém, no ano 19 a.C., Herodes I reconstruiu o Templo da cidade, com dimensões dantes não vistas. Nele empregara prodigamente muitas riquezas romanas, como tesouros judeus. Blocos maciços de mármore branco, de tamanho quase fabuloso, proveniente de Roma para esse desiderato, formavam parte de sua estrutura.[6] Fortificou mais ainda uma das torres romanas, que ficava bem perto do Templo de Jerusalém, para que este também ficasse fortalecido, e a chamou *Antônia*, para honrar a memória de Marco Antônio, que lhe havia demonstrado tanta amizade.[7]

No Evangelho de Mateus (2:1) e de Lucas (1:5), verificamos que Jesus nasceu durante o reinado de Herodes, o Grande; este morreu sete dias antes da Páscoa, em abril-maio do ano 4 a.C, conforme narra Flávio Josefo, em *Antiguidades Judaicas*, XVII. Sua *causa mortis* foi hidropisia (acumulação de fluidos nas cavidades do corpo), febre e úlcera. Por testamento, Herodes havia feito a partilha de seu reino entre seus três filhos, a saber: Arquelau (23 a.C.-18), Antipas (?-39) e Filipe (?-34). A partir de então, a Judeia tornar-se-ia uma província romana. No entanto, para que o testamento de Herodes entrasse em vigor, mister se fazia a confirmação do imperador romano. Depois de um longo processo com os judeus, cujas audiências ocorreram em Roma, César (Augusto), tendo ouvido as duas partes – Arquelau e os judeus presentes –, dispensou a assembleia e, alguns dias depois, nomeou Arquelau etnarca, dando-lhe metade do reino e prometendo-lhe fazê-lo rei caso se mostrasse digno. Dividiu a outra metade em duas tetrarquias, dando-as para Antipas e Filipe.

Dessa maneira, a Judeia, a Idumeia e a Samaria ficaram com Arquelau (cuja mãe era a samaritana Maltace). A Galileia e a Pereia ficaram sob a administração de Antipas, também filho de Maltace. A Traconite, a Bataneia, a Ganlonítida e Paneias ficaram com o terceiro filho – Filipe –, gerado com Cleópatra de Jerusalém. Alguns anos mais tarde, em 3 ou 2 a.C., Filipe edificou, em honra do imperador Augusto, a cidade de Cesareia de Filipe (antiga Paneias), localizada na foz do Jordão. Ele "era um príncipe muito moderado. Amava a paz e a tranquilidade, e sempre ficou em seu território. Nas suas idas constantes ao campo, levava consigo apenas um pequeno número de amigos mais íntimos e uma cadeira, que era uma espécie de trono, para sentar-se e administrar a justiça. (...) Como não deixou filhos, o futuro imperador romano – Tibério (42 a.C.-37) – iria anexar seus territórios à Síria."[8]

Mas Herodes I tivera de sua segunda esposa – Mariana (54-29 a.C.) –, de origem asmoneia, três filhos – Alexandre (35-7 a.C.), Aristóbulo IV (31-7 a.C.) e Herodes Filipe (27 a.C.-33) – e duas filhas – Salimpsio e Cipros. E das nove mulheres que tivera, das quais nesse livro citamos apenas algumas, Mariana foi aquela quem mais Herodes amou. Enquanto cercava Jerusalém (37 a.C.), foi à Samaria para desposá-la, porquanto já a tinha como sua noiva. Era uma mulher extremamente bela. E foi a seu filho mais novo – Herodes-Filipe – a quem o velho rei idumeu dera como esposa sua própria neta – Herodíades (15 a.C.-39) –, filha de Aristóbulo IV, na época com 4 anos de idade.

Cabe salientar que durante todo seu reinado (37-4 a.C.), Herodes viu-se perseguido pelo medo de ser destituído da realeza; a mínima suspeita fazia-o perder a razão. Armou uma cilada para seu cunhado – Aristóbulo (53-35 a.C.) –, irmão de Mariana, e sumo-sacerdote de Israel, pedindo a seus fâmulos que o afogassem nas águas de um jardim, na cidade de Jericó (*Antiguidades Judaicas*, Livro XV, cap. III, § 634). Submeteu Mariana a um julgamento, pois acreditava que ela havia tramado sua morte, e, influenciado por Salomé (sua irmã) e pelos juízes, permitiu que a rainha (ou princesa, como Flávio Josefo a chama em suas obras) fosse levada imediatamente ao suplício. Mariana, porém, era inocente. Também mandou matar dois de seus três filhos com a princesa asmoneia – Aristóbulo IV e Alexandre –, que, por sua vez, foram estrangulados no ano 7 a.C., em Sebaste, na Samaria (*Guerras* II, § 178).

E mais: cinco dias antes de sua morte, Herodes, o Grande, mandou um de seus guardas matar seu filho mais velho – Antípatro (46-4 a.C.) –, que já estava aprisionado, pois descobriu que ele tentara roubar seu título antes do tempo, em uma trama de envenenamento, envolvendo várias pessoas para tanto. Antípatro, antes de ser preso, passou por um julgamento, e com provas cabais demonstrou-se sua conspiração contra seu pai. O primogênito de Herodes I foi gerado com Dóris, sua primeira esposa, e teve uma educação com especial atenção, de forma privativa. Perguntar-se-ia: por que, então, Antípatro tentou o parricídio, para obter antes do tempo, com um crime detestável, um reino que ele mesmo poderia possuir legitimamente, quer por direito, quer pela vontade do próprio Herodes I? Ora, este já havia, através de testamento, declarado Antípatro como seu sucessor direto e, caso ele morresse, Antipas deveria assumir como rei. Portanto, ninguém mais duvidava que Antípatro substituiria seu pai no trono. A resposta está na inveja – causa de todas as falhas humanas. A inveja gera a calúnia, a desarmonia, a deslealdade, a ambição. Administra os ódios, estimula guerras. Alimenta o fantasma da fome, para que este devore a humanidade sem cessar. Como ágil serpente, infiltra-se por toda parte, envenena, corrompe e avilta. É inimiga de todo aquele que lhe faz um bem. E, até então, pelo menos para com Antípatro, Herodes havia demonstrado bondade extrema.

Foi então que Herodes I, nos seus últimos cinco dias de vida, modificou seu testamento, nomeando Arquelau como seu sucessor. Este, como vimos em parágrafo anterior, depois de ter respondido a um processo, foi inocentado por César (Augusto), que, ato contínuo, nomeou-o etnarca. Entretanto, o governo de Arquelau durou somente dez anos, pois em vista de sua crueldade foi exilado na Gália aos 28 anos de idade, por ordem de Otávio Augusto. Com seu afastamento (no ano 6), seu vasto território passou a ser governado pelo procurador romano Copônio (?-†), até o ano 9. Este, pouco depois, partiu novamente para Roma, e, para lhe suceder no cargo, veio Marco Ambívio (?-†). Depois, veio Ânio Rufo (?-†). E foi nesse período de governo da Judeia que desencarnou o imperador romano Caio Júlio César Otaviano (Augusto).[9]

Seu sucessor no Império Romano foi Tibério (42 a.C.-37), que, por sua vez, enviou Valério Grato para suceder a Ânio Rufo. Grato foi substituído, em 26, por Pôncio Pilatos (12 a.C-38). Nomeamos, propositadamente, alguns procuradores romanos na Judeia, apenas para que o amigo leitor tenha uma noção (mesmo que superficial) da existência desse cargo, criado somente após a saída do etnarca Arquelau (repetimos, no ano 6), pois desde então a Judeia foi rebaixada da posição de tetrarquia herodiana e tornou-se província romana anexada à Síria. Dentre os procuradores romanos citados, Pôncio Pilatos foi contemporâneo de Jesus, e participou diretamente de sua condenação (Jo 18:28-38). A vida em detalhes desse governador romano pode ser lida na obra *Há Dois Mil Anos*, do Espírito Emmanuel, psicografia do médium mineiro Francisco Cândido Xavier. É um livro *sui generis*, que toca a alma profundamente. Simplesmente: espetacular!

Herodes Antipas

Herodes Antipas estava no testamento de seu pai – Herodes, o Grande – como seu sucessor ao trono, no caso de Antípatro morrer antes dele. E foi o que realmente aconteceu, como vimos alhures, nesse capítulo. Mas Herodes, o Grande, contentou-se no seu derradeiro testamento em nomeá-lo tetrarca da Galileia e da Pereia; ou seja, governante de uma quarta parte da província romana. Sobre Herodes I muito se sabe através de Flávio Josefo; no entanto, sobre a figura de Antipas esse historiador pouco fala. Em *Antiguidades Judaicas*, Livro XVII, cap. I, § 724, lê-se que Antipas, juntamente com Arquelau (seu irmão), fora educado em Roma, por um dos amigos de seu pai (desconhecido na história). Mais à frente, Josefo revela que Antipas é o filho mais novo de Herodes, o Grande (*Antiguidades Judaicas*, Livro XVII, cap. VIII, § 737). O que não se pode negar é que o filho da samaritana Maltace tornou-se conhecido no contexto histórico da Humanidade mais por ter sido ele o mandante da decapitação de João, o Batista (Mt 14:6-12), e feito parte do julgamento de Jesus (Lc 23:6-12), do que ter assumido a tetrarquia da Galileia e da Pereia. A esse fato, além de Flávio Josefo, Lucas também se refere em seu Evangelho (3:1-2).

Antipas construiu Tiberíades, no ano 15, às margens do Lago de Genesaré, em homenagem a Tibério – imperador romano –, que, a partir de então, tornou-se também conhecido como Lago de Tiberíades. Tal cidade – onde antes havia sepulturas destruídas e sendo um dos territórios mais férteis da Galileia – foi construída no estilo romano, e era povoada em grande parte por pagãos. Por essa razão, ganhou a animosidade dos judeus, que a tachavam de impura. Tornou-se residência habitual de Antipas. Exceto no Evangelho de João, que, por três vezes, cita o nome de Tiberíades, e ainda de forma bem discreta (Jo 6:1; 6:23; 21:1), essa cidade se acha ausente no restante do Novo Testamento. Ao que se sabe, pelo menos nos registros históricos conhecidos, Jesus nunca entrou em Tiberíades com seus discípulos, conquanto a maioria de Suas mensagens tenham sido passadas às margens do Lago. Josefo narra que na cidade de Tiberíades ficam "manchados por sete dias os que se instalam em tal lugar" (*Antiguidades Judaicas*, Livro

XVIII, cap. III, § 767). Ora, como o próprio Jesus disse que "não viera destruir a Lei, mas sim completá-la" (Mt 5:17-20), não estaria aí a resposta de um judeu digno desse nome comprazer-se em entrar nessa cidade?

Herodes Antipas era um *bom político*. E para garantir o apoio de Aretas IV (Haret), rei árabe dos Nabateus, cujos domínios limitavam-se com a Pereia, desposou a filha desse rei – Falésia –, a princesa de Petra. Bem mais tarde, Herodes Antipas fez uma viagem a Roma, durante a qual visitou seu irmão, Herodes-Filipe, o deserdado, que vivia como simples cidadão fora da Palestina. Era um glutão inveterado. Foi aí que conheceu sua cunhada Herodíades – mulher ambiciosa e atormentada –, já então com cerca de 35 anos de idade, e surgiu violenta paixão entre ambos. Ficou estabelecido que, ao regressar de Roma, após reassumir o governo da Galileia, Herodíades iria a seu encontro, para viverem juntos, ocasião em que Antipas repudiaria sua mulher, Falésia. Esta, porém, veio a saber do que se tramava e, para evitar a humilhação do repúdio, além da maldade de Herodíades, porque iria matá-la, quando chegasse no palácio de Tiberíades, rogou a Antipas que lhe permitisse ir a Maqueronte – fortaleza situada na fronteira dos dois territórios que, então, pertencia a Aretas IV. Como Antipas não julgava que Falésia soubesse de seu projeto, aquiesceu seu pedido, sem dificuldades. Chegando lá, um grande número de soldado escoltou-a até a corte de seu pai. Aretas, ao saber do ocorrido, jurou vingar a honra da filha e, após algumas escaramuças, fez guerra aberta contra Antipas, embora nenhum dos dois tenha tomado parte dela, em pessoa. No ano de 36, Herodes Antipas acaba sendo derrotado por Aresta IV, devido à traição de alguns refugiados, que, expulsos da tetrarquia de Filipe, alistaram-se nas tropas do rei árabe.

Voltando um pouco no tempo, depois que Falésia regressou para casa de seu pai – o rei Aretas IV –, Herodíades passou a morar em Maqueronte – "a fortaleza da maldade, com sua corte devassa".[10] Com seus terraços sobre o abismo, as avantajadas torres ameiadas, as pontes levadiças e os profundos fossos que a circundavam, parecia, em conjunto, um tenebroso palácio de pedras, erguido em meio a pontiagudos serros. O adultério de Herodíades escandalizou Roma e toda Israel. Mas havia um rapaz destemido, que censurava Antipas e Herodíades, com sua voz grave como um trovão. Tratava-se do já citado João, o Batista. Este era primo de Jesus e nascera da união entre Isabel (prima-irmã de Maria de Nazaré) e Zacarias – ambos justos perante Deus, e que andavam sem repreensão em todos os mandamentos e preceitos do Senhor (Lc 1:5).

Aos 10 anos de idade, João retirou-se para o deserto, a fim de se entregar a uma vida de rigorosa austeridade, donde só regressou para dar início ao desempenho da sua missão, no décimo quinto ano do Império Romano, aos 29 anos de idade. Ia a Maqueronte várias vezes, e exprobrava, com sua alta voz, condenando aqueles dois pelos vícios, crimes e pecaminosa união. Angariou, assim, o ódio mortal de Herodíades. A despeito disso, sua missão era outra: o Anúncio d'Aquele que ensinaria à Terra o amor de Deus às criaturas.

Em agosto do ano 30, caíra sobre Maqueronte a hora das complexidades assombrosas, pois Herodíades triunfara. João (o Batista), aprisionado (Mt 14:3), jazia agora manietado e com calcetas, na masmorra onde a luz e o ar mal penetravam, alimentado tão somente com água e pão. Sentado em solo úmido, Yokanaan, como também era chamado o primo de Jesus, tinha como encosto apenas a parede de pedra. Mas Herodíades ainda não estava satisfeita. Ela queria a morte do Precursor (Mc 6:19). Para tanto, pedia quase todos os dias a Antipas que ele matasse João. Era uma criatura hematófila – apenas se saciava com sangue. Para livrar-se de quem o preocupava, o mais fácil seria fazê-lo morrer, pensava o tetrarca. Entretanto, essa violência poderia piorar a situação, pois o povo admirava o Batista como profeta, no melhor sentido da palavra, porque este nada temia e ficara com o soberano pessoalmente, *cara a cara* (Mc 6:20). Naquela escura masmorra do subsolo, na fortaleza de Masqueros (ou Maqueronte), João lembrava que várias vezes meditava na grota do Kerith, entre as montanhas de Engady e do Hebron, ao oeste do Mar Morto, local este onde um dia Elias se abrigara contra a cólera do rei Ocab e Jesabel.

Yokanaan estava esperando, intrépido, seu voo ao Infinito. O seu desencarne aconteceu no aniversário de Antipas (um verdadeiro festim de embriaguez e sensualidade), quando a filha de Herodíades – Salomé (14-?) –, que mais tarde se casaria com o tetrarca Filipe (seu tio), dançou em público e agradou a Herodes Antipas. E por isso este prometeu, sob juramento, dar-lhe o que ela pedisse. Salomé, instigada por sua mãe, disse: "Dá-me aqui num prato a cabeça de João, o Batista" (Mt 14:8). Antipas ficou entristecido, mas, por causa de seus juramentos e também dos convidados, ordenou que sua vontade fosse realizada, mandando decapitar João no cárcere. E a cabeça de João foi trazida em um prato e dada a Salomé. Ela, porém, deu-a para sua mãe. Os discípulos de Yokanaan levaram o corpo e o sepultaram.

Ao saber da decapitação de João, através dos discípulos do filho de Zacarias, Jesus disse: "O rei poderia ter assassinado o profeta antes desse dia. Na verdade, o rei testou o prazer de seus súditos. Os reis de outrora não eram tão lentos para entregar a cabeça de um profeta aos caçadores de cabeças. Eu não sinto por João, mas por Herodes, que deixou cair a espada. Pobre rei, apanhado como um animal e levado com argola e corda (referindo-se à submissão que Herodes tinha para com Herodíades). Pobres e mesquinhos tetrarcas, perdidos em sua própria escuridão, que tropeçam e caem. (...) João nasceu ferido, e o sangue de seus ferimentos fluiu com suas palavras. Ele era a liberdade ainda não liberta em si mesma, e paciente apenas com os retos e justos. Na verdade, ele era uma voz gritando na terra dos surdos; e eu o amava em sua dor e solidão. (...) Em verdade vos digo, João, o filho de Zacarias, foi o último de sua raça e, como seus antepassados, foi assassinado entre o limiar do Templo e o altar. (...) O filho de Zacarias viverá comigo em meu reino, e seu dia será longo."[11]

O evangelista Lucas (3:19) afirma que Herodes Antipas fazia muitas maldades. Disso não temos dúvida. Mas o que é a MALDADE senão IGNORÂNCIA das leis divinas?! E o que é a IGNORÂNCIA senão o maior MAL da Humanidade?! "A ignorância escraviza e torna o ser déspota, indiferente a tudo quanto não lhe diz respeito diretamente, esquecido de que todas as pessoas são membros importantes e interdependentes do organismo social. (...) Serva da estupidez, é o ressumar da morte do conhecimento, dos sentimentos de beleza, da afetividade e da ternura, que enregela o coração e atormenta a conduta."[12] No Reino Hominal em que atualmente nos encontramos estagiando, pois somos princípios inteligentes do Universo (*O Livro dos Espíritos*, perg. 23), a nossa evolução é dividida em três momentos, períodos ou fases, a saber: ignorância (fase inicial do erro), experimentação (fase curativa da dor) e conhecimento (fase resolutiva da cura).

Se nosso objetivo é alcançar a perfeição, temos o conhecimento como o ponto de chegada. Dessa forma, o ponto de partida do processo de experimentação é a ignorância e o erro. Na primeira fase – ignorância –, o indivíduo vive nas trevas, por não ter conhecimento; assim sendo, age por tentativas, e isso conduz ao erro. Não foi à toa (e nem poderia) que os benfeitores responsáveis pela Codificação do Espiritismo, na questão 189 de *O Livro dos Espíritos*, disseram que "em sua origem, a vida do Espírito é apenas instintiva. Ele mal tem consciência de si mesmo e de seus atos. A inteligência só pouco a pouco se desenvolve." Ora, somos Espíritos imperfeitos! Participantes, em várias circunstâncias da vida, da fase ignorância – erro –, estamos privados de maior consciência e conhecimento. Não sabemos autodirigir-nos com inteligência, arrastando-nos, com efeito, pelos instintos.

Perguntar-se-ia: como poderemos, então, corrigir os nossos erros, fazendo-nos compreender, já que não temos capacidade de nos dirigirmos em consciência e conhecimento? A resposta está na *dor*. Esta amiga, ignorada como tal, é necessária e indispensável a todos nós – os Espíritos imperfeitos –, pois a dor torna-se o único meio seguro para estabelecer um diálogo; é o modo pelo qual a LEI mostra e faz compreender o verdadeiro caminho a percorrer. Dessa maneira, a cada erro a LEI reage com uma dor proporcional, que cumpre a sua função corretiva, atingindo o fim principal que é ensinar e, por conseguinte, eliminar o erro, com a conservação dos resultados tão ruins que faz parar a vontade de repeti-lo. E não gostamos de repetir o erro, porque não queremos sentir dor. Portanto, pelo fato de associarmos repetidamente a dor com a ideia do erro, terminamos por fixar na nossa mente essa repugnância. Ora, eliminada a causa, desaparece o efeito.

Se tivéssemos conhecimento, não teríamos necessidade, para conquistá-lo, de passarmos através das três fases da evolução – ignorância, experimentação e conhecimento. Pouparíamos a ignorância (erro), que, por sua vez, é a lógica e fatal premissa da experiência (dor). Muitos Espíritos não seguiram o caminho das três fases evolutivas supracitadas para chegar à redenção psíquica, porque seguiram reto, obedecendo à LEI, sem revolta, evitando entrar na primeira fase (erro), e, com isso, esquivaram-se das premissas do ciclo, que os obrigariam a seguir o desenvolvimento até o fim.

Foi isso que o Espírito Emmanuel quis dizer, na obra *O Consolador*, questão 243, quando afirmou que todas as entidades espirituais encarnadas no orbe terrestre são Espíritos que se resgatam ou aprendem nas experiências humanas, após as quedas do passado, com exceção de Jesus Cristo, fundamento de toda a verdade neste mundo, **cuja evolução se verificou em linha reta para Deus**, e em cujas mãos angélicas repousa o governo espiritual do planeta, desde os seus primórdios.

Tais Espíritos que seguiram o caminho reto, e Jesus é o exemplo que temos, souberam fazer sozinhos a caminhada, porquanto não agiram por tentativas, já que conheciam e tomaram, desde sua origem (no Reino Hominal), o caminho justo, razão pela qual não iniciaram e não lançaram a trajetória em direção errada. Por essa razão, a primeira fase – ignorância e erro – é necessária, pois inicia o ciclo da reconquista do conhecimento. Movidos pelo egoísmo e orgulho, ignorantes dos resultados, ainda somos levados a tentar o desconhecido, o que automaticamente nos expõe às reações da LEI.

Aqui surge uma pergunta: o egoísmo e o orgulho são corolários da ignorância? Sim; são frutos dela. Todos os Espíritos não passam pela fieira do mal para chegar ao bem, mas sim pela fieira da ignorância (cf. *O Livro dos Espíritos*, perg. 120). Então, aquelas duas chagas da Humanidade não são AQUISIÇÕES que o Espírito obteve, ao longo de sua caminhada evolutiva, e hoje precisa LIBERTAR-SE delas? Justamente isso: não são AQUISIÇÕES. E o que o Espírito precisa fazer é DOMINÁ-LAS. Mas como DOMINAR algo que ainda se IGNORA e, com isso, cometem-se ERROS?

Vejamos. O triunfo obtido na primeira fase evolutiva – ignorância –, ensinou ao nosso personagem Herodes Antipas de que é vantajoso o caminho do erro. Essa suposta vitória estava assimilada em seu subconsciente, refletida em instintos que o levaram ao egoísmo e ao orgulho – frutos da ignorância. Mas como a segunda fase da evolução – experimentação e dor – é assinalada pelas consequências da primeira fase – ignorância e erro –, a dor vem como choque fatal entre a trajetória errada e a trajetória da LEI. E o choque será tanto mais forte quanto mais potente for a força negativa. Contudo, não é a LEI que reage às ignorantes ações individuais, mas, sim, o ser humano, lançando-se em direção oposta, que vai contra ELA. Em outras palavras, o indivíduo é quem *bate a cabeça* contra o muro imóvel da inviolável resistência da LEI.

As maldades de Herodes Antipas foram de sua livre iniciativa, que, embora a seu modo, se ligavam por si mesmas às suas responsabilidades. E como a segunda fase – experimentação e dor – é determinista, pois é a LEI que comanda, curando o mal e reconstruindo a ordem onde foi violada, o tetrarca não pôde fugir dela (da dor), começando naquela mesma existência. A LEI, sendo um conceito ou um princípio imaterial, não se manifesta em nosso plano senão através das forças e formas que a exprimem. Melhor dizendo: a LEI, quando exige do violador compensações para restabelecer a ordem, usa como executor do débito e da divina justiça um outro indivíduo, mais atrasado, razão por que o devedor se apresenta como uma ocasião para satisfazer os próprios instintos maléficos. Para quem a suporta, essa oportunidade é uma prova; e quem a usa para prejudicar o outro, é uma tentação e um erro em que se caiu.

Então, quem se encontra na primeira fase – ignorância e erro – é utilizado para dar uma lição corretiva a quem se encontra na segunda fase – experimentação e dor –, que é a da reparação, da expiação. O mesmo ato cumpre, em duas direções, funções diversas nas mãos de quem o faz. Assim, todos trabalham para o mesmo fim em diversas fases do mesmo ciclo. Herodes Antipas foi utilizado, através de seus abusos, como lição para João, que, por sua vez, expiou seu débito de oito séculos atrás, quando na personalidade de Elias mandou decapitar os profetas de Baal, junto à torre de Kishon (Gison), um por um, jogando-os na correnteza do rio (1 Rs, 18:40; 19:21). Todavia, "a nenhum Espírito é dada a missão de praticar o mal. Aquele que o faz fá-lo por conta própria, sujeitando-se, portanto, às consequências. Pode Deus permitir-lhe que assim proceda, para vos experimentar; nunca, porém, lhe determina tal procedimento. Compete-vos, pois, repeli-lo."[13]

Outrossim, "permite Deus que entre vós se achem grandes criminosos, para que vos sirvam de ensinamento. Em breve, quando os homens se encontrarem submetidos às verdadeiras leis de Deus, já não haverá necessidade desses ensinos: todos os Espíritos impuros e revoltados serão relegados para mundos inferiores, de acordo com as suas inclinações."[14] E mais: "com um mau proceder, o homem irrita o seu inimigo, que então se constitui instrumento de que a justiça de Deus se serve para punir aquele que não perdoou. Os inimigos do mundo invisível manifestam sua malevolência pelas obsessões e subjugações, e que representam um gênero de provações, as quais, como as outras, concorrem para o adiantamento do ser, que, por isso, as deve receber com resignação e como consequência da natureza inferior do globo terrestre. Se não houvesse homens maus na Terra, não haveria Espíritos maus ao seu derredor."[15] "Decerto que o mal contará com os empreiteiros que a Lei do Senhor julgará no momento oportuno; entretanto, em nossa feição de criaturas igualmente imperfeitas, suscetíveis de acolher-lhe a influência, vale perdoar sem condição e sem preço, para que o poder de semelhantes intérpretes da sombra se reduza até a integral extinção."[16]

Em suma, os da primeira fase – ignorância e erro – preparam, sem querer, a escola para os da segunda fase – experimentação e dor. Mas deverão receber, por sua vez, a mesma escola quando atingirem a segunda fase, por parte dos novos que na primeira fase iniciam o ciclo. Aparentemente os dois tipos são inimigos, porque um inflige dano e o outro o recebe, mas na realidade eles fraternalmente colaboram para o bem comum, porque os da primeira fase experimentam através do erro, enquanto os da segunda fase seguem o caminho da redenção. Na sabedoria da LEI, o mal termina por desempenhar uma função de bem. Com isso, os inimigos vivem abraçados, ajudando-se mutuamente no trabalho da evolução.

Assim sendo, o Espírito que esteve na personalidade de Herodes Antipas ao longo dos séculos porvindouros também passou pela experimentação e pela dor, a fim de que pudesse chegar à sua redenção espiritual. Victor Hugo (Espírito) diz que o pai do tetrarca – Herodes, o Grande – alcançou sua libertação psíquica quase 1.600 anos depois dessa existência, quando assumiu a personalidade do protetor da infância desamparada – Vicente de Paulo (1581-1660). Por qual razão seu filho mais novo – Herodes Antipas – também não poderia alcançar sua libertação espiritual, no decorrer dos séculos, já que "todos os homens estão fadados a se tornar gênios do bem, por muito que se transviem e retardem?"[17]

DIAGRAMA II DOS PERSONAGENS DA PARTE III

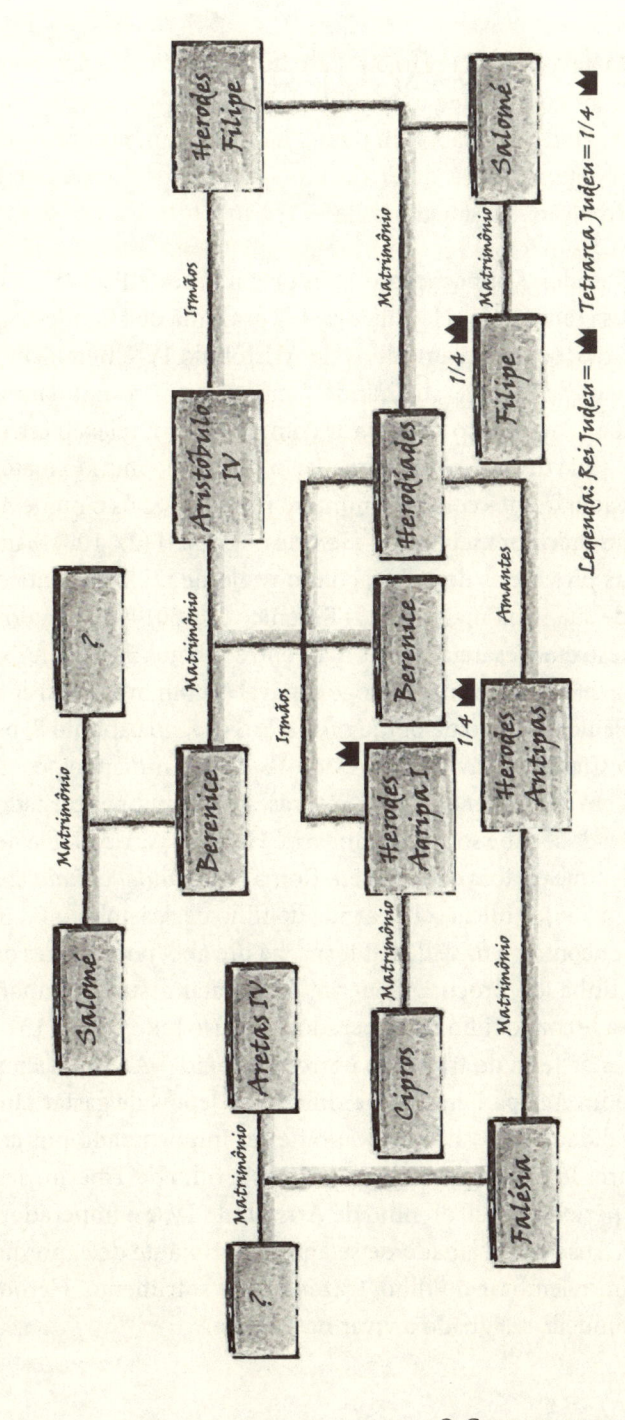

```
                          Herodes
                          Filipe
                         /       \
                    Irmãos       Matrimônio
                       /              \
                 Aristóbulo         Salomé
                    IV                |
                     |            Matrimônio
                Matrimônio            |
                     |             Filipe  1/4
        ?        Berenice        Herodíades
        |           |               |
    Matrimônio      |           Amantes
        |        Irmãos             |
     Salomé         |          Herodes     1/4
                 Berenice      Antipas
                    |               |
              Herodes Agripa I  Matrimônio
                    |               |
     Aretas IV   Matrimônio      Falésia
        |            |
    Matrimônio    Cipros
        |
        ?
```

Legenda: Rei Judeu = ■   Tetrarca Judeu = 1/4 ■

O CRUCIFICADO **87**

Herodes Agripa I

Herodes Antipas, como já informado nesta Parte III, vivia com sua esposa (amante) – Herodíades. Ela era irmã de Herodes Agripa I (11 a.C-44); portanto, os dois eram filhos de Aristóbulo IV e Berenice (?-†),[18] e, com efeito, netos de Herodes, o Grande. Iremos narrar resumidamente sobre a vida de Agripa I, no intuito de o leitor compreender a relação estreita desse personagem – que tirou a sorte grande, pelo menos no mundo material – com a de seu cunhado. Iremos colocar o número romano *I* após o nome *Agripa*, para não ser confundido com seu filho – Herodes Agripa II (27-100) –, que se tornou tetrarca das províncias de Filipe, com o título de rei. Foi diante de Herodes Agripa II e de sua irmã mais velha – Berenice (28-80) – que Paulo de Tarso, enquanto preso em Cesareia (marítima), entre os anos 58 e 60, fez sua defesa. A quem possa interessar, há um diálogo notável (e com minúcias) entre Herodes Agripa II e Paulo de Tarso na obra *Paulo e Estêvão*, no capítulo 8, psicografia de Francisco Cândido Xavier, através do Espírito Emmanuel, como jamais visto, até hoje, em quaisquer outras literaturas, seja de autor encarnado ou desencarnado.

Nada se sabe sobre a infância de Herodes Agripa I. Flávio Josefo deixa a entender que ele fora educado em Roma (*Antiguidades Judaicas*, Livro XVIII, cap. VIII, § 786), e inicia sobre a vida do filho de Aristóbulo IV, informando que ele já se encontrava na Cidade Eterna, há um ano, pouco antes da morte de seu avô, pois tinha ido procurar Tibério, para tratar assuntos importantes. Fez grande amizade com o filho do imperador – Druso Júlio César (13 a.C.-23) – e caiu nas graças da filha do triúnviro Marco Antônio – Antônia, a jovem (36 a.C.-37).[19] Herodes Agripa I era um perdulário e, depois de gastar tanto em banquetes e liberalidade excessiva, ao ponto de ser importunado por credores, sem poder ressarci-los. Como o seu amigo Druso, filho de Tibério, desencarnou durante esse período difícil do filho de Aristóbulo IV, e o imperador proibiu a todos os que Druso havia amado de se apresentar diante dele, porque suas presenças o fariam relembrar do filho, trazendo-lhe sofrimento, Herodes Agripa I voltou para Judeia, resignado a viver na miséria.

Malgrado, a esposa de Herodes Agripa I – Cipros (?-†) – resolveu escrever para Herodíades, no intuito de lhe pedir ajuda financeira. Ela aquiesceu a solicitação de sua cunhada, e, então, foi dada uma certa soma a Agripa I, bem como a principal magistratura de Tiberíades, de modo que ele pudesse manter-se com certa honra naquela cidade. Mas essa *caridade material*, que Antipas e sua esposa (amante) fizeram, não demorou muito. Certa feita, em um banquete realizado na cidade de Tiro, às margens do Mar Mediterrâneo, Antipas humilhou seu cunhado, falando de sua pobreza e que dependia do tetrarca para comer. Isso foi o suficiente para Agripa I, depois de buscar dinheiro em Damasco, junto a seu amigo, o governador da Síria – Lúcio Pompônio Flaco (?-37) –, sair de seu país de origem e voltar para a Itália. Depois de altos e baixos, finalmente chegou a Pozzuoli (a mesma província de Nápoles, onde desencarnou o ditador romano Lúcio Cornélio Sula) e escreveu a Tibério, que, a seu turno, já se encontrava residindo na Ilha de Capri.[20] Caro leitor: pedimos a gentileza de ler esta nota antes de prosseguir com o próximo parágrafo.

O imperador recebeu-o e mandou-o hospedar-se em seu palácio. Contudo, Tibério recebeu uma carta pela qual lhe comunicava que Herodes Agripa I devia 300 mil peças de prata a Roma, que lhe havia sido emprestado do tesouro, quando ele residia na Cidade Eterna. "Essa carta irritou a Tibério contra Agripa, e ele deu ordem aos porteiros do quarto que não o deixassem vir à sua presença até que pagasse o que devia. Agripa, no entanto, sem se admirar da cólera do imperador, rogou a Antônia que lhe emprestasse aquela importância, a fim de que ele não perdesse as boas graças de Tibério. E a princesa, considerando o respeito à memória de Berenice e o afeto particular que a ela dedicara, bem como o fato de Agripa ter sido educado junto com Cláudio, seu filho, concedeu-lhe aquele favor. Assim, ele pagou o que devia e firmou-se tão bem no conceito do imperador Tibério que este o encarregou de cuidar de Tibério Nero, seu neto e filho de Druso, e de velar pelas suas ações. Mas o desejo de pagar os favores de que era devedor a Antônia fez com que Agripa, em vez de satisfazer o desejo do imperador, se deixasse prender pelo afeto a Caio, cognominado *Calígula* (12-41), neto daquela princesa, que era amado e honrado por todos por causa da lembrança de Germânico, seu pai. E, tomando emprestado um milhão de peças de prata de um dos libertos de Augusto, chamado Talo, de Samaria, restituiu à Antônia o que ela lhe havia emprestado."[21]

Herodes Agripa I e Calígula tornaram-se grandes amigos. Certo dia, o filho de Berenice disse a Caio que não via o dia em que Tibério fosse para o outro mundo o deixasse senhor do Império Romano. E mais: que Tibério Nero, seu neto, não seria obstáculo para seu amigo, pois muito facilmente ele poderia se desfazer dele. Só que o psicopata imperador descobriu, através de Êutico (?-†) – liberto de Tibério que estava guiando a carruagem, no dia do infeliz diálogo –, e, já guardando ressentimentos pelo fato de Herodes Agripa I haver recusado cuidar de Tibério Nero, seu neto, como ele lhe ordenara, para se dedicar inteiramente a Caio, ordenou a seu chefe da Guarda Pretoriana – Névio Sutorio Macro – a acorrentar o filho de Aristóbulo IV, sendo levado à prisão sem tirar suas vestes de púrpura. Antônia, a jovem, condoeu-se com a prisão de Herodes Agripa I e, "como julgava inútil falar em favor dele a Tibério, tudo o que ela podia fazer era rogar a Macro que lhe desse por guardas soldados de caráter sociável, que o fizesse tomar as refeições com os oficiais que o custodiavam, que lhe permitisse tomar banho todos os dias e que desse livre entrada aos seus amigos e libertos, a fim de que fosse mitigada a amargura de sua prisão."[22]

Com a morte de Tibério, dias após nomear Caio Calígula para seu sucessor, este enviou duas cartas a Roma: "uma endereçada ao Senado, anunciando a morte de Tibério e dizendo que ele fora o escolhido para substituí-lo, e a outra, a Pisão, governador da cidade, que dizia a mesma coisa e ordenava que se tirasse Agripa da prisão e lhe fosse permitido voltar à sua casa. Assim, Agripa viu-se livre de todos os seus temores. E, embora estivesse ainda sob custódia, vivia no resto como desejava. Pouco depois, Caio veio a Roma, para onde fez trazer o corpo de Tibério, ordenando que lhe fizessem, segundo o costume dos romanos, soberbos funerais. Era seu desejo colocar Agripa em liberdade naquele mesmo dia, porém Antônia [a jovem] o aconselhou a protelar a decisão. Embora sentisse afeto por ele, julgava que aquela precipitação iria contra o decoro do Império, porque não se devia apressar tanto a liberdade de alguém que Tibério mantinha preso sem manifestar desrespeito à sua memória. No entanto, alguns dias depois, Caio mandou chamá-lo. Fez com que cortasse os cabelos e mudasse a roupa e depois colocou-lhe uma coroa na cabeça, constituindo-o rei da tetrarquia que pertencera a Filipe. Deu-lhe ainda a tetrarquia de Lisânias. Como sinal de seu afeto, presenteou-o com uma cadeia de ouro que tinha o mesmo peso daquela, de ferro, que ele usara na prisão."[23]

Haviam se passado dois anos desde que Caio Calígula assumiu o Império Romano.[24] Herodes Agripa I, ainda em Roma, pediu a seu poderoso amigo para viajar ao seu reino, "a fim de organizar todos os assuntos referentes ao governo, com a promessa de retornar logo depois. Então, com a permissão do imperador, ele entrou no seu próprio país."[25] Em Israel, muitos admiravam sua constante perseverança para ver realizadas suas esperanças. Outros, porém, olhavam-no com espanto, porquanto não conseguiam acreditar no revés da fortuna com que Herodes Agripa I foi agraciado. E dentre os estupefatos estava a invejosa Herodíades, que não conseguia suportar a prosperidade de seu irmão, que se elevava acima de seu marido – Herodes Antipas. Ora, este era FILHO de um rei e que todos os parentes desejavam ver carregando o cetro, e não aquele que era NETO de um rei, ao qual o próprio pai mandou matar, e teve que fugir por não ter que pagar as próprias dívidas.

Herodíades insistia com o marido para que fosse a Roma reivindicar semelhante honra. Mas Antipas, que se acostumara com sua vida tranquila e desconfiava da corte romana, tudo fez para dissuadir a mulher de tal ideia. Porém, quanto mais ela o via resistir, mais insistia. De forma semelhante fez com João, o Batista, quando pretendia vê-lo morto e não sossegou enquanto seu marido não mandou o Precursor ser decapitado. Por fim, tanto o atormentou, que ele não pôde mais resistir às suas importunações, que, com um soberbo séquito, partiram juntos para Roma. Mas Herodes Agripa I soube da viagem dos dois, e enviou um mensageiro a Roma – seu liberto (alforriado) Fortunato –, no intuito de que suas cartas contra Antipas fossem entregues na primeira oportunidade. E assim se fez. As cartas chegaram a Caio antes de Antipas ter com ele uma audiência. Depois de lê-las, "entendeu que Agripa acusava Herodes [Antipas] de haver conspirado com Sejano contra Tibério e de agora favorecer Artabano, rei dos partos, contra o próprio Caio – e não era necessário maior prova que o fato de ele ter em seus arsenais o suficiente para armar setenta mil homens. O imperador, impressionado com tal acusação, perguntou a Herodes se era verdade que ele possuía tão grande quantidade de armas. E, como ele respondesse que sim, porque não o podia negar, julgou que a traição dele era verdadeira. Assim, tirou-lhe a tetrarquia e anexou-a ao reino de Agripa, confiscou todo o seu dinheiro, entregando-o também ao Agripa, e condenou-o ao exílio perpétuo em Lião, cidade das Gálias [atual França]."[26] Herodíades, mesmo sendo irmã de Herodes Agripa I, e não querendo abandonar seu esposo (amante), também foi exilada junto com ele.

  Conforme relatamos aqui nesta Parte III, que os inimigos vivem abraçados ajudando-se mutuamente no trabalho da evolução, Antipas, dentro do Ciclo da Redenção, iniciou a segunda fase do processo evolutivo – experiência e dor –, através de Herodes Agripa I e Caio Calígula, que, como o tetrarca, também se encontravam na primeira fase – ignorância e erro. Antipas desencarnou no ano 39, e não se sabe como seu corpo físico pereceu senão comido POR bichos (e não comido DE bichos), conforme narra Lucas, nos Atos, 12:23. O reinado de seu cunhado foi aumentado diversas vezes por Caio Calígula. Reinara durante quatro anos sob o império deste, quando nos primeiros três anos recebera a tetrarquia de Filipe, conforme já demonstramos, e, no quarto ano, a esta fora acrescentada a tetrarquia de Antipas, depois que este foi exilado, como narramos no parágrafo anterior. E mais: continuou a reinar durante três anos sob o império de Cláudio, quando recebeu, em 41, a província da Judeia, da Samaria e a cidade de Cesareia (marítima). Dessa forma, Herodes Agripa I tinha praticamente reconstituído em seu proveito o reino de seu avô – Herodes, o Grande.

  Herodes Agripa I sempre foi favorável aos fariseus, e infenso aos cristãos.[27] O exemplo mais nítido de sua antipatia para com os seguidores do Crucificado foi quando mandou matar (à espada) o irmão de João Boanerges – Tiago (Maior) –, para servir de exemplo aos demais (At 12:1-2). Herodes Agripa I desencarnou na cidade de Cesareia (marítima), durante os jogos solenes em honra ao imperador Cláudio. Flávio Josefo diz que "no segundo dia dos espetáculos, Agripa chegou bem cedo pela manhã ao teatro. Usava veste trabalhada com muita arte, cujo forro era de prata, e, quando o Sol o iluminava com seus raios, emitia tão vivos reflexos de luz que não se podia olhar para ele sem se sentir tomado por um respeito misto de temor (*Antiguidades Judaicas*, Livro XVIII, cap. VIII, § 786). E nesse dia solene em que Herodes Agripa I era bajulado por quase todos os presentes, sendo comparado a Deus, ele levantou os olhos e viu uma coruja sobre sua cabeça, pousada em uma corda estendida no ar.[28] Josefo diz que o príncipe dos judeus soltou um suspiro, ao mesmo tempo que sentiu as entranhas roídas por uma dor horrível. Corrobora o que Lucas já havia dito: "em um dia designado, vestindo Herodes [Agripa I] as vestes reais, estava assentado no tribunal e lhes fez uma prática. E o povo exclamava: Voz de Deus, e não de homem. E no mesmo instante feriu-o o anjo do Senhor, porque não deu glória a Deus e, comido de [e não POR] bichos, expirou" (At 12:21-23).

Encerramos, dizendo que as lides expiatórias, através da reencarnação, já fizeram com que os personagens desta Parte III tenham se libertado de suas aflições – frutos de suas ações equivocadas perante as leis divinas –, e hoje desfrutem da paz íntima (a única verdadeira), através de uma consciência tranquila. Esta é a maior ventura que nenhum tirano, nenhum malfeitor poderá usurpar, porque está oculta em escrínio divino. "Homens da categoria de Tibério ou Calígula não possuíam a mínima noção de espiritualidade. Alguns deles, depois de estágios regenerativos na Terra, já se elevaram a esferas superiores, enquanto outros se demoram, até hoje, internados no campo físico, à beira da remissão."[29]

Notas

1. Amélia Rodrigues. (*Vivendo com Jesus*, cap. I.)
2. A Dinastia dos Asmoneus durou do ano 140 a.C. até o ano 37 a.C., com a morte do já citado Antígono. Foi fundada por Simão Macabeu (?-135 a.C.), depois que seu irmão, Judas Macabeu (?-160 a.C.), derrotou o exército selêucida durante a Revolta Macabeia, em 165 a.C. O Império Selêucida (helenista) foi fundado pelos generais de Alexandre Magno, depois de sua morte, em 323 a.C.
3. Joanna de Angelis. (*Florações Evangélicas*, cap. II.)
4. Flávio Josefo. (*Antiguidades Judaicas*, Livro XV, cap. XIII, § 669.)
5. Conferir também a obra *Paulo e Estêvão*, Segunda Parte, capítulo VII.
6. Quantas curas Jesus fizera nos pátios sagrados do Templo de Salomão? Inúmeras! Quantos ensinamentos trouxe o Messias divino, no átrio principal daquele templo de pedra que, após Sua crucificação, naquela tarde (15:00h) de sol causticante, não passou de pé mais que três dias? Inúmeros! Riquezas, trabalhos e perícia arquitetônica haviam, durante mais de quarenta anos, sido liberalmente expedidos para salientar os esplendores do Templo de Jerusalém. Os discípulos de Jesus ficaram tão maravilhados com a reforma feita por Herodes, que chamariam a atenção do Mestre, dizendo: "Olha que pedras, e que edifícios!" (Mc 13:1.) A estas palavras, deu Jesus a solene e surpreendente resposta: "Em verdade vos digo que não ficará aqui pedra sobre pedra que não seja derribada." (Mt 24:2.)

    E assim iria se fazer quase 40 anos depois, visto que no ano 65 o governador da Síria – Caio Céstio Galo (?-67) – marchou para Jerusalém, com 28 mil homens, no intuito de tomar a capital judaica. Depois de sofrer muitas perdas em sua retaguarda, bem como suprimentos, Céstio recuou em outubro do mesmo ano. E naqueles dias, onde ambas as forças estavam completamente em luta – ou seja, as dos judeus e as do exército de Céstio Galo – muitos cristãos tiveram ensejo de deixar a cidade. Cinco anos depois (ano 70), na comemoração da Páscoa judaica, Tito Flávio César Vespasiano Augusto (39-81) assumiu o cerco sobre Jerusalém, e terríveis foram as calamidades que caíram sobre a cidade, onde 600 mil rebeldes foram assassinados, conquanto nenhum discípulo de Jesus tenha desencarnado nessa invasão à capital da Judeia.

Salientamos que Tito, antes de tentar ganhar posse do Templo de Jerusalém, fez ardente apelo aos chefes judeus para não o forçarem a profanar com sangue o lugar sagrado. Se saíssem e combatessem em outro local, nenhum romano violaria a santidade do Templo. Os judeus haviam rejeitado os rogos do Filho do Homem, e baldados foram os esforços de Tito para salvar o Templo de Salomão. No livro *História dos Judeus*, de Dean Milman, Livro 16, narra muito bem os detalhes da invasão do Templo de Jerusalém, como aconteceu o incêndio, bem como a morte de vários judeus. Salientamos que Jesus também vaticinou a seus discípulos sobre a invasão do exército romano a Jerusalém; e todos que tiveram *ouvidos para ouvir* Suas palavras, aguardavam o sinal prometido: "Quando virdes Jerusalém cercada de exércitos, sabei que é chegada a hora da desolação. Então, os que estiverem na Judeia, fujam para os montes; os que estiverem no meio da cidade, saiam." (Lc 21:20 e 21.)

7. Cf. *Antiguidades Judaicas*, Livro XV, cap. XIV, § 676. Acrescentamos que foi na Fortaleza Antônia que Jesus viria a ser castigado. Recebeu uma coroa de espinhos (da árvore acácia), bem como 39 chicotadas, variando entre pontas de osso e de chumbo. Depois colocaram sobre Ele um manto vermelho, para então voltar ao Pretório, na presença de Pilatos.
8. Flávio Josefo. (*Antiguidades Judaicas*, Livro XVIII, cap. VI, § 779.)
9. Otaviano César Augusto, passando por Nápoles, foi a Nola – comuna italiana, na província de Nápoles –, onde se acamou. Desencarnou no dia 19 de agosto do ano 14, aos 77 anos de idade, no mesmo quarto que seu pai – também Otaviano – havia perecido. Suetônio, em *As Vidas dos doze Césares*, diz que Otaviano "foi vítima, durante o curso da sua vida, de numerosas moléstias graves e perigosas. (...) Esteve sujeito a afecções anuais que o atacavam em épocas determinadas. Ao aproximar-se o dia de seu aniversário natalício ficava, de ordinário, abatido. Ao começar a primavera, padecia sempre de um tumor no diafragma. O vento do meio-dia produzia-lhe constipações. Seu corpo, assim abalado, não suportava facilmente nem o frio, nem o calor. O corpo de Augusto, chegando em Roma, foi carregado pelos senadores até o Campo de Marte, onde o cremaram.
10. Amélia Rodrigues. (*Vivendo com Jesus*, cap. II.)
11. Gibran Kalil Gibran. (*O Filho do Homem*, capítulo *Judas, parente de Jesus*.)
12. Amélia Rodrigues. (*Dias Venturosos*, cap. XIV.)
13. Allan Kardec. (*O Livro dos Espíritos*, perg. 470.)
14. Allan Kardec. (*O Evangelho Segundo o Espiritismo*, cap. XI, item 14.)

15. Allan Kardec. (*O Evangelho Segundo o Espiritismo*, cap. XII, item 6.)
16. Emmanuel. (*Ceifa de Luz*, cap. II.)
17. Victor Hugo. (*O Solar de Apolo*, p. 206.)
18. Berenice era filha de Salomé, irmã de Herodes, o Grande. Portanto, casou-se com seu próprio primo – Aristóbulo IV. Por acreditá-la de origem inferior, já que era macabeia, seu marido humilhava-a. Ela, por sua vez, ajudava as manobras de sua mãe (Salomé), que odiava a Dinastia dos Asmoneus, e tudo fazia para desacreditar Aristóbulo IV e seu irmão Alexandre junto a Herodes, o Grande. E este, influenciado por Salomé e seu filho mais velho – Antípatro – mandou matá-los, como já vimos.
19. Antônia, a jovem, foi a filha mais nova de Marco Antônio e Octávia Júlia Turino (69 a.C.-10). Esta foi irmã do Imperador Otávio Augusto. Antônia, a jovem, foi a sobrinha preferida do imperador. Casou-se com Nero Cláudio Druso (38-9 a.C.), irmão de Tibério. Quando seu marido desencarnou em combate, César (Augusto) incitou-a a casar-se novamente, mas Antônia recusou-se, preferindo manter-se fiel à memória do seu falecido marido. Foi uma mulher formidável, e mesmo tendo amor pelo poder e pelos seus ornamentos para si e para sua família, a sua última lealdade era para com a própria Roma. Com Druso teve três filhos, a saber em ordem de nascimento:

1.º) Germânico Júlio César (15 a.C.-19): um dos mais importantes generais dos primeiros anos do Império Romano, especialmente por suas campanhas na Germânia. Tornou-se Cônsul no ano 12, e desencarnou aos 33 anos de idade, por envenenamento, embora jamais se tenha provado tal ocorrência. Comparado a Alexandre, o Grande, especialmente por sua morte no auge da juventude, por seu caráter virtuoso, pelo seu temperamento encantador e sua habilidade militar, ganhou popularidade, e era cotado como o herdeiro do trono romano. Casou-se com Agripina, a velha (14 a.C.-33), filha da desleal e infiel Júlia, a velha (39 a.C.-14) com Marco Vipsânio Agripa (63-12 a.C.). Júlia, a velha, era filha do imperador Otávio Augusto. Assim sendo, Agripina, a velha, era neta de César Augusto. Ela e Germânico conceberam seis filhos, e dois deles tiveram destaque na história romana: Caio Calígula – imperador romano, que substituiu Tibério – e Júlia Agripina, a jovem (16-59) – mãe do imperador romano Nero (37-68).

2.º) Tibério Cláudio César Augusto Germânico (10 a.C.-54): tornou-se imperador romano, como sucessor de Calígula, no ano 41, e governou até o seu desencarne. Casou-se com sua sobrinha – Agripina, a jovem.

3.º) Lívila (13 a.C.-31): nome este, em homenagem à sua tia Lívia Drusila (58 a.C-29), esposa de Augusto e mãe de Tibério. Suas segundas núpcias foram com o filho de Tibério, Druso. Mas Lívila era uma mulher ambiciosa. Tornou-se amante de Lúcio Élio Sejano (20 a.C.-31) – chefe da Guarda Pretoriana e poderoso conselheiro de Tibério. Sejano e Druso nunca confiaram um no outro. E para Lívila, Druso era uma má aposta, porque, embora tenha atuado com louvor tanto na política romana, como no campo de batalha, ele tinha sido eclipsado pela carreira brilhante de Germânico. E mesmo com a morte deste, Lívila impulsionava Agripina, a velha – sua cunhada –, para o centro das atenções, permitindo-lhe criar grupo de pressão a favor dos seus filhos. E mais: sua melhor hipótese de se tornar Imperatriz de Roma seria como coconspiradora com o Prefeito Sejano. Foi então que a partir do ano 23, o casal de amantes atuou em conjunto para matar o marido de Lívila. O médico pessoal dela – Eudemo (?-†) – administrou o veneno. Foi tão sutil, que pareceu estar Druso sofrendo de alguma doença natural. Ele desencarnou lentamente, ao longo de vários dias. Dois anos depois do desenlace físico de Druso, mais precisamente no ano 25, Sejano procurou a permissão do imperador para se casar com Lívila, mas Tibério recusou o pedido. A despeito disso, seis anos depois (ano 31), Sejano anunciou seu noivado com Lívila.

20. No ano 26, Tibério retirou-se para a Ilha de Capri. Este autoexílio foi menos pela perda de seu filho, e mais pela sensação de vulnerabilidade que o deixou temeroso de ser assassinado. Sentia-se quase sempre perseguido ou sujeito a traições. Dessarte, longe de o tornar mais determinado em afirmar sua autoridade, o desencarne de Druso apenas serviu para distrair Tibério do governo, tornando-o ainda mais dependente do seu Prefeito – Sejano –, que, agora, estava firmemente estabelecido como amante de Lívila.

A nós, os espíritas conhecedores dos graus e da natureza das obsessões, bem explicados em *O Livro dos Médiuns*, no capítulo XXIII, e em outras obras complementares da Doutrina Espírita, fica fácil entender o processo obsessivo de que Tibério era alvo. Não olvidamos que muitos Espíritos desencarnados que o influenciavam (negativamente) eram aqueles de reencarnações anteriores, quando o filho de Lívia Drusila assumiu personalidades assaz cruéis, seja no Egito antigo – como o príncipe misterioso, envolvido em bruxaria, Horemseb, conhecido na obra *O Romance de uma Rainha*, do Espírito Rochester, psicografia da médium russa Wera Kryjanovskaia –, seja como o egoísta e inescrupuloso mago Pineas, trazido no livro *O Faraó Merneptah*, também do conde e poeta inglês, ou aqueles outros, que ele mesmo, Tibério, humilhou, torturou ou mandou matar nessa sua própria reencarnação. No livro *Episódio da Vida de Tibério*, em seu *Depoimento Pessoal*, o próprio ex-Imperador Romano diz: "É com o maior desprazer que vou falar de uma existência que me retrata numa época bem torpe... Envergonho-me do passado, agora que séculos e vidas expiatórias me hão moderado e tudo transformado em mim; a simples lembrança de minha malícia e crueldade faz-me tremer."

Somente os que foram suas vítimas imediatas, na guerra contras os germânicos, a qual ele, contando 40 anos de idade, já era o líder de todos os comandantes das legiões, bastariam para que Tibério tivesse um transtorno de comportamento, resultado de uma obsessão espiritual. Ora, toda obsessão leva a um estado de desequilíbrio mental, conquanto nem todos os desajustes psíquicos levem a um estado obsessivo. E mesmo no seu exílio em Capri, Tibério não se sentiu melhor psicologicamente e, com efeito, emocionalmente. Não poderia ser diferente: o bem-estar é um estado de alma; portanto, um processo endógeno e não exógeno. Dessa ilha no Mar Tirreno, Tibério mandou a esposa de Germânico – Agripina, a velha –, que já se encontrava banida na ilha de Pandateria (atual Ventotene), ser detida junto a seus dois filhos mais velhos – Druso Júlio César (8-33) e Nero Júlio César Germânico (6-31). Este, julgado por traição, foi assassinado; aquele, depois de condenado, desencarnou de fome na prisão. Agripina, a velha, foi encarcerada e tratada com uma brutalidade apavorante. Para se ter uma ideia, depois de um espancamento, ela chegou a perder um olho. Por fim, definhou na prisão e desencarnou. Cabe salientar que o filho mais novo de Agripina, a velha – Calígula –, desde o ano 31, estava vivendo com Tibério, na ilha de Capri, pois com 17 anos de idade Calígula parece ter desarmado Tibério com sua aparente inocência e sinceridade.

Capri, distante de Roma, e Tibério, longe das preocupações do comando e das responsabilidades do poder, podia satisfazer as suas fantasias de interminável ociosidade e prazer. Nessa ilha, ele se entregou inteiramente à lascívia, construindo um palacete especial, no qual podia realizar suas fantasias mais loucas. E deixou na capital do Império o homem da sua mais alta confiança – Sejano –, que, por sua vez, na posse de toda a administração, agia de fato como governante. Ao longo dos anos, ele tinha transformado a Guarda Pretoriana de um pequeno corpo de soldados para uma força substancial de 12 mil homens. Era o seu exército privado, para todos os efeitos práticos. Contudo, por muito importante que Sejano tenha se tornado, ele continuava a ser apenas um funcionário, e, por isso, tinha os olhos postos no prêmio do poder absoluto. Resultado? Organizou contra Tibério uma grande conspiração, com a cumplicidade de senadores, oficiais do exército e até mesmo alguns libertos do imperador. Estavam a ponto de a executar, mas sua sogra – Antônia, a jovem –, sozinha, foi causa de que não se realizasse, porque, tendo-a descoberto, escreveu ao imperador imediatamente, contando todas as particularidades da trama, inclusive o assassinato de Calígula e do próprio imperador.

Após esse aviso, finalmente, Tibério despertou para a ameaça que o seu velho amigo e conselheiro representava. Agora, ele seria tão decisivo como antes tinha sido apático. Indo diretamente para Roma, ele fez valer sua autoridade, nominando Névio Sutorio Macro (21 a.C.-38) para substituir Sejano, e depois de uma humilhante reunião no Senado, Sejano foi detido e condenado à morte. Desencarnou estrangulado e seu corpo lançado abaixo, pelos Degraus Gemonianos – escada que ficava na parte central da cidade, ligando a cidadela de Roma, no monte Capitolino, até o Fórum Romano. Estátuas que haviam sido erguidas, vangloriando Sejano, foram destruídas, e ele foi apagado do registro público. Lívila foi entregue à sua mãe – Antônia, a jovem –, que a confinou em um quarto, e segundo reza a tradição (sem provas), deixou que sua filha morresse de inanição.

Novamente o receio de Tibério por sua segurança, ao invés de o levar a assumir o controle da situação, levou-o a renunciar às rédeas do governo e deixar tudo à deriva, voltando a Capri. Ele tinha energia apenas para perseguir a traição. Execuções eram realizadas todos os dias. Famílias inteiras – homens, mulheres e crianças – compareciam juntos e, como ninguém era absolvido, morriam juntos. O sistema judicial era completamente corrupto, e tinha se tornado uma máquina assassina. Tibério desencarnou no ano 37, aos 77 anos de idade, depois de reinar, segundo Flávio Josefo, exatos vinte e dois anos, cinco meses e três dias. Não podemos afirmar como Tibério desencarnou, conquanto a lenda diga que ele fora asfixiado por Macro, e possivelmente com a assistência de seu herdeiro imperial – Calígula. Mas isso é apenas uma especulação. O próprio Tibério, em Espírito, na já referida obra *Episódio da Vida de Tibério*, diz: "Meu reinado, minha vida e a dos meus contemporâneos pertencem à história; mas, os que a escreveram tanto acrescentaram, desnaturaram e retificaram os fatos, sob a impressão do momento, que, da maior parte dos homens desse tempo, nada mais ficou de verdadeiro, além dos respectivos nomes."

21. Flávio Josefo. (*Antiguidades Judaicas*, Livro XVIII, cap. VIII, § 786.)
22. Idem. *Idem*.
23. Ibidem. *Ibidem*.
24. Pedimos licença ao leitor para estendermos mais uma nota, não menos importante que as outras, porquanto não poderíamos deixar de resumir a vida de Caio Calígula – último imperador romano de que trataremos neste livro. Não o abordar seria negligência de nossa parte, uma vez que ele teve uma ligação deveras estreita com Herodes Agripa I. Fazer um resumo de sua existência material para nós é quase uma obrigação. Pois bem. Ao longo dos séculos, existiram muitos tiranos monstruosos, mas mesmo nessa companhia horrenda Calígula tem um lugar especial. A sua crueldade superou a de Tibério (se é que se pode medir o quão cruel é alguém), e os seus caprichos eram admiráveis. A sua perversidade era louca. Ele se deliciava com a frustração e a dor alheias. E mais: parecia que nenhum crime era o bastante para ele.

    Desde pequeno acompanhou seu pai – Germânico – em campanhas, e, numa dessas, protagonizou um desfile em frente às tropas usando o próprio uniforme do exército romano. A imagem tornou-se célebre: um pequeno legionário, com um capacete encaixado em sua pequena cabeça, até os seus pés, cuidadosamente calçados com uma versão miniatura das *caligae* (botas-sandálias) que os soldados usavam. Tornou-se Caio Calígula o mascote das legiões romanas, em que se pai era o general comandante. Depois que Germânico desencarnou, Caio Calígula foi levado para a casa de Tibério, onde cresceu. A ideia inicial é que ele iria para Capri como um prisioneiro, mas com calma, ele reverteu a situação, pois tornou-se o querido do imperador romano. Enquanto Roma era famosa pelas suas orgias, sob os cuidados de Tibério, em Capri, Calígula cresceu rodeado por toda espécie de vícios, perversões e excessos. Guiado e até mesmo atormentado pelos seus desejos exóticos, ele necessitava de estímulos constantes. O excesso era sempre insuficiente. Empanturrava-se de comida, bebida e de prazeres sexuais. E já nessa época, havia sinais de sadismo: ele gostava de ver os inimigos do imperador romano sendo torturados, e mesmo Tibério ficava surpreendido com a selvageria de seu *querido filho adotivo*.

    Caio casou-se com Junia Claudila (?-34), no ano 33, mas ela desencarnou um ano depois, ao dar à luz. Já nomeado imperador romano (18 de março de 37), casou-se outra vez; agora com Lívia Orestila (?-†), arrancando-a à força durante a cerimônia onde ela se casava com outro homem. Dois dias depois, porém, divorcia-se dela, mas a considera sua propriedade. Sua terceira esposa foi Lolia Paulina (?-49), com quem se casou no ano 38, mas seis meses depois viu que ela era inútil. Ressaltamos, que suas três irmãs – Agripina, a jovem, Drusila e Júlia Livila – desde que subiu ao poder absoluto eram suas concubinas. Longe de esconder suas paixões incestuosas, Calígula exibia--as. Das três, Drusila, a mais próxima em idade, era a que o irmão preferia. Quando Drusila desencarnou de febre, em 38, Caio ficou desolado, e quase incapaz de prosseguir com sua existência.

Caio, ao assumir o Império Romano, teve a aclamação do povo, que o chamava de o *nosso bebê*. Um dos primeiros atos de Calígula foi trazer para casa as cinzas de sua mãe – Agripina, a velha – e do irmão – Nero –, e enterrá-las na tumba central, em Roma. Para concretizar sua ligação com o povo, Calígula organizou uma série de jogos e espetáculos, que duraram três meses. Havia cerimônias religiosas e sacrifícios, corridas de cavalos e carroças, além de concursos de gladiadores. Dentre os primeiros atos formais de Caio, o mais legítimo foi acabar com os julgamentos de traição, tão praticados por Tibério, principalmente nos anos finais de sua vida. Portanto, os primeiros meses do seu reinado tinham sido tempos de relativa paz. Contudo, em setembro ou outubro de 37, Calígula ficou subitamente doente. Todos os relatos contam que ele esteve perto da morte. Atribuíram que a sua já conhecida epilepsia poderia ter piorado severamente, e provocado seu inopinado colapso. Resultado? Calígula desapareceu da vida pública durante algum tempo.

Salientamos que a epilepsia é conhecida como disritmia cerebral periódica ou sintomática. Ocorre devido à emissão irregular das ondas cerebrais, registradas pelo eletroencefalograma (EEG). Quando nada é registrado no EEG, dá-se o nome de idiopática essencial, criptogênica ou genuína (legítima). Na epilepsia, muitas vezes, já existem lesões das células nervosas, lesões anatômicas e funcionais. O distúrbio, na epilepsia, é, portanto, patológico. A epilepsia não perturba a inteligência, podendo encontrar-se em pacientes idiotas como intelectualizados. Embora muitas formas epiléticas se instalem devido a traumatismos cranianos, sem correlações com o passado reencarnatório da criatura humana, as experiências realizadas pelo Doutor Ladislaus Von Medina (1896-1964) – no Centro Acadêmico de pesquisas psiquiátricas de Budapeste – foram constatadas diferenças fundamentais entre os cérebros de um epilético e dos esquizofrênicos, verificando-se que a presença de uma dessas enfermidades constitui impedimento à presença de outra. Assim, desde o berço, o Espírito imprime no encéfalo as condições cármicas, para o resgate das dívidas perante a Consciência Cósmica.

No caso das percepções alucinatórias durante a manifestação da aura epilética, existe probabilidade de um fenômeno alterado de consciência e não apenas de natureza patológica. E, se acontecer tal estado, verifica-se uma influência espiritual. Foi o que aconteceu com Calígula: ele foi um dos obsidiados célebres, *perseguido por fantasmas* [por Espíritos desencarnados], conforme diz Humberto de Campos, no livro *Pontos e Contos*, capítulo 15. E hoje, com o conhecimento trazido pelo Espiritismo, sabemos com segurança que, excetuada pequena percentagem de casos devidos a lesões ou disritmia cerebral, todo o grande volume restante é realmente a ação de um obsessor violento. A entrada do Espírito invasor dá-se pelo *chakra* umbilical (pode ser pelo esplênico ou fundamental). Nesse caso, a epilepsia pode ser a fixação mental de ondas mentais do Espírito desencarnado. Sugerimos ao leitor estudioso a obra *Libertação*, do Espírito André Luiz, cuja psicografia é de Francisco Cândido Xavier.

Era um defeito comum, entre os poderosos de Roma, ser perdulário. Mas quando se fala de Calígula, sua necessidade de gastar desmesuradamente era uma tendência incontrolável. A sua falta de regras era famosa tanto quanto sua luxúria e crueldade. Se juntássemos o que Júlio César gastou para corromper o povo romano a seu favor, o que o triúnviro Marco Antônio usou para gastar com seus caprichos, e o que Herodes Agripa I gastou enquanto reinou na Judeia, não conseguiríamos tecer comparações com o montante de sertécios despendidos durante os seus quatro anos como imperador romano. Ele dissolvia pérolas preciosas em vinagre, e bebia-as. Mandou forrar a comida dos hóspedes com folha de ouro e construiu navios com joias incrustadas; algumas dessas embarcações até possuíam jardins com árvores frutíferas, para que Calígula e seus companheiros pudessem relaxar e divertir-se a bordo. Colinas foram aplainadas para aumentar a vista dos complexos palacetes que ele construiu na costa, bem como mandou construir túneis através das montanhas de pedra.

Mas Calígula não gostava do dinheiro apenas pelas coisas que ele podia comprar ou gastar. Não. Ele o desejava, cobiçava-o, em uma forma quase sexual, ao ponto de andar descalço sobre o metal, rolando-o sobre ele, absorvendo a sensação que as moedas grandes de bronze (sertécios), geladas, traziam ao tocar sua pele. Ninguém subiu mais alto na estima de Calígula como seu cavalo Incitato. Ele tratava esse fiel corcel (acreditamos que não tão fiel como Bucéfalo – o cavalo de Alexandre, o Grande) com uma consideração que não demonstrava por seres humanos. O estábulo desse animal era feito de mármore, com uma manjedoura em madeira de ébano. O cavalo, em si mesmo, usava um colar de joias incrustadas e cobertores tingidos no roxo imperial, tal como era apropriado a um cavalo cujo dono aspirava nomeá-lo cônsul romano, por incrível que possa parecer. Estamos narrando somente algumas das extravagâncias desse transloucado imperador romano, porque nosso espaço, aqui, é exíguo.

Em 39, Calígula descobriu que suas irmãs – Agripina, a jovem, e Júlia Livila – estavam conspirando contra ele. Elas haviam se tornado amantes do viúvo de Drusila – Marco Emílio Lépido (?–†) –, e planejavam matar o imperador romano, além de colocar Lépido no trono. A trama, porém, foi descoberta, e o Caio levou os três a julgamento. E, diante do tribunal, onde ele próprio fez questão de comparecer, sem falta de vergonha (ou bom senso) alguma, criticou suas irmãs pela *baixa moral*. Apesar disso, poupou suas vidas, exilando-as em uma das seis ilhas Pontinas – arquipélago vulcânico do Mar Tirreno. Lépido, no entanto, foi executado. No mesmo ano de 39, Caio ofendeu os judeus quando exigiu que o Templo de Jerusalém fosse usado para o culto imperial, além de que estátuas suas lá fossem colocadas em destaque. Se não fosse Herodes Agripa I lhe pedir, ainda um tanto quanto temeroso por sua vida, que seu amigo de tantos anos assim não o fizesse, o desejo de Calígula teria se realizado.

Desconfiado de novas conspirações – característica bem nítida de um processo obsessivo, onde a síndrome do pânico tem seu lugar de destaque –, Caio não conseguiu escapar da armadilha feita para ele, na abertura dos Jogos Palatinos, em 17 de janeiro de 41, quando o isolaram de seus guarda-costas, em uma passagem estreita por que o imperador romano teria que passar por ocasião do seu almoço. Embora os guardas imperiais tenham invadido a apertada passagem e brandido suas espadas em direção a todos que lá estavam, um grupo de conspiradores havia se separado e partido em direção ao palácio imperial, no intuito de assassinar (e conseguiram) a quarta esposa de Calígula – Milônia Cesônia (?-41) – e sua filha, ainda bebê (1 ano de idade) – Júlia Drusila (39-41). Teriam assassinado, também, o tio de Calígula – Cláudio –, se membros fiéis da Guarda Pretoriana não fizessem com que ele se escondesse. Assim expirou Caio Calígula, com 28 anos de idade.

25. Flávio Josefo. (*Antiguidades Judaicas*, Livro XVIII, cap. VIII, § 788.)
26. Idem. (*Idem*, Livro XIX, cap. VII, § 828.)
27. Sobre os fariseus, abordaremos na Parte IV deste livro.
28. Outrora, essa ave fora presságio de sua ascensão ao trono. Mas Herodes Agripa I também sabia que a sua volta anunciaria o seu fim.
29. Humberto de Campos. (*Cartas e Crônicas*, cap. VII.)

DIAGRAMA III DOS PERSONAGENS DA PARTE III

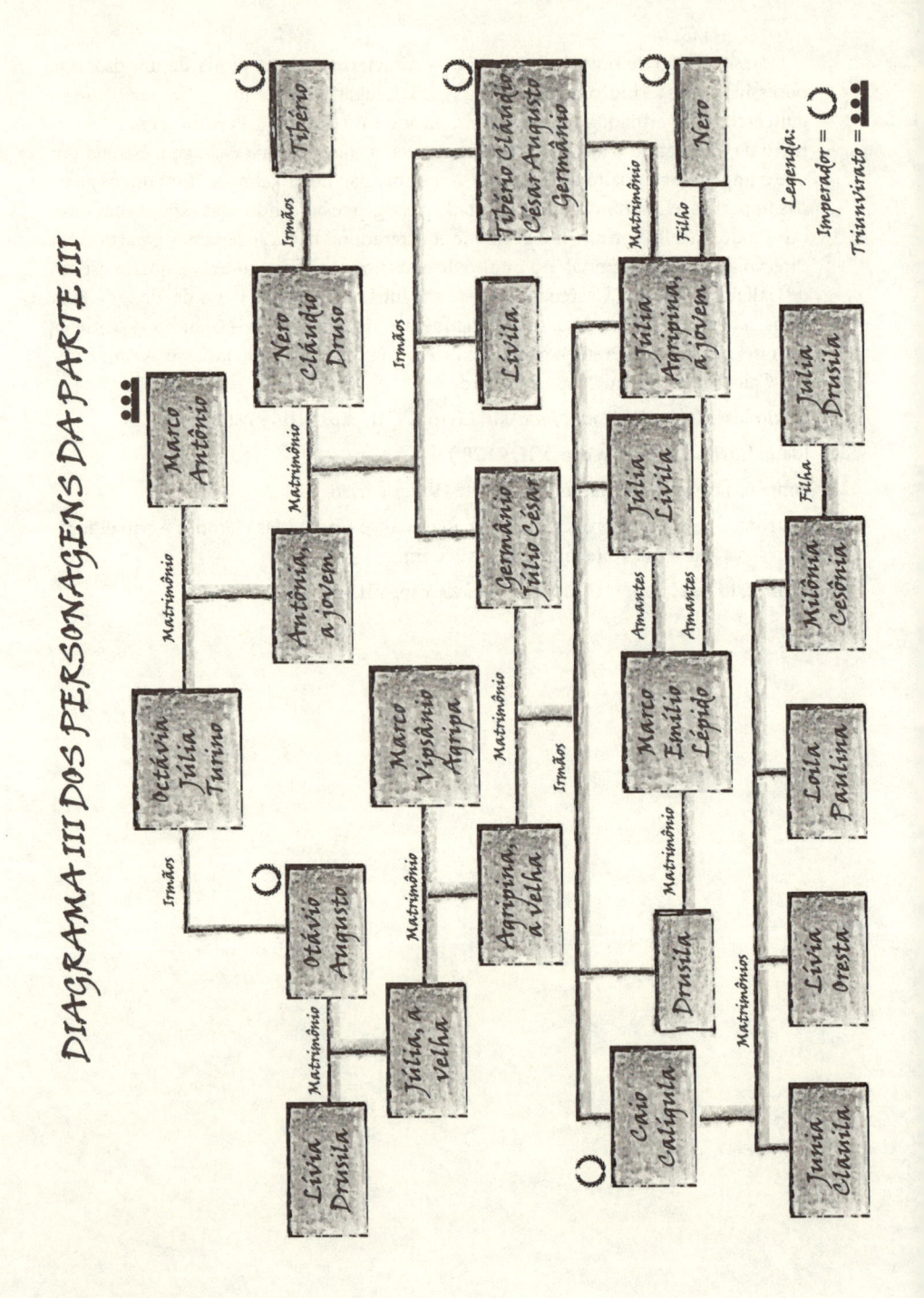

102 Bruno Godinho

PARTE IV

A sociedade judaica

A quem possa interessar...

Narrar sobre a sociedade judaica é uma honra. A história desse povo é sofrida, cheia de guerras e subjugações a outras nações (Babilônia, Pérsia, Macedônia, Roma). Somente a destruição de Jerusalém, em agosto de 586 a.C., por Nabucodonosor II, deixou a cidade tal qual um deserto, conquanto acreditemos que os corações dos judeus tenham ficado mais inóspitos e desolados. Jerusalém, desde então, ficou inabitável. O profeta Jeremias, bem antes, já havia trazido esse vaticínio (Jr 4:23-26). O Templo de Jerusalém, também destruído na invasão babilônica, parecia predestinado a não ficar em pé (Sl 74:3-7) desde que o rei Salomão o mandou construir. E para o povo judeu, a destruição do Templo equivalia à destruição do Estado, uma vez que não conseguia sobreviver sem seu *epicentro* de ligação com o sagrado. Resultado: o povo judeu se tornou objeto de escárnio para os gentios (Sl 79:4). Javé desaparecera, e a capital judaica se reduzira a um monte de escombros, deixando *o povo de Deus* disperso em território estrangeiro.

Na ampulheta do tempo, os séculos correram na expectativa da chegada do Embaixador Celeste. Quando Ele apareceu, não foi reconhecido e menos ainda compreendido. Hoje não é diferente de ontem, porque muitos, infelizmente, ainda interpretam o Reino dos Céus como uma utopia comunista e enxergam no Crucificado um revolucionário social. Justificam tal assertiva, fazendo alusão ao jovem rico que lhe perguntou o que deveria fazer além de observar os Mandamentos, e Jesus pediu que ele vendesse seus bens, desse o seu dinheiro aos pobres e O seguisse (Mt 19:16-22). E mais: alegam que os primeiros cristãos "tinham tudo em comum, e vendiam suas propriedades e bens, e repartiam com todos, segundo cada um havia de mister" (At 2:44-45).

Em contrapartida, o conservador cita o Novo Testamento a seu favor, asseverando que Jesus ficou amigo de Mateus – um funcionário público a serviço do poder romano. Ademais, ganha força quando diz que Jesus não pronunciou crítica alguma ao governo civil, não tomou partido no movimento judaico de libertação nacional e até aconselhou uma dócil submissão ao dizer para os fariseus que "dessem a César o que é de César e a Deus o que é de Deus" (Mt 22:15-22). O conservador também pode afirmar que o Cordeiro de Deus **reprovou** o servo a quem foi confiada uma mina, mantendo-a salva e improdutiva, esperando o retorno do dono; e mais: o Crucificado ainda **aprovou** o escravo que investira as dez minas que o seu dono lhe confiara, ganhando outras dez; e como se não bastasse, Jesus reservou ao dono as seguintes palavras duras: "A qualquer que tiver ser-lhe-á dado, mas ao que não tiver, até o que tem lhe será tirado" (Lc 19:12-26).

A verdade é que o Ungido de Deus não atacou as instituições socioeconômicas existentes. Sua revolução era bem mais profunda, pois tinha (e ainda tem) a intenção de purificar o coração humano do desejo egoísta, do orgulho exacerbado, da crueldade e da luxúria. Jesus recobrou o Código Moral recebido por Moisés, que propõe a fraternidade humana: "Amarás o teu próximo como a ti mesmo" (Lev 19:18). "Tratarás como um dos teus o estrangeiro que mora na tua casa e o amarás como a ti mesmo" (Lev 19:34).

Vejamos a lúcida contribuição de Emmanuel, na obra *Ceifa de Luz*, capítulo XVI:

> O divino Mestre não nos conclamou a qualquer reação contra os padrões administrativos na movimentação da comunidade, nem desfraldou qualquer bandeira de reivindicações exteriores. Jesus unicamente obedeceu às Leis divinas, fazendo o melhor da própria vida e do tempo de que dispunha, em benefício de todos. Terá tido lutas e conflitos no âmbito pessoal das próprias atividades. Aflições incompreensíveis, companheiros frágeis, adversários e perseguidores não lhe faltaram; nada disso, porém, fê-lo voltar-se contra a hierarquia ou contra a segurança da vida comunitária. Por fim, a aceitação da cruz lhe assinalou a obediência suprema às Leis de Deus. Pensa nisso e compreendamos que o Cristo nos ensinou o caminho da libertação de nós mesmos.

Como puro judeu, o Crucificado compartilhou as ideias dos Profetas, continuando-lhes o trabalho e pregando, como eles, exclusivamente para os judeus. Quando enviou os discípulos para difundirem o Evangelho, fê-los transitar apenas nas cidades judaicas, pois isso causaria um problema na lei mosaica. Disse-lhes: "Não ireis pelo caminho dos gentios, nem entrareis em cidade de samaritanos; mas ide antes às ovelhas perdidas da casa de Israel" (Mt 10:5-6). Afirmou: "Não penseis que vim revogar a lei [mosaica] ou os profetas: não vim revogar, mas completar" (Mt 5:17). Disse ao leproso a quem curara: "Olha, não o digas a alguém, mas vai, mostra-te ao sacerdote, e apresenta a oferta que Moisés determinou, para lhes servir de testemunho" (Mt 8:4).

Contudo, também é notório que Jesus fez algumas modificações na Torá. Lembrou aos fariseus que o sábado era feito para os homens, e não os homens para o sábado (Mt 12:1-8; Lc 6:1-5; Mc 2:23-28). Relaxou o código de alimentação e purificação e aboliu certos jejuns (Mt 9:14-15). Condenou orações solenes (Mt 6:5-8). Com efeito, judeus de todas as seitas, menos os essênios, se opuseram a essas e tantas outras inovações. Ressentiram-se da suposta autoridade de Jesus para perdoar os pecados e falar em nome de Deus. Ficaram chocados ao vê-lo manter relações amigáveis com mulheres de moral duvidosa. E, com toda Sua autoridade moral, censurou os sacerdotes do Templo e os membros do Sinédrio:

> Ai de vós, escribas e fariseus hipócritas! (...) Ai de vós, guias cegos, (...) insensatos! (...) Sois semelhantes a sepulcros caiados: por fora com bela aparência, mas, por dentro, cheios de hipocrisia e maldade (...) Descendeis dos assassinos dos Profetas (...) Serpentes! Raça de víboras! Como escapareis da condenação ao inferno? (...) Os publicanos e as prostitutas vos precedem no Reino de Deus. (Mat 23:1-34; 21:31.)

A crise final aconteceu quando os apóstolos proclamaram abertamente que Jesus era o Messias prometido, que livraria Israel da servidão a Roma e estabeleceria o Reino de Deus na Terra. Na última segunda-feira antes da sua morte, quando o Cordeiro entrou em Jerusalém, já chegando perto da descida do Monte das Oliveiras, "toda a multidão dos discípulos, regozijando-se, começou a dar louvores a Deus em alta voz, por todas as maravilhas que tinham visto, dizendo: Bendito o Rei que vem em nome do Senhor; paz no céu, e glória nas alturas" (Lc 19:37-38). Alguns fariseus pediram que Jesus reprovasse essa saudação, dizendo: "Mestre, repreende os teus discípulos" (Lc 19:39). E Jesus respondeu: "Digo-vos que, se estes se calarem, as próprias pedras clamarão" (Lc 19:40).

Posto isso, caro leitor, julgamos ser esta Parte IV necessária no contexto deste livro, porque, a quem possa interessar, não há como interpretar a maioria das passagens evangélicas sem o conhecimento do contexto social-político-jurídico-religioso em que elas ocorriam. Como entender aqueles que o Crucificado mais censurou e, por isso, fora perseguido, preso, julgado e morto? É impossível, sem conhecer a ciência teológica e jurídica de Jerusalém. E foi a audácia, sem par, de Jesus – brotada do inigualável poder que a consciência de Sua soberania lhe dava, quando dirigia àquela gente, publicamente e sem receio, o apelo ao arrependimento –, que O levou ao madeiro da infâmia cujo corpo balançava como um trapo ao vento.

O clero

À época de Jesus, Israel era puramente uma teocracia – ou seja, é o clero que compõe, primeiramente, a nobreza; no período em que não existe rei, o sumo-sacerdote em exercício é a personagem mais importante do clero e, com efeito, do povo. Somente ao sumo-pontífice era concedido, entre os mortais, penetrar em uma sala do Tabernáculo e, mais tarde, no Templo de Salomão, de 5 m², chamada *Santo dos Santos*, onde ficava guardada a Arca da Aliança. Adentrar nesse recinto uma vez por ano, por ocasião do Dia das Expiações (Ex 30:10; Lv 16:1-34; 23:26-32), significava estar diante de Deus, cuja dignidade traduzia-se nas aparições divinas particulares com que era honrado o sumo-sacerdote. Desse modo, os detentores desse cargo tinham a faculdade de profetizar (Jo 11:51).[1]

As regras de pureza do sumo-pontífice estendiam-se às prescrições ligadas ao seu casamento, porquanto só podiam desposar jovens virgens de 12 anos de idade, nascidas de um sacerdote, de um levita ou de um israelita de descendência legítima; não podiam se casar com viúvas e divorciadas. Temos o exemplo de José Caifás, o sumo-sacerdote que perseguiu Jesus e o levou ao malfadado julgamento; ele era casado com a filha do ex-pontífice Anás (Jo 18:13). Houve, naturalmente, raros casos de sumos-sacerdotes casados com mulheres que não eram de descendência sacerdotal. Basta citar o rei asmoneu João Hircano (164-104 a.C.) e seu filho (que lhe era desafeto) Alexandre Janeu (125-76 a.C.).

Herodes, o Grande, nomeava e destituía sumos-sacerdotes a seu bel-prazer. E isso se sucedeu de tal maneira, que em 106 anos – isto é, desde o ano em que assumiu o reinado da Judeia (37 a.C.) até a destruição do Templo (70) –, houve 28 sumos-pontífices. Esse número, comparado ao período da Dinastia dos Asmoneus (de 115 anos), é bem superior, pois nesta somente oito sumos-sacerdotes foram instituídos.

O sacerdote de grau mais alto depois do sumo-sacerdote era o comandante (capitão) do Templo de Jerusalém (At 4:1; 5:24). Era escolhido entre as famílias da aristocracia sacerdotal. Nas cerimônias anuais solenes – Dia das Expiações, Festa dos Tabernáculos e Páscoa – ele se sentava à direita do sumo-pontífice, como lugar de honra, além de ser seu substituto no caso em que surgisse algum empecilho. Além da fiscalização do culto, o capitão do Templo de Salomão dispunha de força policial, podendo efetuar a prisão que lhe aprouvesse.

Paralelamente a essa aristocracia sacerdotal encontravam-se os sacerdotes *comuns*, divididos em 24 turmas (seção hebdomadária). Cada uma das turmas dividia-se em 4 a 9 classes de sacerdotes (seção cotidiana), espalhadas na Judeia e na Galileia, que cumpriam alternadamente uma semana de trabalho em Jerusalém, de sábado a sábado. Nas 24 semanas, e ainda nas três festas anuais de peregrinação, cada seção sacerdotal hebdomadária contava seguramente com 300 sacerdotes e 400 levitas (falaremos deles a seguir). Foi o chefe da seção semanal que recebeu o sacrifício de Maria de Nazaré (Lc 2:24), quando os 40 dias da purificação dela, segundo a lei de Moisés, se cumpriram (Lc 2:22).[2]

Os levitas, descendentes dos sacerdotes de postos altos, constituíam o baixo clero (*clerus minor*). Auxiliares do culto religioso do Templo eram inferiores aos sacerdotes e, como tais, não participavam do serviço sacrificial. Encarregavam-se da música do Templo (como cantores e músicos) e dos mais variados serviços inferiores do santuário, a saber: porteiros, guardiões, ajudavam os sacerdotes a vestir e despir suas vestes sacerdotais; nos dias de festa, preparavam o livro da lei (Torá) para a leitura bíblica; cuidavam da limpeza, com exceção do átrio dos sacerdotes, do qual estes mesmos se encarregavam. Os levitas repartiam-se em 24 seções hebdomadárias, revezando-se a cada semana para o serviço. Porém, era-lhes proibido, sob pena de morte, penetrar no edifício do Templo e chegar até o altar (Nm 18:3).

O Sinédrio

O Sinédrio – Assembleia Suprema do judaísmo pós-exílio babilônico – era composto de 71 membros, divididos em três grupos: os chefes dos sacerdotes que, representados na pessoa do sumo-sacerdote, escolhiam o presidente do Sinédrio, os escribas e os anciãos. Estes últimos representavam uma nobreza, por assim dizer, *leiga*. Eram chefes das famílias *leigas* mais influentes (patrícias), conhecidos como os *principais do povo* (Lc 19:47). Os anciãos eram, em grande parte, saduceus. Aliás, os últimos asmoneus e as famílias da aristocracia pontifícia ilegítima (não hereditária, ou seja, depois do ano 37 a.C.), ao contrário da multidão dos sacerdotes, conservavam, em sua maioria, ideias saduceias. José Caifás era saduceu (At 5:17). Os chefes dos sacerdotes também eram, em geral, saduceus. Vamos demonstrar, a seguir, essa assertiva.

Paulo de Tarso era fariseu; quando compareceu diante do Sinédrio para ser julgado, ele sabia que a Assembleia se dividia em dois grupos: saduceus e fariseus (At 23:6). No dia seguinte, uma conspiração fanática é armada contra a vida do apóstolo dos gentios, e ganha parceria dos "chefes [principais] dos sacerdotes e dos anciãos" (At 23:12-14). Quem seriam esses que aceitaram o acordo de matar o ex-rabino? Ora, se Paulo era fariseu, só pode se tratar do grupo de saduceus do Sinédrio. Posto isso, os chefes dos sacerdotes, os sumos-sacerdotes (nobreza sacerdotal) e os anciãos (nobreza leiga) formam o partido dos saduceus. A quem possa interessar, José de Arimateia (Mt 27:57; Mc 15:43), não designado nem como sacerdote nem como escriba, pertencia ao grupo dos anciãos do Sinédrio. Inclusive, é chamado de *senador* (Lc 23:50-51). O corpo de Jesus, reclamado a Pilatos por esse homem rico, foi colocado em sua propriedade (Mt 27:59-60; Jo 19:41).

Mas quem eram os saduceus? A opinião, assaz difundida, de que eles, juntamente com os fariseus (falaremos deles mais adiante), **eram um partido clerical, que se recrutava nos círculos dos sacerdotes de alta classe, é equivocada**. Constituíam, em verdade, **comunidades organizadas e fechadas**, com condições para admitir novos membros e com observâncias firmemente estabelecidas. Os fariseus e os saduceus, diferentemente dos essênios,[3] não rejeitavam a comunidade do povo.

Flávio Josefo, em *Antiguidades Judaicas*, Livro XIII, cap. IX, § 520, assegura que:

> Os saduceus, ao contrário [dos fariseus], negam absolutamente o poder do destino, dizendo que ele é uma quimera e que as nossas ações dependem tão absolutamente de nós que somos os únicos autores de todos os bens e males que nos acontecem, conforme seguimos um bom ou um mau conselho.

E no Livro XVIII, cap. II, § 760, diz que:

> A opinião dos saduceus é que as almas morrem com os corpos e que a única coisa que somos obrigados a fazer é observar a lei, sendo um ato de virtude não tentar exceder em sabedoria os que a ensinam. Os adeptos dessa seita são em pequeno número, mas ela é composta de pessoas da mais alta condição. Quase sempre, nada se faz segundo o seu parecer, porque quando eles são elevados aos cargos e às honras, muitas vezes contra a própria vontade, são obrigados a se conformar com o proceder dos fariseus, pois o povo não permitiria qualquer oposição a estes.

Agora, iremos examinar esta nova classe superior que, desde o início do século I até a destruição do Templo de Jerusalém, no ano 70, atingiu a supremacia – os escribas. Entre eles, encontram-se os sacerdotes do alto clero, tais como Paulo de Tarso e Flávio Josefo – ambos escribas fariseus. Entre os membros do baixo clero, temos como um dos exemplos o ex-levita Barnabé, principal companheiro de Paulo de Tarso em suas viagens, que era "profeta e doutor [da Lei] das primeiras comunidades cristãs" (At 13:1). **Mas a grande massa dos escribas de Jerusalém é composta de pessoas de todas as outras camadas do povo**.

O *saber* é o único fator do poder dos escribas, e não sua descendência nobre ou sua profissão. Àqueles que desejassem se tornar parte da corporação dos escribas, deveria seguir um ciclo regular de estudos por alguns anos; e isso se dava desde tenra idade. Deixando de lado o elogio pessoal, é o que ensina Flávio Josefo, pois desde os 14 anos de idade dominava a interpretação da Lei (*Vita*, 2, § 9), tornando-se, com isso, um *doutor não ordenado*, já que somente depois dos 40 anos de idade é que se podia, pela ordenação, ser recebido na corporação dos *doutores da Lei* como membro legítimo – ou seja, como *dou-

tor ordenado. Este, a seu turno, estava autorizado a resolver, por si mesmo, as questões de legislação religiosa, a ser juiz em processos criminais e dar pareceres nos processos civis, seja como membro de uma corte de justiça (o Sinédrio, como exemplo), seja individualmente. Em suma: passava a receber o título de *rabi* (mestre). Imaginemos agora Jesus: todos ficaram embasbacados com Ele, que, desprovido de formação rabínica, "conhecia as letras" (Jo 7:15). E não poderia ser diferente: o Crucificado não era um *doutor ordenado*, pois estamos diante Daquele que fora o *Rabi* dos *rabis*!

Já dissemos alhures que, à exceção dos chefes dos sacerdotes e dos membros das famílias patriarcais (anciãos), os escribas eram os únicos a poderem ingressar na Assembleia Judaica Suprema. **O partido fariseu do Sinédrio compunha-se inteiramente de escribas**. Em o Novo Testamento o grupo farisaico do Sinédrio é designado como *fariseus* ou *escribas*, jamais aparecendo uns ao lado dos outros como grupos diferentes da Assembleia Judaica Suprema. Vejamos: "os príncipes [chefes] dos sacerdotes e os fariseus..." (Mt 21:45); "os principais [chefes] dos sacerdotes e os escribas..." (Lc 20:19). Em outras palavras: **todo fariseu, dentro do Sinédrio, era escriba; mas nem todo escriba, dentro do Sinédrio, era fariseu, porque lá também havia escribas saduceus**. Aqui vão alguns exemplos de nomes conhecidos nos livros neotestamentários: Nicodemos era um escriba fariseu, que fazia parte do Sinédrio (Jo 3:1); Gamaliel outro deles (At 5:34); Paulo de Tarso fora juiz (poder dado aos escribas) inclemente do Sinédrio (At 26:10-12).

Tamanho encanto tinham os escribas sobre o povo, que até mesmo nas sinagogas os primeiros lugares eram-lhes reservados (Mc 12:38-39; Lc 20:46), ocupando espaço de honra; sentavam-se de costas para o armário da Torá, olhando a assistência, e ficavam visíveis a todos. Mas qual o verdadeiro motivo da influência dos escribas na sociedade? Não era somente porque eles tinham conhecimento exato da Lei, e eram capazes de interpretar toda a força das Sagradas Escrituras, tornando-se, com efeito, *sábios* (*Antiguidades Judaicas*, Livro XX, cap. IX, § 866). O prestígio dos escribas no meio da plebe se deve, principalmente, por serem eles portadores de uma ciência secreta. Com efeito, eram venerados por toda parte e conservados com um temor supersticioso.

O *modus operandis* da tradição esotérica entre os escribas, acontecia da seguinte maneira: as conversações eram particulares entre mestre e discípulo; versavam sobre teosofia e cosmogonia, falando em voz baixa (tradição oral) quando abordavam temas como a criação do mundo (Gn 1:1-31) e a visão do carro (Ez 1:1-25). Nos instantes desses ensinamentos, cobriam a cabeça por temor diante do segredo do ser divino. Assuntos sobre a eternidade antes da criação do mundo, sobre a própria criação, sobre os acontecimentos escatológicos, sobre a topografia cósmica do mundo celeste e subterrâneo, faziam parte da tradição esotérica dos escribas. Ora, a intenção de Nicodemos (um escriba fariseu) ao se encontrar com Jesus à noite, fora dos muros de Jerusalém, era receber Dele alguns ensinamentos a respeito dos últimos segredos do Reino de Deus (Jo 3:1-10). Outro exemplo: Paulo de Tarso (um escriba fariseu) teve uma experiência fora do corpo, quando visitou o *sétimo céu* (2 Co 12:1-7), mas o ensinamento perfeito somente deve ser revelado àqueles que são capazes de compreendê-lo (Hb 5:14; Cl 2:2-3). Pois bem: a partir do século II, uma luta contra os livros neotestamentários levou os judeus a lhes oporem uma interpretação paralela do Antigo Testamento, sob a forma escrita da Torá oral (ou seja, da tradição esotérica), tornando-a acessível a todos.

Em tempo, aqui vai algo digno de menção: já asseveramos que na estrutura jurídica do Sinédrio havia escribas fariseus e escribas saduceus. Mas como entender os escribas e os fariseus nas passagens evangélicas? Primeiramente não devem ser confundidos, na vida social, como sendo dois grupos iguais, embora seja essa a designação global reunida no capítulo 23 do Evangelho de Mateus (exceção feita ao v. 26) – "Ai de vós, escribas e fariseus, hipócritas!" Porém, sob um olhar mais percuciente, percebe-se que o discurso paralelo de Jesus se divide em duas partes: I) dirigindo-se contra os escribas (vv. 1-22); II) dirigindo-se aos fariseus (vv. 23-28). Já o evangelista Lucas permite evitar conclusões equivocadas (Lc 11:38-52), estabelecendo nítida separação entre escribas e fariseus (homens das práticas da pureza e do dízimo). Detalhe importantíssimo: um erro introduziu-se na tradição lucana (no versículo 43), em que a censura feita pelo Crucificado, do desejo ambicioso de ocupar os primeiros lugares nas sinagogas, foi dirigida aos fariseus. No entanto, uma tradição paralela, dentro do próprio Evangelho de Lucas (20:46), faz a corrigenda que, inclusive, está em consonância com o Evangelho de Marcos (12:38-39).

Os fariseus

O primeiro sucesso dos fariseus (e talvez o maior de todos), ganhando notoriedade na Antiga Israel, deu-se nos seis anos de tumultos sangrentos e de guerras civis sob o governo do Rei da Judeia Alexandre Janeu, cujo mandato aconteceu entre os anos 103 a.C. e 76 a.C. A grande massa popular uniu-se aos fariseus que contestavam a legitimidade dos sumos-sacerdotes asmoneus. Muitas vezes Janeu conseguiu estabelecer a paz, mas sempre a preço de sangue, pois a aversão do povo contra ele foi motivada por sua inimizade com os fariseus. Em seu leito de morte, aos 49 anos de idade, estando na fronteira dos gerasianos, quando sitiava a fortaleza de Ragaba, situada além do Jordão, Alexandre Janeu pediu à sua esposa Salomé Alexandra (141-67 a.C.) que ocultasse a sua morte aos seus soldados até que aquela batalha fosse vencida, e depois voltasse vitoriosa a Jerusalém, procurando conquistar o afeto dos fariseus, dando-lhes alguma autoridade, a fim de que essa honra os induzisse a louvar publicamente, perante o povo, a magnanimidade dela (*Antiguidades Judaicas*, Livro XIII, cap. XXIII, § 565). E assim se fez. Resultado? Alexandra entrou triunfante em Jerusalém, cujas portas do Sinédrio lhes foram abertas, e, a partir daí, não mais houve oposição à família reinante. Apoiados no poder da única rainha judia durante a Dinastia dos Asmoneus, cujo exercício foi de 76 a.C. até 67 a.C., os fariseus tornaram-se, então, os verdadeiros chefes de Estado.

Contudo, após a morte de Alexandra a força dos fariseus diminuiu. No governo de Herodes, o Grande, entre os anos 37 a.C. e 4 a.C., o poder dos fariseus manifestou grande extensão, conferindo-lhes todas as honras, já que os fariseus "foram os únicos aos quais tratou com consideração, para recompensá-los, porque durante o cerco eles haviam aconselhado o povo a recebê-lo" (*Antiguidades Judaicas*, Livro XV, cap. I, § 628). Quando mais tarde os fariseus recusaram, unanimemente, prestar juramento de fidelidade ao rei idumeu e a Otávio Augusto César, Herodes I contentou-se apenas em impor-lhes uma multa pecuniária. Estranha atitude para um homem que mandava matar por muito menos. Isso prova a força que os fariseus exerciam sobre o povo, que, por sua vez, estava pronto a declarar guerra ao rei e a prejudicá-lo. Na época seguinte à morte de Herodes, o Grande, até o início da Primeira Revolta contra os romanos, em 66, os fariseus tiveram pouca influência na vida política do povo judeu, malgrado serem ouvidos durante as sessões do Sinédrio e tivessem relações com Herodes Antipas (Mt 22:15-16; Mc 3:6, 12:13; Lc 13:31; Jo 7:32; 11:46).

Bastante severos e conservadores, os fariseus tinham sua própria doutrina (Mt 16:12). Sobre eles, o historiador Flávio Josefo, em *Antiguidades Judaicas*, Livro XIII, cap. IX, § 520), diz:

> Os fariseus atribuem certas coisas ao destino, porém nem todas, e creem que as outras dependem de nossa liberdade, de sorte que podemos realizá-las ou não.

E no Livro XVIII, cap. II, § 760, informa que:

> A maneira de viver dos fariseus não é fácil nem cheia de delícias: é simples. Eles se apegam obstinadamente ao que se convencem que devem abraçar. Honram de tal modo os velhos que não ousam nem mesmo contradizê-los. Atribuem ao destino tudo o que acontece, sem, todavia, tirar ao homem o poder de consentir. De sorte que, sendo tudo feito por ordem de Deus, depende, no entanto, da nossa vontade entregarmo-nos à virtude ou ao vício. Eles julgam que as almas são imortais, julgadas em um outro mundo e recompensadas ou castigadas segundo foram neste – virtuosas ou viciosas – e que umas são eternamente retidas prisioneiras nessa outra vida, e outras retornam a esta. Eles granjearam, por essa crença, tão grande autoridade entre o povo que este segue os seus sentimentos em tudo o que se refere ao culto de Deus e às orações solenes que lhe são feitas. Assim, cidades inteiras dão testemunhos valiosos de sua virtude, de sua maneira de viver e de seus discursos.

Vamos encerrando esta Parte IV, informando que o recém-admitido à comunidade farisaica deveria observar as prescrições sobre a pureza (Mt 15:1-2; 23:25-26; Mc 7:1-4; Lc 11:39-41) e o dízimo (Mt 23:23; Lc 11:42; 18:12). No século I, existiram várias comunidades farisaicas em Jerusalém. Os evangelhos mostram que havia muitos fariseus na Galileia, na Judeia e em Jerusalém (Mt 9:11,14; Lc 5:17). Flávio Josefo deixa a entender que existiam, no mínimo, 6 mil fariseus no tempo de Herodes, o Grande (*Antiguidades Judaicas*, Livro XVII, cap. III, § 726). Ressaltamos que os próprios fariseus traçavam uma nítida separação de casta, entre eles mesmos e a grande massa; essa oposição entre os membros das comunidades farisaicas estava, especialmente, no abandono, pelo povo, das obrigações do dízimo e da pureza. Exemplo: comércio, casamento e comensalidade (hospedagem) com o fariseu suspeito de ser impuro, eram proibidos (Mt 9:11; Mc 2:16; Lc 5:30; 15:2).

Notas

1. Desde Moisés, pelo menos, praticou-se na Antiga Israel o Dia das Expiações. Cada ano, reunia-se o povo na esplanada do Templo de Salomão. O sumo-sacerdote colocava as mãos sobre a cabeça de um cabrito, transferindo para esse animal os pecados do povo. Ato contínuo, esse bode expiatório era tocado para o deserto e precipitado por um barranco abaixo, onde obviamente morria. Sendo assim, morriam todos os pecados da Antiga Israel. Um mensageiro do Templo de Jerusalém voltava, agitando uma bandeira branca e exclamava: "Deus extinguiu os pecados de seu povo. Aleluia! Aleluia!" Com efeito, havia grande alegria: todos estava como que *limpos* de seus pecados, quites com a justiça divina. Desde a destruição do Templo, no ano 70, e a dispersão dos judeus pelas províncias do Império Romano, terminou também a cerimônia do Dia das Expiações.

    O Estado de Israel, criado em 1948, conforme já relatamos na nota explicativa n.º 9 da Parte I, não voltou a praticar esse simbolismo. A teologia, porém, trazendo a ideia de que Deus possa ser ofendido por suas criaturas e incapazes de saldar suas dívidas, continua pregando que um único homem sem pecado (Jesus) pagou com sua morte (com sangue) os pecados da Humanidade. *Santa* ignorância: I) Porque ninguém paga uma dívida que não é sua; não existe procuração para erro, pois, logicamente, seria um círculo vicioso. Ora, o Crucificado ensinou isso quando curou o cego de nascença, pedindo a ele que se lavasse no tanque de Siloé, na própria Jerusalém (Jo 9:1-41). A despeito disso, já havia tal ensinamento no Velho Testamento (Ez 18:20). II) Porque o pai da Escolástica, Tomás de Aquino, canonizado pela Igreja, parece que, mesmo sendo chamado *santo*, esqueceu as passagens sacras supracitadas. Basta ler um de seus poemas – *Adoro te devote* –, composto especialmente para a solenidade de Corpus Christi – que diz bastar uma única gota do sangue de Jesus para "salvar todo o mundo e apagar todo pecado".

2. O chefe dos sacerdotes da seção hebdomadária colocava os impuros na Porta Nicanor, localizada no lado oriental do Templo de Jerusalém. Os "impuros" que ele colocava designavam, de modo mais preciso, os leprosos, parturientes e mulheres suspeitas de adultério. Era um sacerdote que devia fazer a cerimônia de purificação dos leprosos (Lv 14:11), das mulheres que deram à luz (Lv 12:6) e das mulheres suspeitas de adultério (Nm 5:16).

3. Abordaremos sobre os essênios, com mais vagar, na Parte VI deste livro.

PARTE V

Respingos valiosos

O Cristo Jesus

Se o nome suave *Jesus*, ao invés do vigoroso cognome Cristo, tivesse servido de base para designar os adeptos do Crucificado, seríamos hoje chamados de *jesuítas*. O fato de serem os amigos do Nazareno apelidados *cristãos*, prova que, já naquele tempo, estava mais em voga o nome *Cristo* do que *Jesus*. Aliás, este nome é forma grega do nome hebraico: Yehoshua ou Yeshua, que, no português, pronunciamos: Josué.

Mas por que Lucas cunhou o termo *cristão* para os seguidores de Jesus (At 11:26), e não o vocábulo *jesuíta*? Levantamos a seguinte hipótese: além de ser gentio (nascido em Antioquia) e grande conhecedor da língua grega, o terceiro evangelista fora influenciado, após quase 30 anos de convivência, por seu amigo e mestre Paulo de Tarso. O ex-rabino tinha conhecimento do Cristo, que existia muito antes da sua encarnação em Jesus de Nazaré, pois disse que esse Cristo "é imagem do Deus invisível, o primogênito de toda a criação; porque nele foram criadas todas as coisas que há nos céus e na terra, visíveis e invisíveis, sejam tronos, sejam dominações, sejam principados, sejam potestades. Tudo foi criado por ele e para ele. E ele é antes de todas as coisas [do Universo], e todas as coisas [o Universo] subsistem por ele" (Cl 1:15-17).

O Cristo "sendo em forma de Deus, não teve por usurpação ser igual a Deus, mas esvaziou-se a si mesmo, tomando a forma de servo, fazendo-se semelhante aos homens; e, achado na forma de homem, humilhou-se a si mesmo, sendo obediente até a morte, e morte de cruz. Por isso, também Deus o exaltou soberanamente, e lhe deu um nome que é sobre todo o nome" (Fp 2:6-8). O discípulo de Gamaliel (At 22:3) era sabedor de que "Cristo é o poder de Deus, sabedoria de Deus" (1 Co 1:24). Ora, "se alguém está em Cristo, é uma nova criação: passou o que era velho, eis que se fez novo" (2 Co 5:17). Essas quatro passagens das Cartas de Paulo demonstram que o apóstolo dos gentios era conhecedor da *gnose*, pois era portador de uma ciência secreta. Basta examinar a etimologia da palavra grega *Christós* – tão conhecida pelos gnósticos antigos, equivalente ao termo *Adi-Buda* dos ocultistas do Budismo e ao termo *Atman* dos Brâmanes –, para perceber que Paulo de Tarso seguiu a tradição esotérica dos escribas, já examinada na Parte IV deste livro.²

Allan Kardec, na obra *A Gênese*, cap. I, diz:

> A anteposição do artigo à palavra Cristo (do grego Cristos, ungido), empregada em sentido absoluto, é mais correta, atento que essa palavra não é o nome do Messias de Nazaré, mas uma qualidade tomada substantivamente. Dir-se-á, pois: Jesus era Cristo; era o Cristo; era o Cristo anunciado; a morte do Cristo e não de Cristo, ao passo que se diz: a morte de Jesus e não do Jesus. Em Jesus-Cristo, as duas palavras reunidas formam um só nome próprio. É pela mesma razão que se diz: o Buda; Gautama conquistou a dignidade de Buda por suas virtudes e austeridades. Diz-se: a vida do Buda, do mesmo modo que: o exército do Faraó e não de Faraó; Henrique IV era rei; o título de rei; a morte do rei e não de rei.

Como se vê, *Cristo* (em português) é *Christós* (em grego), *Brahma* (em sânscrito), *Elohim* (em hebraico) que, por sua vez, é *Logos* (em grego), *Ungido* (em grego) e *Verbo* (em latim). Deixaremos aqui registrado que por espaço de diversos anos o filósofo, cientista e teólogo Huberto Rohden (1893-1981) foi discípulo de um grande mestre espiritual oriental, e nunca ouviu de lábios cristãos maiores apoteoses ao Cristo do que da parte desse gentio. Nas aulas de filosofia e nas funções litúrgicas (cultos), esse hindu só falava no Cristo, e o volume de 101 orações por ele compostas só falam do Cristo como único caminho à comunhão com Deus. E não pode haver estranheza nos discípulos do brâmane hindu essa atitude essencialmente cristã, haja vista a palavra *Cristo* não significar indivíduo humano, fundador de uma determinada religião ou igreja; em verdade, Jesus de Nazaré, filho de Maria, é o eterno *Logos*, o espírito de Deus, o espírito eterno, absoluto, infinito, que se fez carne e habitou (e continua a habitar) em nós. Nesse sentido, o Cristo é Deus, mas não é a Divindade que Jesus designa com o nome de Pai. A palavra *Deus*, na linguagem do Crucificado, **significa uma manifestação individual da Divindade (Essência) universal**. Disse Ele: "Vós sois deuses" (Jo 10:34), relembrando o que já havia sido escrito no Velho Testamento (Sl 82:6), e não: "Vós sois a Divindade".

O Cristo, portanto, não é o ser humano, mas a mais antiga individualidade cósmica, que, antes do princípio do mundo, emanou da Divindade universal. Divino *Logos* encarnou-se em Moisés, em Isaías, em Jó, em Krishna, em Buda, em Zaratustra, em Maomé, em Gandhi, e muitos outros veículos humanos. Em

Jesus de Nazaré encontrou o Divino *Logos* a mais perfeita expressão até hoje conhecida aqui na Terra, e por isso nós cultuamos o Cristo em Jesus como o apogeu das revelações da Divindade. Exemplo: apanhe um espelho grande: ele refletirá o sol. Quebre esse espelho em milhões de pedacinhos: cada pedacinho *de per si* refletirá o sol. Já reparou nisso? Se o desenho estivesse NO espelho, e ele se partisse, cada pedacinho ficaria com uma parte minúscula de um só desenho grande. Mas com o sol não é isso que se dá: cada pedacinho do espelho refletirá o sol todinho.

Ora, conquanto não possamos dizer que o pedaço de espelho SEJA o sol, teremos que confessar que ali ESTÁ o sol, todo inteiro, com seu calor e sua luz. E quanto mais puro, perfeito e sem jaça for o espelho, melhor refletirá o sol. E as manchas que o espelho tiver, tornando defeituosa e manchada a imagem do sol, deverão ser imputadas ao espelho, e não ao sol, que continua perfeito. O reflexo dependerá da qualidade do espelho; assim, a manifestação crística nas criaturas dependerá de sua evolução e pureza, e em nada diminuirão a perfeição do Cristo.

O espírito – Princípio Inteligente do Universo (*O Livro dos Espíritos*, perg. 23) – é uma centelha divina encarnada em personalidades várias; todavia, jamais perdeu ou perderá sua individualidade. Não é errôneo afirmar que esta centelha divina é o Cristo ou Verbo encarnado em nós, em cuja personalidade está fulano ou cicrano. Contudo, em nós (individualidades imperfeitas) o Verbo não habita plenamente como em Jesus, porquanto um abismo incomensurável existe entre a individualidade do Cristo Jesus e nós. A colocação de León Denis (1846-1927), em sua obra *Cristianismo e Espiritismo*, página 79, é oportuna:

> Nele [Jesus] vemos o homem que ascendeu à eminência final da evolução, e neste sentido é que se lhe pode chamar Deus, assim conciliando os apologistas da sua divindade com os que a negam. A humanidade e a divindade do Cristo representam os extremos de sua individualidade, como o são para todo o ser humano. Ao termo de nossa evolução, cada qual se tornará um Cristo, será um com o Pai e terá alcançado a condição divina.

Ademais, o próprio Jesus se apresentou como enviado celeste que devia vir; ele próprio dá testemunho da sua missão quando, entrando em Nazaré, num dia de sábado, e sentando-se na sinagoga a ler o livro do profeta Isaías (61:1), desenrolou o volume e deu com a seguinte passagem, que, mais tarde, Lucas

(4:16) colocaria em seu Evangelho: "Repousa sobre mim o espírito do Senhor; ungiu-me para anunciar a boa-nova aos pobres; enviou-me para pregar a liberdade aos cativos, dar aos cegos a luz dos olhos, levar aos oprimidos a liberdade; para apregoar o ano salutar do Senhor." Ato contínuo, enrolou o volume, entregou-o ao ministro e sentou-se. Todos da sinagoga tinham os olhos fitos nele. E começou por dizer-lhes: "Hoje se cumpriu a passagem da escritura que acabais de ouvir" (Lc 4:21).

Acrescentamos que a combinação *Christós Kyrios* (*Cristo, Senhor*), sem artigo, ocorre uma única vez nos Quatro Evangelhos (Lc 2:11); outras traduções possíveis são "Cristo, o Senhor" e "o Senhor ungido". O que se encontra em Lucas (2:26) são os dois substantivos que estão na relação de uma construção que deveria ser traduzida: "Ungido ou Messias do Senhor" (do grego: *Christós Kyriou*). "Tu és o Messias, o Cristo, o Filho do Deus vivo" (Mt 16:16).

O Quinto Evangelho de Tomé, encontrado no Egito (em 1945), e considerado apócrifo pela Igreja Católica, não diz respeito a uma biografia de Jesus; traz apenas 114 aforismos do Crucificado, que, por sua vez, giram em torno da ideia central – o Reino de Deus que se encontra na criatura humana. Assim está escrito nos aforismos 13 e 13a:

> Disse Jesus a seus discípulos: "Comparai-me e dizei-me com quem me pareço eu."
> Respondeu Simão Pedro: "Tu és semelhante a um anjo justo."
> Disse Mateus: "Tu és semelhante a um homem sábio e compreensivo."
> Respondeu Tomé: "Mestre, minha boca é incapaz de dizer a quem tu és semelhante."
> Replicou-lhe Jesus: "Eu não sou teu Mestre, porque tu bebeste da fonte borbulhante que te ofereci e nela te inebriaste."
> Então, Jesus levou Tomé à parte e afastou-se com ele; e falou com ele três palavras. E, quando Tomé voltou a ter com seus companheiros, esses lhe perguntaram: "que foi que Jesus te disse?"
> Tomé lhes respondeu: "Se eu vos dissesse uma só das palavras que ele me disse, vós havíeis de apedrejar-me, e das pedras romperia fogo para vos incendiar."

Assaz profundas são estas palavras de Tomé, quando questionado por Simão Pedro e por Mateus. Note-se que ele preferiu o silêncio. Por que agiu assim? Por que preferiu calar-se, não dando sua opinião sobre o Cristo e não revelando aos outros discípulos o que o Crucificado lhe disse quando o levou para um colóquio a sós? Ora, as coisas muito sagradas da vida não são expostas aos olhos do público. Ademais, o "Eu não sou teu Mestre" significa que Tomé já tinha ultrapassado a visão do Jesus humano e entrado na percepção (via intuição) do Cristo divino. O mais interessante é que Jesus revelou a ele, com apenas três palavras transcendentais, a plenitude do Cristo Cósmico. E Tomé, ato contínuo, não quis revelá-las a seus amigos de caminhada. Do contrário, seria Tomé considerado néscio, blasfemador, de cujas pedras que lhes alvejariam teria saído fogo em testemunho da verdade? Quem sabe... Uma coisa é certa, e nos serve de alerta: os incrédulos lançam sobre os que se esforçam para evoluir o veneno do seu despeito, por sentirem que são ainda incapazes de realizar as renúncias necessárias a quem deseja trocar o engano pela Realidade.

Vós, que buscais a verdade, saibais que ela é uma terra sem caminho; o indivíduo não pode atingi-la por intermédio de nenhuma organização, de nenhum credo, pois tem de encontrá-la através do espelho do relacionamento, através da compreensão dos conteúdos da sua própria mente, através da observação de si mesmo. É impossível identificar o Cristo com alguma instituição religiosa; qualquer tentativa é necessariamente uma deturpação e uma falência. Toda organização humana é produto do *ego*. Ora, o Reino dos Céus não vem com observâncias exteriores, nem se pode dizer: "ei-lo aqui ou acolá!", porque está dentro de cada um de nós. É interessante notar que existem no Brasil três tipos principais de Cristianismo cuja moral de Jesus é ensinada: católico, protestante e espírita. Com todo o respeito que cabe às duas primeiras, não se pode pensar que o Crucificado tenha feito consistir Sua grandiosa *boa nova*, em comunhão e missa ou em ler a Bíblia de capa a capa e crer no Seu sangue redentor.

Aos espíritas, vai um recado: não pensais que a mensagem cósmica do Evangelho de Jesus esteja vinculada à caridade (material) e à crença em sucessivas reencarnações. A caridade material – bem diferente da caridade moral, muito bem explicada em *O Evangelho Segundo o Espiritismo*, capítulo XIII, item 9, pelo Espírito Jeanne Marie Rendu (1785-1856) – é muito mais praticada (quantitativamente e proporcionalmente) pelos evangélicos e pelos católicos do que pelos espíritas. Portanto, se a liberdade espiritual estivesse vinculada aos benefícios materiais àqueles mais necessitados, as fronteiras estariam cheias de espíritas sem passaportes. Quanto à reencarnação, é sabido que essa lei divina não é apanágio do Espiritismo, e desde a velha Índia, no *Bagavad-Ghita*, já era difundida. No Egito, basta ler o *Livro dos Mortos do Antigo Egito*. Já pensou se acreditar na pluralidade das existências fosse libertar espiritualmente indivíduos? Ah! Muitos já teriam alçado voo aos paramos celestes.

Na Grécia antiga, o filósofo Pitágoras (570-495 a.C.) admitia a pluralidade das existências reputada como via única para explicar as diversidades morais, intelectuais, espirituais, explicando-a como meio para se chegar à perfeição – suprema finalidade do ser eterno. Os neoplatônicos Tertuliano (150-222), na sua obra *Apologética*, Orígenes (185-254), na sua obra *Tratado sobre os Princípios*, Plotino (205-270), em seu *Tratado das Enéadas*, escrito por seu discípulo Porfírio (232-304), consideravam a reencarnação como sendo o único meio capaz de elucidar os problemas e enigmas com que se defrontavam no exame da filosofia e na interpretação das necessidades humanas. **Mas nenhum deles conclamou a crença na reencarnação como sendo salvo-conduto à redenção psíquica**, pois as alvíssaras do Cristo é uma experiência estritamente individual, que, quando organizada socialmente, deixa de existir.

O nosso mundo conturbado não pode ser sanado por nenhuma instituição, religiosa ou civil; somente a experiência mística individual de muitos pode beneficiar, realmente, a Humanidade. Iríamos exarar, na Parte VII deste livro, uma crítica construtiva (portanto honesta) ao movimento espírita (institucionalizado e organizado), sem que houvesse qualquer hostilidade de nossa parte; mas nestas páginas não cabem tais censuras, embora verdadeiras: I) porque não sintonizaria com o objeto desta obra; II) porque fomos informados, pelos bons Espíritos, devido a nossa teimosia em persistir, para não fazê-las. Obedientes e resignados, assim fizemos.

Não penseis, todavia, que condenamos as instituições eclesiásticas ou religiosas que aparecem com o nome de Cristianismo. Bem sabemos que aproximadamente um bilhão de pessoas necessitam de uma religião padronizada, que eles possam encapar como *norma moral* – isto é, como espécie de *corpo*, mas não como *alma* do Cristianismo, que é o próprio Evangelho do Cristo Jesus. Por não saberem se conduzir, precisam ser conduzidos por organizações religiosas; infelizmente, *creem que podem crer*. A despeito dessa verdade, nosso despretensioso livro traz o caráter da universalidade dos sentimentos fraternos, pois julgamos mais provável obter-se uma vibração, por mínima que seja, desses sentimentos, numa coletividade heterogênea, do que num conjunto de seres onde imperem quaisquer sentimentos exclusivistas. Os títulos mais não são que o daninho verme que vem perversamente despertar vaidades já adormecidas.

E o termo *perversidade* é o mais correto, porque vem reavivar na alma do aflito aquilo que ocasionou a sua própria infelicidade. Ó, quanta ilusão buscar as glórias fugazes deste mundo! Quanta tolice se extasiar diante dos fogos fátuos!

Pois bem. Jesus foi o MAIOR de todos os *Christós* baixado no planeta Terra. "Nele [no Cristo] estava a vida, e a vida era a luz dos homens. Ali estava a luz verdadeira, que ilumina a todo o homem que vem ao mundo" (Jo 1:4,9). É uma mensagem tipicamente não temporal e não espacial, pois fala do Cristo interno na criatura humana. Sobre o autoconhecimento ser atemporal e inespacial – ou seja, a busca do Cristo interno não depender do espaço e do tempo –, é assunto examinado, com vagar, no livro *O Humano Ser* (Editora AGE, 2021), de nossa autoria. E o que dizer sobre a parábola da videira? Vejamo-la:

> Todo ramo, em mim, não dando fruto, ele o tira; e todo o que produz fruto, será purificado para que produza fruto ainda mais abundante. (Jo 15:2.)

Com essas palavras, o Crucificado fala da presença real do Cristo divino em todas criaturas humanas, ao passo que a atuação subjetiva desse Cristo interno depende da consciência de cada indivíduo. Lendo a passagem evangélica por inteira (Jo 15:1-17), vê-se que a mesma seiva divina que circula no tronco da videira também circunda nos ramos dela. O espírito divino, que é o Cristo em Jesus, é o mesmo que existe em todos os seres humanos. Em outras palavras: Deus – ou seja, manifestação individual da Divindade universal – é uma realidade em todos os indivíduos; a consciência e atuação do espírito divino, porém, varia de pessoa a pessoa, porquanto o despertamento e a vivência de acordo com o Cristo interno marcam o roteiro da evolução de cada ser.

Os escolhidos

Iremos, desde já, tecer pequenos comentários sobre a vida dos que fizeram parte do *Colégio Apostólico*, iniciado com doze candidatos ou, melhor dizendo: doze escolhidos. Vamos trazer alguns dados que, nesta obra, julgamos serem importantes ao leitor estudioso do Evangelho, como também sequioso no conhecimento de si mesmo.

Os discípulos de Jesus quase pertenciam às mesmas famílias. Nascidos e crescidos ali, às margens do lago de Genesaré, conheciam-se. Eram eles: João, Tiago (Maior), Simão Pedro, André, Filipe, Bartolomeu (Natanael), Tomé, Simão (o Zelote), Mateus Levi, Tiago (Menor), Tadeu e Judas Iscariotes. Só não eram analfabetos Mateus, Judas e Tiago (Menor). Reconhecemos, porém, que Pedro, João e Bartolomeu adquiririam, mais tarde, o conhecimento das letras. Jesus escolheu homens rudes e ignorantes; não, entretanto, Espíritos ignorantes e rudes.

Todos eles deram testemunho da Verdade, depois da crucificação, salvo Judas Iscariotes, que, como sabemos, suicidou-se.[3] Eles estavam prontos para suas missões, e pagaram com a vida material o testemunho que deram.

Tiago (Maior) nasceu em Betsaida. Era irmão consanguíneo de João, e os dois foram apelidados, por Jesus, de *Boanerges*, que significa *filhos do trovão* (Mc 3:17). Seus pais se chamavam Zebedeu e Salomé. Ele subiu com Jesus ao Monte Tabor (Mt 17:1-13; Lc 9:28-36), participou da cura da Filha de Jairo (Mc 5:21-43; Lc 8:42) e estava presente na cura da Sogra de Pedro (Mt 8:1-4; Mc 1:40-42; Lc 4:38-39).

Foi o primeiro mártir entre os apóstolos. Lucas informa que Tiago (Maior) desencarnou sob o golpe de uma espada (At 12:1-2). Clemente de Alexandria (150-215), escritor e grande defensor da filosofia cristã, traz uma explicação, por demais minuciosa, sobre o martírio de Tiago (Maior), "em grande espetáculo público" (*Paulo e Estêvão*, cap. IV), que julgamos digno de mencionar:

> O homem que levou Tiago à corte, vendo-o prestar seu testemunho de fé e comovido com o fato, confessou-se cristão. Ambos, portanto, afirma ele, foram levados

à morte. No caminho, o homem rogou que Tiago o perdoasse. Este, ponderando um pouco, respondeu: "Paz seja contigo" e o beijou; e ambos foram decapitados ao mesmo tempo. (*História Eclesiástica*, Livro II, cap. IX.)

No livro *Vivendo com Jesus*, no capítulo XX, o Espírito Amélia Rodrigues diz que Tiago (Maior), depois de ir às distantes terras espanholas:

> Retornou com seu verbo inflamado de júbilo, provocando a ira de Herodes Agripa I, neto de Herodes, o Grande, no ano 44 d.C., que o mandou decapitar para servir de exemplo aos demais...

Bartolomeu, filho de Ptolomeu, provinha de Caná, embora morasse em Dalmanuta. Os três evangelistas – Mateus, Marcos e Lucas – identificam-no com aquele nome; no Evangelho de João (1:45), porém, Bartolomeu é chamado de Natanael. Ele era o companheiro de Simão Pedro nas porfiadas horas de pescaria, no famoso Mar da Galileia. Segundo o Espírito Amélia Rodrigues, através de uma mensagem trazida no dia 21 de dezembro de 2014, pelo médium Divaldo Franco, na Mansão do Caminho, "Bartolomeu era talvez o discípulo mais discreto e algo experiente". Era afeito à filosofia grega, que, por sua vez, procurava achar nela uma correlação com a lei judaica. Em suas noites de insônia, sempre achava nos olhos de Jesus a força e a serenidade necessárias para compreender como proceder diante dos outros, em se falando de entendimento universal, pois cria em transformações imediatas, não se atendo, talvez, que a Humanidade ainda não estava pronta para aquelas alvíssaras inefáveis de seu Mestre.

O Espírito Humberto de Campos, na obra *Boa Nova*, capítulo VIII, tece comentários sobre a personalidade do discípulo insone:

> O apóstolo Bartolomeu foi um dos mais dedicados discípulos do Cristo, desde os primeiros tempos de suas pregações, junto ao Tiberíades. Todas as suas possibilidades eram empregadas em acompanhar o Mestre, na sua tarefa divina. Entretanto, Bartolomeu era triste e, vezes inúmeras, o Senhor o surpreendia em meditações profundas e dolorosas.

Natanael propalou a Boa Nova de Jesus na Índia, traduzindo o Evangelho de Mateus na linguagem daquele país. Desencarnou na cruz, de cabeça para baixo, após ser esfolado vivo. No teto da Capela Sistina, localizada no Vaticano, vê-se a pintura de Bartolomeu feita por Michelangelo (1475-1564). O discípulo é pintado esplendorosamente segurando a própria pele na mão esquerda e na mão direita o instrumento de seu suplício, uma adaga. A tradição reza que Natanael desencarnou no ano 51.

Filipe nasceu em Betsaida (Jo 1:44; 12:21). Segundo narrativa do evangelista João (1:43-50), foi ele quem apresentou Natanael (Bartolomeu) a Jesus. Filipe Levou o Evangelho para a Frígia – nome dado à região centro-oeste da Ásia Menor (na atual Turquia). Foi martirizado em Hierápolis, cidade da Frígia. O escritor protestante inglês John Foxe (1516-1587), em *O Livro dos Mártires*, informa que Filipe desencarnou no ano 54, embora a tradição eclesiástica diga que foi em 80.

O Espírito Amélia Rodrigues, porém, narra ter sido mais tarde o desencarne de Natanael e de Filipe. Vejamos o livro *Vivendo com Jesus*, capítulo XIX, psicografia de Divaldo Pereira Franco:

> No ano 90 d.C., em razão dos feitos extraordinários foi [Bartolomeu] crucificado com Filipe, sobrevivendo à perseguição inclemente, vindo, mais tarde, a ser novamente crucificado, em Albanópolis [na Armênia], e porque demorasse a morrer, foi esfolado vivo e depois escalpelado, dando a mais extraordinária demonstração de fé e de coragem, porque pregando sempre a Doutrina do Amor e do Perdão.

O historiador Hegésipo (110-180) diz que Tiago (Menor), o Justo, foi arrojado do pináculo do Templo e apedrejado até a morte (*História Eclesiástica*, Livro II, cap. XXIII). Hegésipo foi um cronista pertencente à geração seguinte à dos apóstolos, e que fornece o relato mais exato acerca da morte de Tiago (Menor). Salientamos que as obras de Hegésipo (*Memórias*) se perderam todas, com exceção de oito passagens sobre a história da Igreja que Eusébio de Cesareia (265-339) coletou, e se encontram em seu livro, citado acima, *História Eclesiástica*.

Tudo leva a crer que o personagem narrado por Eusébio de Cesareia é Judas Tadeu. O relato, digno de menção, informa que Agbaro (?-50), príncipe de Edessa, era portador de uma doença tanto temível como incurável pelos meios humanos. Depois de ter ouvido o nome de Jesus ser mencionado com frequência, e seus milagres serem atestados unanimemente por todos, enviou uma mensagem suplicante a Ele, através de um mensageiro (de nome Ananias). Tal carta existe e é apresentada na narrativa de Eusébio. Jesus respondeu ao rei da seguinte maneira: "Bendito sejas, ó Agbaro que, sem ver, creste em mim. Pois escreve-se a meu respeito que os que me viram não crerão, os que não me viram, podem crer e viver. Mas com respeito ao que me escreveste, que eu fosse ver-te, é necessário que eu cumpra todas as coisas aqui, para assim ser recebido por Aquele que me enviou. E depois que for recebido no alto, enviarei a ti um de meus discípulos para que ele possa curar-te de tua aflição e dar vida a ti e aos que estão contigo" (*História Eclesiástica*, Livro I, cap. XIII).

Foi então que Agbaro escreveu uma carta particular, rogando que um dos discípulos de Jesus viesse curá-lo. Após a ressurreição do Crucificado, Tomé (um dos doze apóstolos) enviou Judas Tadeu à Edessa, no intuito de curar o desafortunado príncipe. A promessa de Jesus havia se cumprido. E assim se fez: o apóstolo colocou sua mão sobre Agbaro, e, nessa ação magnética, o monarca foi imediatamente curado da doença e dos sofrimentos que o afligiam.

O Espírito Amélia Rodrigues, na obra *Luz do Mundo*, capítulo IV, diz que Judas Tadeu, "esparzindo aquele pólen de amor, doou a vida na Armênia, sob flechadas cruéis".

Pouco se sabe sobre o apóstolo Simão (o Zelote). Vamos nos apoiar, portanto, nas raras notícias trazidas pelos Espíritos. Pois bem, segundo narrativa do Espírito Humberto de Campos, no livro *Boa Nova*, capítulo IX, Simão era "algo mais velho que os companheiros, suas energias, a seu ver, já não se coadunavam com os serviços do Evangelho do Reino". O Espírito Amélia Rodrigues, na obra *Luz do Mundo*, capítulo IV, diz que Simão, "amando, deixou-se crucificar na Pérsia em singulares traves".

Mateus, também chamado Levi, era escrevente dos cobradores de impostos que Roma obrigava o povo judeu a pagar. Não deixava de ser um Publicano – ou seja, um *agente do tesouro público*. Residia em Cafarnaum, perto da alfândega da cidade (seu local de trabalho). Foi convocado por Jesus ao apostolado, no mesmo dia em que ocorreu a cura do paralítico (Mc 2:12-14). Mateus pregou o evangelho nas terras da Etiópia (África) – país este em que o evangelista sofreu o martírio, sendo transpassado por uma lança.

André era natural de Betsaida (Jo 1:44) e foi discípulo de João, o Batista. Eusébio de Cesareia diz que ele pregou na cidade de Sítia – situada no extremo oriente da Ilha de Creta (*História Eclesiástica*, Livro III, cap. I). Segundo Jerônimo (347-420), André, em 80, também predicou na Trácia, na Macedônia e na Tessália. Mas foi na cidade de Sebastópolis (localizada na atual Geórgia), então habitada por etíopes, que o discípulo, já idoso, foi preso (*O Livro dos Mártires*, cap. I). O Espírito Amélia Rodrigues, no livro *Vivendo com Jesus*, capítulo XXX, diz que André foi, em Sebastópolis:

> Mandado crucificar pelo sádico Egeias [Procônsul Romano], que governava os edessenos [relacionado à cidade de Edessa, ao norte da Mesopotâmia], posteriormente sendo sepultado com a ternura dos seus discípulos em Patras, a célebre cidade da Acaia [região da costa norte do Peloponeso].

E na hora do martírio, vendo ao longe a cruz já preparada, sua voz não hesitou, seu corpo não desfaleceu, sua mente não se perturbou e o entendimento não lhe faltou, para dizer de forma estoica, conforme se lê em *O Livro dos Mártires*, capítulo I:

> Ó cruz, extremamente bem-vinda e tão longamente esperada! De boa vontade, cheio de alegria e desejo, eu venho a ti, discípulo que sou daquele que de ti pendeu: pois sempre fui teu amante e sempre desejei abraçar-te.

Simão Pedro (*cephas*), também nascido em Betsaida (Jo 1:44), era irmão consanguíneo de André. Durante os três anos do messianato de Jesus residiu em Cafarnaum com sua esposa e filhos, seu irmão de sangue e também sua sogra (Mt 8:14-15). Simão Pedro foi preso, pela primeira vez, em Jerusalém, juntamente com os discípulos Filipe e João, quando o jovem perseguidor Saulo de Tarso (5-65) os levou algemados para serem julgados no sinédrio. Esse fato se deu no ano 35. Em poucos dias, os três foram liberados.

Entretanto, no ano 44, depois de ter solicitado pessoalmente o cadáver de Tiago (Maior) para dar-lhe sepultura, Simão Pedro foi novamente preso, agora pelos sequazes de Herodes Agripa I. Dias depois foi libertado pelo *anjo do Senhor* (At 12:3-11), e, da capital judaica, mudou-se para a cidade portuária chamada Jope, localizada a 65 quilômetros a noroeste de Jerusalém.

No ano 63, depois de ter pregado as alvíssaras de Jesus no Ponto (região situada a nordeste da Turquia), na Galácia (região central da Turquia), na Capadócia, na Bitínia (região situada a noroeste da Turquia) e na Ásia, encontrava-se deveras desiludido com a receptividade da Boa Nova de Jesus por aquelas bandas. Resultado? De Éfeso, com sua família e o futuro evangelista João, Pedro vai para Corinto e, de lá, escreve uma carta a Paulo de Tarso informando que gostaria de ir para Roma. Dali a dez dias foi muito bem recebido, no porto de Óstia, pelo apóstolo dos gentios, que, antes de viajar para a Espanha, deixa o *apascentador do rebanho* de Jesus (Jo 21:15-18) bem acolhido com seus familiares e João Boanerges, em uma casa perto dos cemitérios romanos.

Sem perder tempo, começa suas pregações na Cidade das Sete Colinas. O principal local de suas palestras era o Ostriano – cemitério mais antigo da cidade. No dia 16 de julho de 64, Roma é queimada a mando do próprio Imperador Romano Nero (37-68), depois de planejar esse nefasto atentado à Cidade Eterna, porque pretendia reconstruí-la e fazer do seu império o mais famoso da história. Em verdade, o filho de Agripina, a jovem (16-59), era um homem cuja natureza petulante, covarde, vil, cruel, feroz e libertina fez dele um caso a ser estudado na psicopatia humana. Nero colocou a responsabilidade do atentado aos seguidores do Crucificado.

Desde aquele dia, foram três anos de intensa perseguição aos cristãos, e as prisões se encontravam lotadas, aguardando a reinauguração do Circo de Nero (com capacidade para 150 mil pessoas), pois havia sido queimado sem querer. Em uma noite do ano 67, depois de transpor as fronteiras do Ostriano, com outros irmãos em Cristo, Simão Pedro viu luzir os capacetes romanos. Sem reação alguma, permitiu-se ser cingido, e ficou meses recluso em lôbrego calabouço até que, naquele mesmo ano, nas festividades de reinauguração daquele dantesco circo, o mais velho dos discípulos de Jesus foi crucificado, de cabeça para baixo, a seu próprio pedido, porque não se sentia honrado de ser pendurado na cruz como Aquele singular homem que seguira – Jesus.

Após o estado de perturbação, *post mortem*, que todos nós passamos depois do desencarne, período esse maior para alguns e menor para outros (*O Livro dos Espíritos*, perg. 164), Simão Pedro desperta nas regiões siderais. O Espírito Victor Hugo, no livro *Dor Suprema*, Livro III, capítulo I, diz que Pedro:

> Depois de alguns meses de reclusão em lôbrego calabouço – tempo esse que lhe pareceu secular, tanto havia chorado e padecido – foi lento e eivado de penosas reminiscências daquela dolorosa existência que findara com cruéis suplícios... O afluxo de sangue, no cérebro principalmente, o desequilíbrio cardíaco, pela inversão dos vasos arteriais – tortura essa que não pode ser descrita em linguagem terrena, imperfeita e falha para o relato de tão grande tormento – ainda o flagelava no Espaço. Desligado o Espírito dos liames fluídicos, que o retinham encarcerado

na matéria, começou a flutuar no ambiente, sem consciência de seu estado, qual um aeróstato, cujo atilho fosse cortado, ascendendo logo ao Infinito, impelido sem imperar a sua vontade, sugado por uma força absorvente. Não podia perceber o que com ele se passava: *sentia* apenas, sem poder, contudo, traduzir essa impressão psíquica, que alguma Entidade protetora o conduzia, suavemente, através do Espaço incomensurável... Finalmente, sem precisar o tempo decorrido, percebeu achar-se rodeado de amigos, num local sereno, em um dos mundos felizes do universo, destinado ao repouso dos Espíritos redimidos.

Tomé, chamado o *Dídimo* (tradução grega de o *Gêmeo*), era descendente de um pescador de Dalmanuta – cidade que se situava provavelmente na margem ocidental do Mar da Galileia, a qual Jesus se dirigiu após ter multiplicado os pães (Mc 8:10-13), e que ao chegar lá, diz: "Por que pede essa gente um sinal? Em verdade vos digo: sinal algum lhe será concedido." Há poucos anos os arqueólogos acreditam ter achado sua localização.

O Espírito Humberto de Campos, no livro *Boa Nova*, capítulo XVI, traça um breve perfil da personalidade de Tomé, ao dizer que:

> De todos os discípulos, era Tomé o que mais se preocupava com a dilatação, que lhe parecia necessária, da zona de influenciação do Senhor junto dos homens considerados mais importantes e mais ricos. Não raro, insistia com Jesus para que atendesse às exigências dos fariseus bem aquinhoados de autoridade e de riqueza.

Na primeira aparição de Jesus, ressuscitado, Tomé não estava presente (Jo 20:24). Uma semana depois, porém, ele estava em uma casa nas cercanias do Calvário juntamente com os outros amigos de apostolado. Jesus adentra-a, embora as portas estivessem trancadas, e deseja paz a todos. Assentou-se com seus discípulos. Tomé intencionava apalpar as chagas do seu Mestre, e assim foi feito. O Crucificado lhe disse (Jo 20:27): "Põe aqui o teu dedo, e vê as minhas mãos; e chega a tua mão, e põe-na no meu lado; e não sejas incrédulo, mas crente". Tomé, sem mais dúvidas, ao ver o Senhor corporificado entre eles, caiu de joelhos, e, tocando-lhe as sandálias e as vestes luminosas, vertia um sereno pranto.

E sabe o que mais impressiona nas aparições de Jesus depois de ressuscitado? É que Ele reaparecia repetindo que não era um fantasma, "não era um Espírito" (Lc 24:39) sem corpo, e sim Ele mesmo, tal qual fora antes da morte.

Mas isso é um outro assunto. Tomé desencarnou sob o golpe de uma lança, em 72, na cidade de Madras, na Índia.

João Boanerges nasceu em Betsaida. Tornou-se, juntamente com André, discípulo de João, o Batista. O *discípulo amado* de Jesus (Jo 13:23; 19:26; 21:20) voltou aos paramos celestes, segundo Eusébio de Cesareia, durante o governo do Imperador Romano Trajano (53-117), que se iniciou a partir do ano 98 (*História Eclesiástica*, Livro III, cap. XXIII). O historiador ainda afirma que João desencarnou em Éfeso (*História Eclesiástica*, Livro III, cap. I). O Espírito Amélia Rodrigues, em seu livro *Quando Voltar a Primavera*, na página 20, diz que João Boanerges desencarnou no ano 104, em idade muito avançada, embora lúcido. Carlos Torres Pastorino, em seu livro *Sabedoria do Evangelho I*, também confirma o desencarne do quarto evangelista no ano 104. Ademais, o próprio texto do quarto evangelista (Jo 21:21-23) deixa implícito que ele viveria bastante, seja primeiramente como intermediário de Jesus no Apocalipse (1:1-2) e, depois, como escriba das alvíssaras do Crucificado.

Judas Iscariotes, filho de Simão Iscariotes, nasceu em Keriot – pequena cidade do extremo sul de Judá. Era comerciante de pequeno negócio em Cafarnaum e, mais tarde, tornou-se tesoureiro dos Doze escolhidos por Jesus. Tirando Judas, que era judeu, todos os outros eram galileus.[4]

Irmãos de Jesus?

Lê-se em alguns trechos dos Evangelhos que Tiago (Menor), José, Simão (o Zelote), Judas (Tadeu) são chamados *irmãos de Jesus*. Já nos Atos dos Apóstolos, apenas Tiago (Menor) é lembrado como tal. Vejamos tais passagens:

> Não é este o filho do carpinteiro? E não se chama sua mãe Maria, e seus irmãos Tiago, e José, e Simão, e Judas? (Mt 13:55.)

> Não é este o carpinteiro, filho de Maria, e irmão de Tiago, e de José, e de Judas e de Simão? (Mc 6:3.)

> Eles, os verdadeiros cristãos, tinham vindo de Jerusalém, da parte de Tiago, irmão do Senhor, a fim de substituir o Evangelho mutilado e falso de Paulo pelo verdadeiro e completo Evangelho do Cristo e dos arquiapóstolos. (At 1:19.)

Entre os hebreus, a palavra *irmão* era para designar todos os primos ou parentes da época. Não obstante, autoridades teológicas afirmam que o costume de se chamarem irmãos aos primos não se verificou somente entre os hebreus, mas também entre os gregos e os romanos. Essas primas, chamadas *irmãs de Jesus*, eram sobrinhas de José, como observou Santo Agostinho em *La Santa Bíblia – Nuevo Testamento*, Tomo Undécimo, páginas 60 e 61.

Tomaremos como exemplo a narração de Moisés (Gn 13:8), em que vemos que Haran era o pai de Ló e irmão de Abraão, sendo, pois, Abraão tio de Ló. Contudo, porque os parentes em geral entre eles eram chamados irmãos, Abraão diz a Ló:

> E disse Abrão a Ló: Ora, não haja contenda entre mim e ti, e entre os meus pastores e os teus pastores, porque somos irmãos.

O Livro de Tobias – inserido entre os Deuterocanônicos cujo sentido é de escritos posteriores e trazem dúvidas para os protestantes, considerando-o apócrifo, pois Martinho Lutero (1483-1546) retirou-o do Velho Testamento antes do Concílio de Trento (1545) –, no capítulo VIII, versículo 9, ele chama sua noiva e parenta muito afastada, pelo nome de *irmã*. Vejamos:

> E agora, Senhor, tu sabes que não é para satisfazer o meu apetite que eu tomo a minha *irmã* por mulher, mas só por amor dos filhos, pelos quais o teu nome seja bendito pelo século dos séculos.

Ao leitor, porém, que desejar apreciar mais algumas passagens nas Escrituras Sagradas (Bíblia), que demonstram a palavra *irmão* muitas vezes ser usada em sentido lato, ao invés de *primo-irmão*, convidamos a uma simples olhadela em Gênesis (29:15; 32:4-6), Levítico (10:4), Deuteronômio (15:12) e Carta aos Romanos (9:3).

Pois bem. Dois dos quatro chamados *irmãos de Jesus* – Tiago (Menor) e José – eram filhos de Maria (Mt 27:56). Mas quem seria essa Maria? João (19:25) fala de uma *tal Maria* como sendo a esposa de Cleofas. Perguntar-se-ia: mas quem é Cleofas? O historiador Hegésipo diz ser ele irmão de José, pai de Jesus. A referida Maria, portanto, seria esposa de Cleofas e mãe dos chamados *irmãos de Jesus*.

Acrescentamos que Cleofas, marido de Maria, é o mesmo Alfeu narrado por Lucas (6:15). Outra pergunta surge: mas seria o mesmo Alfeu que Marcos (10:3) diz ser pai de Levi Mateus, o evangelista? O Espírito Emmanuel, na obra *Paulo e Estêvão*, capítulo III, pela mediunidade de Francisco Cândido Xavier, diz que sim. Vejamos suas duas citações:

> Acompanhado de Tiago [Menor], irmão de Levi, Simão apareceu e recebeu o visitante com efusivas demonstrações de carinho.
> (...) Recolhendo-se ali, com a família, era auxiliado particularmente por Tiago [Menor], filho de Alfeu, e por João.

O Espírito Humberto de Campos, no livro *Boa Nova*, capítulo V, também através de Francisco Cândido Xavier, igualmente confirma ser Alfeu o pai de Levi Mateus e de Tiago (Menor):

> Levi, Tadeu e Tiago, filhos de Alfeu e sua esposa Cleofas, parenta de Maria, eram nazarenos e amavam a Jesus desde a infância, sendo muitas vezes chamados "os irmãos do Senhor", à vista de suas profundas afinidades afetivas.

O Espírito Amélia Rodrigues, em sua obra *Luz do Mundo*, capítulo IV, pelo médium Divaldo Pereira Franco, traz a informação de que Levi Mateus era filho do mesmo Alfeu, pai de Tiago (Menor):

> Tiago, o *Moço*, Judas Tadeu, seu irmão, e Mateus Levi, o ex-publicano, eram filhos de Alfeu e Maria de Cleofas, parenta de Maria, Sua mãe; nazarenos todos, eram primos afetuosos e passavam como "seus irmãos".

Perceba o leitor que na mensagem mediúnica de Amélia Rodrigues a expressão *seu irmão*, que vem depois do *Judas Tadeu*, diz respeito a um outro irmão de Jesus. Se assim não o fosse, o chamado *seu irmão* estaria em aposto – isto é, entre duas vírgulas, como ela mesma destacou ao informar que Maria de Cleofas era **parenta** de Maria. E que irmão não nominado seria esse? Simão (o Zelote) ou José? E mesmo que a referência fosse a um deles, ainda ficaria faltando um irmão. Mas o que desejamos destacar nas três supracitadas mensagens psicografadas é a revelação de ser Levi Mateus TAMBÉM filho de Maria, mulher de Cleofas ou Alfeu, ainda que pese as três comunicações mediúnicas não citarem os outros *irmãos do Senhor* – Simão (o Zelote) e José –, conforme se lê nas narrativas dos evangelistas (Mt 13:55; Mc 6:3).

Àqueles que ainda pretendam atribuir parentesco consanguíneo com Jesus, não se deve esquecer que Ele foi o primogênito (do grego: *prōtotokos*) de Maria (Lc 2:6) – isto é, não houve nenhum antes Dele e não necessariamente nasceu(eram) outro(s) depois do Crucificado. Acrescentamos que a palavra *prōtotokos* não pode ser confundida com o vocábulo *monogenēs* (*filho único*), empregado pelo terceiro evangelista na passagem da viúva de Naim (Lc 7:12), na da filha de Jairo (Lc 8:42) e na do filho obsidiado (Lc 9:38). Pois bem: aos 2 anos de idade seus pais tiveram de fugir com Ele para o Egito, a fim de furtá-lo às perseguições dos herodianos (Mt 2:13). Não se sabe ao certo quanto tempo durou o exílio e qual local em que ficou a família de Jesus, embora no Egito houvesse duas grandes e florescentes colônias israelitas – Alexandria e Heliópolis. Do Egito, seus pais só regressam depois da morte de Herodes I (Mt 2:19-23). Jesus, com no mínimo 3 anos de idade, retorna com José e Maria sem que nada dê a entender que Ele tivesse irmãos.

Aos que afirmam que os *irmãos* de Jesus eram filhos de José com sua primeira mulher, como afirmava o bispo ortodoxo Epifânio de Salamina (315-403), dizemos não ser isso possível, pois que, se José possuísse filhos do suposto primeiro matrimônio, o anjo (Espírito) que a ele se manifestou não teria dito apenas: "Levanta-te, toma contigo o menino e sua mãe e vai para o Egito", mas se referiria aos *demais filhos* de José, que no caso seriam os supostos *irmãos do Senhor*, a fim de que não ficassem desamparados da proteção paterna, sujeitos à espada de Herodes, o Grande, que os perseguiria. E se provasse que tais filhos de José já eram adultos? Ora, se isso fosse verdade, José então seria BASTANTE idoso para ter, talvez, a ilusória esperança de ainda ser pai em segundas núpcias, o que torna cada vez mais duvidosa a suposição.

Queremos também falar do episódio da Páscoa, narrado por Lucas (2:41-52), em que José e Maria, por ocasião da festa anual, levaram Jesus. Em nenhum momento se fala na presença de algum irmão seu; e é preciso ressaltar que nessas peregrinações as famílias hebreias, de classe humilde a que eles pertenciam, seguiam ao longo dos campos com os seus velhos e crianças, e nenhum dos evangelistas fala então nesses outros filhos de Maria.

E as Bodas de Caná (Jo 2:1-11)? No primeiro ano do seu messianato, no mês de março, Maria, Sua mãe, encontrava-se na cidade de Caná para tal festividade de casamento. Convidada, antecedera-O. Jesus chega com seus primeiros discípulos – Simão Pedro, André, João, Filipe e Natanael (Bartolomeu) –, e é a única vez, em toda Sua Boa Nova, que o Crucificado permite-se viver as alegrias transitórias do mundo. Pergunta-se: por que não se faz nenhuma referência aos supostos *irmãos de Jesus* na passagem em destaque? Ora, tratava-se de uma festa íntima de família! E mais: os *supostos irmãos de Jesus* não eram mais pequeninos!

Mesmo ainda supondo que Jesus tivesse irmãos consanguíneos, sendo Ele o primogênito de Maria, o mais velho deles seria pelo menos 12 anos mais moço que Jesus. Ora, o Mestre começou a sua vida pública aos 30 anos de idade, e, portanto, os chamados *irmãos* – Tiago, Simão (o Zelote), José e Judas Tadeu –, que foram seus apóstolos, só contariam então 18 anos de idade, 17 anos de idade e 15 anos de idade e 14 anos de idade, respectivamente, o que não pode ser real, pois João, que era o mais moço dos apóstolos, reza a tradição eclesiástica, contava no máximo 25 anos de idade.

E mais: se existissem os hipotéticos irmãos de Jesus, o Mestre seria o primeiro a pedir para João, ao pé da cruz, que lembrasse aos incrédulos, ingratos, *supostos filhos de Maria*, a obrigação que lhes competia, como filhos, se o fossem, de velar e amparar sua genitora. Não seria Jesus o primeiro a perguntar à Maria: "Mulher, onde estão os teus filhos, que passaram aqui na Terra como sendo meus irmãos?" E é justamente por Jesus não ter tido irmãos de sangue, que não se esqueceu de amparar Sua mãe nos braços carinhosos do seu *discípulo amado*, João Boanerges, entregando-a a ele da seguinte maneira:

> Mulher, eis aí o teu filho. Depois disse ao discípulo: Eis aí tua mãe. E desde aquela hora o discípulo a recebeu em sua casa. (Jo 19:26-27.)

Encerramos este item relembrando aquele instante em que Jesus, ressuscitado, pede às mulheres que se encontravam à porta do sepulcro para não ter medo. E faz um pedido, referindo-se aos Seus discípulos:

> Ide dizer *a meus irmãos* que vão à Galileia, e lá me verão. (Mt 28:10.)

Sim, somos todos irmãos em Cristo! Jesus, em Seu amor incondicional, considerava a todos, inclusive Seus inimigos, como verdadeiros irmãos. E hoje, passados 20 séculos, continuamos, em nossa piedosa pequenez espiritual, servos inúteis porque **somente fazemos o que devemos fazer** (Lc 17:10). O Crucificado foi nosso *irmão maior*; é-O ainda; Sê-lo-á para todo sempre.

O Jesus histórico

Mesmo diante das inexauríveis informações do Plano Espiritual sobre a estada de Jesus entre os Homens, e ainda Sua permanência na psicosfera do globo terráqueo, aguardando que se opere a transformação das criaturas e da sociedade em consonância com Seus ensinamentos, se poderia perguntar: existe alguma fonte histórica que assinalou a figura de Jesus? A resposta é positiva. Sim! Jesus existiu mesmo! É um ser historicamente identificável. Ainda que pese o esforço mitificador que tentou aprisionar a personalidade histórica de Jesus em um manancial fantasioso, os componentes básicos de Sua imagem resistem e persistem nos dois milênios passados, desde o momento em que se ouviu falar Dele, ainda que exista limitada evidência documental. Vejamos algumas dessas provas, pois certamente a cronologia de todos os povos civilizados do globo terrestre não data do nascimento de um fantasma.

Flávio Josefo, o historiador judaico, na sua obra *Antiguidade dos Judeus*, Livro XVIII, § 63-64, diz: "Nessa época viveu Jesus, um homem excepcional, porque realizava coisas prodigiosas. Conquistou muitos adeptos entre os judeus e até entre os helenos. Quando, por denúncia dos notáveis, Pilatos o condenou à cruz, os que lhe tinham dado afeição não deixaram de o amar, porque ele apareceu-lhes ao terceiro dia, de novo vivo, como os divinos profetas o haviam declarado. Nos nossos dias ainda não acabou a linhagem dos que, por causa dele, se chamam cristãos."

Outrossim, Tácito, famoso historiador romano do século II, em sua obra *Anais*, exarou as justificativas que Nero – o Imperador Romano – fez sobre o incêndio de Roma (ano 64), assim dizendo: "Nero procurou os culpados e infligiu refinados tormentos àqueles que eram detestados pelas suas abominações e a que a multidão chamava *cristãos*. Este nome vem de Cristo, que o procurador Pôncio Pilatos entregou ao suplício."[5]

Também se pode considerar um relato autêntico a carta enviada a Tibério, na época imperador romano, pelo senador Públio Lêntulo (procônsul na Galileia, e amigo particular de Pôncio Pilatos), em resposta a uma interpelação feita ao Senado, narrando a existência de um homem de grandes virtudes. *O Reformador*, revista editada pela Federação Espírita Brasileira (FEB), na edição de 01/07/1900, publicou, sob a epígrafe *A fisionomia do Cristo*, tal documento. A descrição é minuciosa, do aspecto físico e psicológico de Jesus. Esse relato também foi exarado na *Revista Internacional de Espiritismo*, e a descrição original se encontra no Vaticano.

Vejamo-la:

> Existe atualmente na Judeia um homem de uma virtude singular, a quem chamam Jesus-Cristo; os bárbaros têm-no como profeta; os seus sectários o adoram como sendo descendido dos deuses imortais. Ele ressuscita os mortos e cura os doentes, com a palavra ou com o toque; é de estatura alta e bem proporcionada; tem semblante plácido e admirável; seus cabelos são de uma cor que quase se não pode definir; caem-lhe em anéis até abaixo das orelhas e derramam-se-lhe pelos ombros com muita graça, separados no alto da cabeça, à maneira dos nazarenos. Sua fronte é lisa e larga, e suas faces são apenas marcadas de admirável rubor. Seu nariz e sua boca são formados com admirável simetria; sua barba, densa e de uma cor que corresponde à de seus cabelos, desce-lhe uma polegada abaixo do queixo e, dividindo-se pelo meio, forma mais ou menos a figura de um forcado. Seus olhos são brilhantes, claros e serenos. Ele censura com majestade, exorta com brandura; quer fale, quer ore, fá-lo com elegância e com gravidade. Nunca o viram rir; têm-no, porém, visto chorar muitas vezes. É muito sóbrio, muito modesto e muito casto. Enfim, é um homem que, por sua beleza e perfeições, excede os outros filhos dos homens.

E o que dizer do mais importante historiador da Igreja Cristã – Eusébio de Cesareia –, cuja formação teológica herdou-a de Orígenes. Como houvesse uma grande biblioteca em Cesareia, Eusébio pôs-se a pesquisar para a elaboração de sua magna obra – *História Eclesiástica*. Com afinco leu Flávio Josefo e Fílon de Alexandria (25 a.C.–†) – dois de seus autores prediletos. A *História Eclesiástica*, de Eusébio, é uma surpreendente síntese dos três séculos que se seguiram a era apostólica, pois ele busca reconstituir a história da Igreja, desde o messianato de Jesus até a realização do Concílio de Niceia, em 325. Em verdade, sua obra foi composta para justificar a oficialização do Cristianismo nominal por um imperador, Constantino Magno (272-337), cuja conversão verdadeira aos princípios crísticos jamais existiu, ainda que pese seu Edito de Milão, em 313, que pôs termo a três séculos de perseguição aos chamados *cristãos*.[6]

Malgrado, sem a *História Eclesiástica*, como reconstituir os séculos que se seguiram a era apostólica? Como saberíamos, sem ela, acerca dos martírios e testemunhos daqueles milhares que eram levados às arenas pelo único crime de não haverem negado o Crucificado? Não é uma obra doutrinária, embora Eusébio tenha procurado justificar, teológica e historicamente, as intervenções de Constantino na, então, religião oficial do Estado Romano – o Cristianismo. Enfim, o livro do teólogo de Cesareia veio cobrir uma lacuna de quase 300 anos, e podemos colher, sem hesitar, as preciosas lições advindas da história que fala sobre o maior de todos os Espíritos que nesse orbe planetário baixou – Jesus. A *História dos Hebreus*, de Flávio Josefo, e a *História Eclesiástica*, de Eusébio, são os dois maiores clássicos da historiografia judaico-cristã.

Perguntar-se-ia: e os Evangelhos de Mateus, Marcos, Lucas e João? Também não seriam provas cabais da existência de Jesus? Os Evangelhos, em verdade, são documentos essencialmente apologéticos e não biográficos. Ora, os evangelistas não são historiadores ou biógrafos; são pregadores de uma nova filosofia religiosa, que, por sua vez, buscam convencer os adeptos em potencial, sem relatos fantasiosos, até mesmo porque a temática dos Evangelhos, ainda que estes sejam imperfeitos, retocados e acomodados, gravita em torno da figura e dos ensinamentos de uma personalidade inquestionavelmente histórica. E mais: Jesus, com sua breve presença temporal, mudou para sempre o curso do contexto histórico da Humanidade, dividindo-o em duas porções cronológicas – antes Dele e depois Dele –, além de ter deixado um legado importantíssimo, que, infelizmente, até hoje não foi corretamente avaliado, compreendido e, principalmente, colocado em prática. A despeito de os Evangelhos não serem considerados fontes históricas, são eles idôneos, porque mantiveram a unidade psicológica e os propósitos messiânicos de Jesus, mesmo sendo elaborados muito depois que o Crucificado deixou, na Terra, seu rastro luminoso. Os Evangelistas tiveram que se acostar em reminiscências e informações tradicionais, em notas guardadas por eles mesmos e por outros; foram sendo instruídos, naturalmente, pela massa de pessoas curadas pelo Excelso Médico de todas as almas.

Outras fontes fidedignas (e também históricas), que evidenciam a existência de Jesus, são as Cartas ou Epístolas atribuídas a Paulo de Tarso, as quais possuem a força comunicativa das suas atividades cristãs e transmitem a fragrância

O CRUCIFICADO 143

refrescante da *Boa Nova* e do *Reino de Deus* apregoados pelo maior de todos os *rabis*. E mais: Paulo de Tarso não pregaria os ensinamentos de Jesus se duvidasse de Sua existência, a quem os apóstolos dedicavam suas vidas. Seria impossível que uns poucos homens simples conseguissem, em curto espaço de tempo, inventar uma personalidade tão poderosa e tão atraente, registrando-O em seus evangelhos como o mais incrível ser que eles viram até então.[7]

Legitimidade dos Evangelhos

A palavra *Evangelho* foi usada por Jesus em Mateus (24:14 e 26:13) e Marcos (1:15, 8:35, 10:29, 13:10, 14:9, 16:15), e mais 68 vezes no *Novo Testamento*. Tem o significado de *Boa Notícia*. Aprioristicamente, Jesus, bem sabemos, nada escreveu. Seu apóstolos e discípulos que conviveram mais de perto, sejam os 12 componentes do colégio apostolar ou os 72 da Galileia, acompanharam-no e ouviram-no pregar, continuaram, após Sua crucificação, a técnica de pregação oral, mesmo porque difundiu-se logo a ideia de que o Reino de Deus estava para ser implantado a qualquer momento, ainda naquela geração, por quase todos que O seguiam, talvez à exceção de Tiago (Maior), o primeiro discípulo a desencarnar, e João Boanerges, último deles. Ora, para que escrever sobre o que estava para cumprir-se dali a pouco?

Foi somente depois que começou a desaparecer a geração dos que haviam estado pessoalmente com Jesus e aprendido, com Ele, a suas alvíssaras, que se cogitou de preservar, na palavra escrita, aquilo que Ele ensinara. Quase meio século se passou, desde Sua imolação na cruz, e os escritos apareceram como sumários registros de uma tradição oral, com base na memória dos que conviveram com Ele. A despeito disso, as várias especulações em torno do que realmente teria ensinado Jesus na sua pregação oral giram em torno dos mesmos e escassos documentos básicos conhecidos e alguns poucos fragmentos descobertos, mas que não nos levaram, ainda, aos textos primitivos que se supõem elaborados por alguns daqueles que conviveram com o Crucificado.

É certo que os Quatro Evangelhos não foram escritos conforme se encontram hoje. E mesmo quando se descobre um antigo papiro ou pergaminho soterrado na poeira dos séculos, é uma tradução de duvidosa confiabilidade. Para se ter uma ideia mais precisa, as cópias mais antigas dos Evangelhos até hoje encontradas datam do século VI; talvez alguns fragmentos do ano 200. Sempre foram transpassados por algum dos seus discípulos desconhecidos na História. Portanto, nenhum Evangelho original foi encontrado.

O filósofo e Pai da Igreja Orígenes diz:

Presentemente, é manifesto que grandes foram os desvios sofridos petas cópias, quer pelo descuido de certos escribas, quer pela audácia perversa de diversos corretores, quer pelas adições ou supressões arbitrárias. (*Patrologia Grega*, Jacques Paul Migne, vol. 13).

O Espírito Vianna de Carvalho, no livro *Espiritismo e Vida*, capítulo XV, psicografia do médium Divaldo Pereira Franco, assim diz:

Da linguagem oral, sempre susceptível de adulterações e enxertos ao sabor da ocorrência até as interpolações, acréscimos, amputações e substituições de frases, palavras, conteúdos, de forma casual ou proposital, atendendo aos interesses culturais e de pensamentos dos copistas, inúmeras têm sido as alterações sofridas nas informações em torno da vida, palavras e atos de Jesus, como daqueles que constituem o conjunto do Novo Testamento.

O simples fato de as cópias haverem sido, a princípio, escritas em siríaco, hebraico, grego e latim, produzindo grande cansaço naqueles que as faziam, destituídos de experiência e de conhecimento mais profundo, não somente dos idiomas como também dos conteúdos que liam, facultou modificações, algumas de natureza grave, na narração que passou à posteridade.

Ademais, as condições e circunstâncias em que eram produzidas essas cópias, apressadamente, sem revisão competente, para atender a necessidades de urgência, mais dificuldades proporcionaram quando se pretendia uma investigação profunda e serena em torno do assunto.

Por outro lado, nos primeiros textos em grego antigo, as palavras não eram separadas, inexistindo pontuação, o que facultou interpretações equivocadas, favorecendo modificações em torno da proposta original.

Ainda se pode acrescentar que alguns textos eram lidos para que diversos copistas os anotassem, gerando diferenças significativas, erros próprios que decorrem da má audição das palavras, tanto quanto da sua grafia.

Simultaneamente, em razão das heresias que foram tomando corpo através dos primeiros séculos, quando conversos eruditos desejaram dar maior ênfase ou lógica ao próprio pensamento, de maneira inevitável introduziram palavras, retiraram expressões, modificaram proposital ou casualmente os originais, adaptando-os à sua maneira de entender, o que produziu graves adulterações no contexto geral.

Malgrado, a autenticidade dos Quatro Evangelhos jamais foi cogitada em nenhum dos concílios que a História patenteia. A começar em Niceia, no ano de 325, até o de Poltières, em 1867, totalizando 683 concílios, em nenhum se deparou como assunto de pesquisa sua lidimidade. Aliás, os cristãos – anônimos ou públicos –, nos primeiros dois séculos da nossa era, não tinham dúvidas sobre seu caráter verdadeiro. Temos o exemplo, dentre os maiores escritores do primeiro século, de Inácio de Antioquia (35-107), de Policarpo de Esmirna (69-155),[8] de Papias de Hierápolis (70-150),[9] de Flávio Justino (100-165),[10] de Irineu de Lião (130-202),[11] de Clemente de Alexandria,[12] de Tertuliano,[13] de Orígenes,[14] e tantos outros aqui não citados.

Infelizmente, a maioria dos dirigentes do Cristianismo primitivo (salvo, obviamente, os supracitados), depois da fase de encantamento com a doutrina do Cristo, fez uma opção quantitativa, que produzia poder, em vez da qualitativa, que visava a maturação espiritual do ser humano. Basta que observemos o Cristianismo hoje conhecido, com exceções feitas ao Espiritismo, à Teosofia, à Antroposofia e a algumas poucas outras doutrinas espiritualistas, que se deslocaram para a figura pessoal de Jesus, como Deus e Messias, nascido sob condições excepcionais e ressuscitado depois de morto, de maneira incongruente, para ser finalmente situado no céu, ao lado de Deus-Pai, com o qual seria coeterno.

O absurdo chega ao seu ápice quando para alcançar o reinado da paz e da felicidade espiritual que Jesus proclamou, embora saibamos que não exista felicidade sem paz *interior*, pois a paz *interior* é a própria felicidade, a ênfase não repousa no exato teor da sua pregação, mas em um conjunto de rituais, crenças e sacramentos, administrados e ministrados pela Igreja que Ele teria fundado e entregue a Pedro e, por sucessão, aos seus herdeiros, de um reino terreno e temporal. Ó Deus! Quando teremos um Cristianismo devolvido às suas origens, às suas raízes, à sua pureza primitiva? O Cristianismo de que estamos falando é aquele ainda perfumado pelo hálito do Cristo Jesus, sincronizado aos ritmos de Seu coração generoso, iluminado por Sua sabedoria e, acima de tudo, aquecido pelo Seu amor.

Eis aqui uma outra inverdade: por melhor que sejam praticados os ensinamentos de Jesus, a salvação pessoal somente será admissível para aquele que se torne membro de determinada Igreja – seja ela católica ou protestante; esta, nas suas mais de 330 seitas evangélicas distribuídas em todo o Ocidente. E mais: lá estando, como católico ou evangélico, o discípulo de Jesus precisa aderir a todo o procedimento que lhe for prescrito e aceitar todos os conceitos, ainda que lhe pareçam duvidosos ou inadmissíveis. Ou seja, crer, ainda que seja no ilógico, no irracional, é a palavra de comando e que não pode ser questionada.

Percebe, estimado leitor, que não é exatamente a prática do que Jesus ensinou, em primeira mão, que está sendo proposto pela Igreja quantitativa, mas daquilo que os teorizadores entendem ser o que Ele quis dizer com o que disse? E que os espíritas não caiam na mesma cilada! Salvaguardando os que aceitam os textos bíblicos, em geral, e os evangélicos, em particular, como palavra direta e indiscutível de Deus, sabem todos que principalmente estes últimos foram manipulados e deformados para dar sustentação a determinadas teses, teorias e dogmas. Em realidade, o que temos diante de nós, por enquanto, são textos que contêm, de um lado, **a essência do Seu pensamento, ainda que não expresso com as exatas palavras de que se tenha Ele utilizado**, e, de outro lado, observações, episódios e ditos interpolados ou modificados posteriormente para dizerem aquilo que convinha a interesses questionáveis.

Acrescentamos que os próprios discípulos não compreenderam o verdadeiro sentido do que escreviam, reproduzindo apenas o que tinham visto e ouvido. Os Evangelhos são o único livro da Humanidade cujos autores não tomam atitude pessoal em face do que referem como acontecido; nunca encontramos uma palavra de aprovação ou reprovação dos fatos; os evangelistas mantêm uma atitude totalmente objetiva ou neutra em face dos acontecimentos que narram.

Pois bem: ainda que pesem as deformações e manipulações dos textos evangélicos – os únicos de que dispomos –, **não é impossível formular juízo adequado acerca do que ensinou Jesus**. Suas alvíssaras, ainda que distorcidas, abaladas pelas reconstruções a que foram submetidos os textos, desde as primeiras anotações dos evangelistas, **é recuperável na sua essência**. É perfeitamente possível identificar um consenso, uma diretriz do Seu pensamento renovador. Portanto, não precisamos de teólogos profissionais que nos levem pela mão ou um guia impresso cheio de setas, marcas, símbolos e gravuras, pois a Boa Nova de Jesus é singela, clara, lúcida, desarmada e de fácil acesso. Ora, "os Evangelhos são o roteiro das almas, e é com a visão espiritual que devem ser lidos; pois, constituindo a cátedra de Jesus, o discípulo que deles se aproximar com a intenção sincera de aprender encontra, sob todos os símbolos da letra, a palavra persuasiva e doce, simples e enérgica, da inspiração do seu Mestre imortal."[15]

Em qual língua falou Jesus?

Até o século XVI, a questão referente à língua falada por Jesus não havia sido vigorosamente discutida. Até aquele tempo ninguém sabia o que fazer da tradição registrada por Eusébio de Cesareia, que a língua dos apóstolos tinha sido o sírio. A diferença entre sírio, caldaico e hebraico, até então, não era compreendida e, com isso, as três designações eram usadas indiscriminadamente. No entanto, o historiador e filólogo francês Joseph Justus Scaliger (1540-1609) trouxe uma luz sobre a questão: **ele fez um claro esboço do dialeto siríaco, distinguindo-o do caldaico**. Os apóstolos falavam, segundo Scaliger, um dialeto de aramaico, e, em acréscimo a este, o siríaco de Antioquia.

Apenas no decorrer do século XIX que o aramaico, conhecido até o tempo da escritora alemã Carolina Michaelis (1851-1925) como caldaico, foi mais completamente estudado. O nome *caldaico* foi devido à crença errônea de que a língua em que partes do Livro de Daniel e do Livro de Esdras foram escritos era realmente da Babilônia. Aquele vernáculo, agora conhecido por nós das tabuinhas e inscrições cuneiformes, é uma língua semítica, mas diferente do aramaico. As várias ramificações do caldaico, e a história do seu progresso tornou-se mais claramente reconhecível somente após o aparecimento, em 1894, da *Gramática do Aramaico Judeu-Palestinense*, do teólogo luterano alemão Gustave Dalman (1855-1941). Desde aquele momento, soube-se que o **dialeto falado por Jesus, no Sermão do Monte, foi o aramaico**. Mas de onde vieram os arameus?

Vejamos. Eram tribos de pastores setentrionais que habitavam Aram-Naharaim, região localizada dentro da Mesopotâmia, mencionada cinco vezes no Velho Testamento. E bem antes de surgir Alexandre, o Grande (356-323 a.C.), com o poder dominador dos Helenos, impondo não só a este, mas o predomínio da língua grega, calando em toda parte onde sonorizava a palavra *aramaico*, esta língua já era conhecida. O mais interessante é que a mensagem aramaica não se impusera através da política, da religião, da força ou domínio. Não! Ela foi apenas o ideal fraterno, a confraternização étnica. Foi através do idioma que os arameus alcançaram a primazia de primeiros mensageiros da universalidade e, com efeito, irmanavam em uma única família. O aramaico era o veículo que lhes facilitou conduzir da Antiguidade mal saída da sombra dos tempos primitivos, e ainda imersa nas confusas lembranças diluvianas, para a luz dessa ideal unificação. Esses medianeiros setentrionais vinham como menestréis dos Cânticos de Paz e União e, dessa maneira, por onde passavam, espargiam harmonia e beleza.

Até o ano 701 a.C. o aramaico ainda não tinha penetrado na Judeia. Basta ler o II Livro dos Reis (18:26); ou seja, quando o Rabsaqué (oficial), enviado pelo rei assírio Senaqueribe (740-681 a.C.) discursou as mensagens para o rei dos judeus – Ezequias (?-†) –, em hebraico, eles (Eliaquim, filho de Hilquias, Sebna e Joá) rogaram-lhe para que falasse aos seus servos em aramaico, a fim de que os homens sobre o muro (o povo) não pudessem entender. Melhor dizendo: o oficial de Senaqueribe falando em aramaico, o povo (judeu) não o entenderia. Mas se o Rabsaqué continuasse a ler em hebraico, os que estavam em cima do muro iriam saber qual o conteúdo do laudatório. Cabe salientar que Senaqueribe invadiu a Judeia (701 a.C.), mas não ganhou a batalha.

Foi no ano 600 a.C. que começou a influência do aramaico sobre a literatura judaica. O hebraico, desde o regresso do cativeiro da Babilônia, não era mais compreendido pelo povo judeu, que passara a **falar o aramaico** – dialeto de palavras hebraicas, com ausência das vogais, misturadas ao assírio, entre cujo povo viveram os israelitas do 8.º ao 6.º século a.C. O período pós-exílio, nos editos aramaicos no Livro de Esdras e inscrições sobre moedas persas, mostram que por toda parte das grandes regiões de Israel o aramaico tinha se tornado a língua comum entre os judeus. Seu domínio estendeu-se ao Egito e à Samaria. Somente as cidades gregas da Fenícia não adotaram o aramaico.

No Livro de Daniel, escrito no ano 167 a.C., as línguas hebraica e aramaica estão alternadas. Já ao tempo dos Macabeus – integrantes de um exército rebelde judeu que assumiu o controle de partes da Terra de Israel, e, com isso, fundaram a dinastia dos Hasmoneus, que governou de 164 a 37 a.C. –, o aramaico parecia ter impulsionado completamente a antiga língua nacional. A prova disso pode ser encontrada na ocorrência das passagens aramaicas na coletânea de livros sagrados dos judeus (Talmude), das quais fica evidente que os Rabis usaram o hebraico nas instruções religiosas do povo.

Malgrado alguns exegetas do Cristianismo e historiadores digam que o hebraico era somente usado em ambiente religioso, pois falar fora deste era considerado como falta grave a Deus, não se pode, com certeza, saber em que relação a sagrada língua hebraica antiga e a aramaica, de intercurso comum, toleram uma a outra quanto a escritos e instruções religiosas. As conclusões dos estudiosos, porém, divergem. Vejamos o próprio Gustave Dalman: ele sustenta ser impossível que os discursos planejados da sinagoga possam ter sido pronunciados em hebraico, ou que Jesus tenha ensinado de outro modo senão em aramaico. Já o teólogo luterano e alemão Franz Delitzsch (1813-1890), que escreveu muitos comentários sobre livros da Bíblia, antiguidades judaicas, psicologia bíblica, bem como uma história da poesia judaica e obras de apologética cristã, tem a opinião de que Jesus e os seus discípulos ensinaram em hebraico. Em sua obra *Os Livros do Novo Testamento Traduzidos do Grego em Hebraico*, de 1877, ele traz essa opinião.

À época de Jesus, três línguas se encontravam na Galileia – o hebraico, o aramaico e o grego. Mas por que o grego também era a língua comum em Israel, ao tempo Dele? Ora, a resposta é simples e historicamente justificável: por causa do domínio romano, que começara duas gerações antes de Seu nascimento – isto é, no ano 63 a.C. Apesar disso, segundo o Espírito Emmanuel, "o Crucificado falava aramaico – comumente usado na bacia do Tiberíades".[16] Era a língua familiar que falava o povo em muitas cidades e pequenas povoações da Galileia, região norte (Cafarnaum, Nazaré, Caná, Corazim, etc.). Ainda fora das fronteiras da Galileia era falada e entendida.

O Evangelho de Mateus

Há, nos círculos científicos, concordância quase unânime de que o evangelista é desconhecido, embora continuemos a nos referir a ele como Mateus (Levi). Seu Evangelho encarrega-se de registrar os fatos e acontecimentos para os hebreus, recém-convertidos, sem nenhuma preocupação biográfica ou sequer histórica. É um Evangelho talmúdico – antiga coleção de leis, costumes, tradições e preceitos compilados pelos doutores hebreus. O objetivo primeiro desse Evangelho consiste em demonstrar que na pessoa de Jesus apareceu, realmente, o Messias predito pelos profetas (Mt 1:22). Bem necessária era essa demonstração, porque a maior parte dos judeus esperava um Messias cercado de esplendores mundanos, um soberano político que sujeitasse os pagãos ao cetro de Israel e inaugurasse uma nova era de brilho e prosperidade temporal. Cabe salientar que Mateus demonstra ser sistemático e bom organizador, pois reúne, em unidades tópicas e temáticas, informações que outrora estavam espalhadas. Seu intento era instruir a comunidade a respeito do Reino dos Céus.

Na genealogia de Jesus, que não temos espaço para aqui tratar, Mateus (1:1-17) escreve que Jesus é "filho de Davi", demonstrando interesse pessoal nesse título para o Crucificado. O evangelista João jamais menciona tal termo. Marcos só o utiliza quatro vezes (duas em 10:47-48 e duas em 12:35-37). Lucas da mesma forma (duas em 18:38-39 e 20:41-42). Tomando como crédito a informação de que o Evangelho de Mateus é posterior ao de Marcos (veremos esse assunto mais adiante), o ex-publicano de Cafarnaum emprega a expressão *filho de Davi*, além das já tiradas de Marcos, dez vezes (Mt 1:1, 9:27, 12:23, 15:22, 21:9 e 21:15).

É fácil perceber, portanto, que para Mateus a denominação *filho de Davi* é o título mais importante concedido a Jesus durante os três anos de seu messianato, já que o restringe à Sua vida terrena, preferindo usar o vocábulo *Senhor* ou *Filho do Homem* para o Jesus exaltado ou ressuscitado. Entretanto, observando o Evangelho de Mateus com mais acuidade, nem sequer o título *filho de Davi* se aplica à Jesus enquanto esteve entre nós, encarnado, porque é uma manifestação típica de homens despreocupados com a verdade, que O reconheciam como Messias devido às curas *milagrosas* que Ele realizava. Porém, o próprio Jesus e os discípulos mais chegados nunca o empregam e, por isso, tal título não pode significar uma percepção íntima da identidade do Crucificado.

Ademais, colocaremos abaixo a passagem em que Mateus, conquanto não negue a filiação davídica, **demonstra que a posição exaltada para o Messias tem autoridade até sobre Davi**. Observemos:

> E, estando reunidos os fariseus, interrogou-os Jesus, dizendo: Que pensais vós do Cristo [Messias]? De quem é filho? Eles disseram-lhe: De Davi. Disse-lhes ele: Como é então que Davi, em espírito, lhe chama Senhor, dizendo: Disse o Senhor ao meu Senhor: Assenta-te à minha direita, Até que eu ponha os teus inimigos por escabelo de teus pés? Se Davi, pois, lhe chama Senhor, como é seu filho? E ninguém podia responder-lhe uma palavra; nem desde aquele dia ousou mais alguém interrogá-lo. (Mt 22:41-46.)

Posto isso, defendemos a ideia de que o título *filho de Davi* seja CORRETO, mas INADEQUADO para o Jesus do Evangelho de Mateus, porque quando se compara a passagem supracitada com a do mesmo Mateus (16:16-17), a resposta adequada para a pergunta: "Que pensais vós do Cristo? De quem é filho?" não é *filho de Davi*, mas sim *Filho de Deus*. Mas a inadequação do título *filho de Davi* não poderia ser diferente, porque sendo o Evangelho de Mateus um testemunho do Velho Testamento, a genealogia não faz mais do que estabelecer o caráter davídico divinamente planejado do Messias.

Quanto à língua utilizada por Levi, em seu Evangelho, Papias de Hierápolis diz que Mateus escreveu em língua hebraica os ditos do Senhor, que cada qual interpretava do melhor modo possível. Os tais *ditos do Senhor* vêm a ser os sermões de Jesus, as suas discussões com os fariseus, as instruções que dava aos discípulos, as suas parábolas e discursos escatológicos (ideia básica da chegada do Reino de Deus). Aliás, é precisamente esse Evangelho que contém uma notável coleção desses *ditos* (*lógia*). Todavia, jamais foi encontrado o Evangelho de Mateus em hebraico ou aramaico. Melhor dizendo: nenhuma coletânea desse tipo chegou até nós e não há meio de saber se o Mateus canônico recorreu, mesmo que indiretamente (ou seja, por meio de tradução), a esse tipo de coleção. Dessa maneira, uma coisa é certa: em hebraico Mateus não escreveu;

até mesmo porque, como já vimos alhures, desde a libertação do exílio babilônico o hebraico não era mais falado, e sim o aramaico. Portanto, Papias não tinha informação segura.

Então, qual foi a língua em que Mateus redigiu o seu Evangelho? O fato de o Evangelho de Mateus melhorar o grego do evangelista Marcos, e de não haver nenhuma parte importante de sua obra que mostre sinais de tradução direta do hebraico, sugere que devemos considerar Mateus **um cristão de língua grega**. Mas, em pelo menos algumas de suas citações formais da Escritura, esse evangelista parece ter domínio do hebraico. Por essa razão, muitos estudiosos acrescentam o detalhe de que Mateus era um **judeu-cristão de língua grega**, conquanto haja exceções dos dois lados. O teólogo luterano alemão Joachim Jeremias (1900-1979) – especialista em hebraico e aramaico, uma autoridade no campo do judaísmo rabínico e do ambiente sociocultural de Jesus – afirma que o idioma pátrio do evangelista era o aramaico e seu idioma de orações era o hebraico.

Nossa opinião é que Mateus escreveu a língua dos hebreus. Contudo, não o hebraico no sentido escrito, que era a língua sacra do Velho Testamento, e antes o dialeto popular ao tempo do Cristo Jesus – o aramaico. Inclusive, durante a Oração Dominical, "Levi [Mateus], o mais intelectual dos discípulos, tomou nota das sagradas palavras, para que a prece do Senhor fosse guardada em seus corações humildes e simples".[17] Mas em que língua Mateus fazia as tais anotações, cujas cópias transitavam pela Judeia, Galileia e Síria (Damasco e Palmira), chegando a recantos bastante isolados desse país? Ah! Isso ninguém pode afirmar com precisão. O próprio doutor da lei Gamaliel, preceptor de Paulo de Tarso, enquanto viveu na Judeia (Jerusalém), recebeu cópias dos apontamentos do ex-publicano de Cafarnaum (*Paulo e Estêvão*, caps. II e III). Malgrado, somente depois (não se sabe quando) o Evangelho de Mateus foi traduzido para o grego (não se sabe por quem), já que o manuscrito original fora perdido.

Eusébio de Cesareia nos fornece indicação de que Mateus compôs o seu Evangelho quando estava para deixar Israel a fim de anunciar a boa-nova a outros povos; seria, portanto, pelo ano 42. Já Irineu de Lião diz que "Mateus publicou entre os judeus, na língua deles, o escrito dos Evangelhos, quando Pedro e Paulo evangelizavam em Roma e aí fundavam a Igreja" (*Contra as Heresias*, 274). Desse modo, a publicação ocorreu entre os anos 63 e 65. Antônio Luiz Sayão (1829-1903), em sua obra *Elucidações Evangélicas*, diz que Mateus escreveu o seu Evangelho em hebraico, no ano 39, na cidade de Jerusalém. O filósofo e educador Huberto Rohden, a quem muito respeitamos e consideramos, em seu livro *Assim Dizia o Mestre*, página 29, afirma ter sido escrito no ano 50. O Espírito Amélia Rodrigues, em sua obra *Quando Voltar a Primavera*, página 20, diz ter sido entre os anos 50 e 55. Carlos Torres Pastorino, no livro *Sabedoria do Evangelho I*, sugere entre os anos 54 e 62. O Evangelho de Mateus é composto de 26 capítulos e 1.070 versículos.

O Evangelho de Marcos

Marcos, que nos Atos dos Apóstolos (12:23; 15:37) é chamado João Marcos, atendendo à solicitação de Simão Pedro, escreve seu Evangelho em grego, destinado aos discípulos romanos que se encontravam em Roma. Papias escreve: "Marcos, que servia de intérprete a Pedro, registrou com exatidão, ainda que não pela ordem, as palavras e obra de Jesus". Clemente de Alexandria argui: "Marcos, companheiro de Pedro, enquanto este pregava publicamente o Evangelho em Roma, compôs um Evangelho, que se chama segundo Marcos". A relação entre Marcos e Simão Pedro era grande, e foi este que instruiu aquele nos ensinamentos de Jesus. Em seu Evangelho, não omitindo coisa alguma do que ouvira de Pedro, não deixou escapar nenhuma falsidade. Marcos foi, portanto, um autor predestinado.

Há uma hipótese, desde o século XIX, de que o Evangelho de Marcos pode ser o mais antigo dos quatro conhecidos como canônicos. Essa ideia ocorreu primeiramente ao filósofo e teólogo de Leipzig (Alemanha) Christian Hermann Weisse (1801-1866), através de sua obra *Um Estudo Crítico e Filosófico da História do Evangelho*, publicada em 1838. Através desse livro, ele confessou que não poderia conceber nenhuma possibilidade de o Cristianismo tomar alguma forma, pela qual ele venha novamente a ser a verdade, senão através da filosofia. A obra de Weisse, portanto, leva a uma exposição filosófica na qual ele mostra como o *Jesus da história* pode se tornar o *Cristo da fé*.

Os argumentos de Weisse, para defender a prioridade (antiguidade) do Evangelho de Marcos sobre os outros dois sinópticos, resguardam-se da seguinte maneira: I) Somente nas partes que os Evangelhos de Mateus e Lucas têm em comum com Marcos, encontram-se *traços de um plano comum*. Mas nas partes que são comuns somente entre Mateus e Lucas, mas não com Marcos, inexistem *traços de um plano comum*. II) Naquelas partes que os três Evangelhos têm em comum, a concordância dos outros dois (Mateus e Lucas) é medida através de Marcos. III) A divergência de frases entre Mateus e Lucas é maior nas partes onde ambos se basearam no documento *Logia* do que nas partes onde Marcos é sua fonte.

O argumento histórico pela prioridade de Marcos foi confirmado pelo teólogo alemão Christian Gottlob Wilke (1788-1854), que, a seu turno, estava alheio ao trabalho de seu compatriota Weisse, e acabou publicando, também em 1838, *O Primeiro dos Evangelistas, um Estudo Crítico e Exegético da Relação Entre os Três Primeiros Evangelhos*. Nesse trabalho, que tratava a questão mais pelo lado literário, tomou uma ilustração da astronomia, fornecendo a confirmação da hipótese de que o evangelista Marcos era o *evangelista original* e se tornou a fonte dos Evangelhos de Mateus e Lucas. A primazia de Marcos, doravante, foi defendida por vários outros exegetas do Novo Testamento.

Uma informação importante, e ao mesmo interessante, é nos trazida pelo Espírito Amélia Rodrigues, no livro *Há Flores no Caminho*, página 20, pela psicografia do médium Divaldo Pereira Franco, e gostaríamos de aqui compartilhá-la:

> Ainda se conserva o texto de Marcos, que é o mais antigo, conforme anotações iniciais. Tudo indica que o texto de Mateus, primitivamente, foi escrito em aramaico, antes de Marcos fazê-lo, após o que o redigiu em grego.

Vamos conhecer agora, bem rapidamente, os **parentes diretos (consanguíneos) de Marcos**, que tiveram importância no contexto de sua existência, bem como na vida dos que mais intimamente conviveram com Jesus. Pois bem. A mãe de Marcos se chamava Maria (?-†). Na obra *Primícias do Reino*, no Posfácio, vemo-la como Maria, de Jerusalém. Ela era irmã de Barnabé (?-61) – homem culto, tolerante, criterioso, de porte esbelto e maneiras simpáticas; era muito amigo de Simão Pedro, e se tornaria o grande companheiro de Paulo em suas tão conhecidas viagens. Maria Marcos e Barnabé eram judeus, embora nascidos na ilha de Chipre – situada no Mar Egeu oriental, ao sul da Turquia, sendo a terceira maior ilha do Mar Mediterrâneo. Os dois, portanto, eram familiarizados com a língua grega.

A mãe de Marcos conviveu de perto com os discípulos de Jesus, e tinha uma relação estreita com Maria de Nazaré, Maria de Cleofas, Joanna de Cusa e Maria de Magdala. Citaremos alguns exemplos de como Maria, de Jerusalém, esteve presente em várias passagens importantes neotestamentárias.

O Espírito Theophorus, no livro *Inácio de Antioquia*, página 86, informa o que se sucedeu depois da crucificação, assim relatando:

Desde o instante supremo, João ampara Maria de Nazaré com desvelada ternura. Abandonaram a passo lento as cercanias do Gólgota em direção à casa de Maria Marcos, dedicada servidora do Cristo, possuidora de grande vivenda nas proximidades da estrada tércia [terceira]. A generosa senhora, viúva e mãe do jovem João Marcos, era pródiga em ofertar gentileza e carinho, hospitalidade e recursos a todos os seguidores do Nazareno que lhe batiam à porta. Detentora de amplos recursos materiais, que a digna viuvez havia lhe prodigalizado, não hesitava em movimentá-los a benefício das atividades de difusão da mensagem do Cristo.

E no domingo, dois dias após a crucificação:

> E, no fim do sábado, quando já despontava o primeiro dia da semana, Maria Madalena e a outra Maria foram ver o sepulcro. (...) E, saindo elas pressurosamente do sepulcro, com temor e grande alegria, correram a anunciá-lo aos seus discípulos. (Mt 28:1,8.)

Mateus diz ser Maria Madalena uma das que visitou o sepulcro. O Espírito Amélia Rodrigues oculta a presença de Maria Madalena e ostenta o de Joana de Cusa, confirmando o relato de Lucas (24:10), o que não é impossível, pois a própria benfeitora espiritual diz haver outras companheiras presentes e que desceram à cidade (Jerusalém) para anunciar aos discípulos o fato ocorrido, conforme veremos a seguir. O que nos chamou atenção, e queremos compartilhar com o leitor, é que na presença de Maria Madalena havia *a outra Maria*. Quem seria ela? O Espírito Amélia Rodrigues desvela ser a mãe do evangelista João Marcos. Eis abaixo a revelação:

> Atemorizadas, Joana de Cusa, Maria, mãe de Marcos, e as outras companheiras desceram à cidade para anunciar o desaparecimento do corpo do Rabi.[18]

Logo após a execução de Tiago (Maior), Simão Pedro solicitou pessoalmente o cadáver do filho de Zebedeu e Salomé, para dar-lhe sepultura. Resultado? Ele foi preso. Mas um *anjo do Senhor* o libertou, tirando suas correntes. Simão Pedro, ao se dar conta do que houvera acontecido:

> Foi à casa de Maria, mãe de João, que tinha por sobrenome Marcos, onde muitos estavam reunidos e oravam. (At 12:12.)

O Espírito Emmanuel, em sua obra *Paulo e Estêvão*, no capítulo IV, diz que Paulo e Barnabé, ao chegarem na Casa do Caminho, localizada na estrada de Jope, perceberam que o filho de Alfeu (Tiago, o *Moço*), elevado à chefia provisória, pois Simão Pedro havia sido preso, não os convidou para se hospedarem. Com efeito:

> O discípulo de Pedro [Barnabé] foi procurar a casa de sua irmã Maria Marcos, mãe do futuro evangelista, que os recebeu com grande júbilo. Saulo sentiu-se bem no ambiente de fraternidade pura e simples. Barnabé, por sua vez, reconheceu que a casa da irmã se tornara o ponto predileto dos irmãos mais dedicados ao Evangelho. Ali se reuniam, à noite, às ocultas, como se a verdadeira igreja de Jerusalém houvesse transferido sua sede para um reduzido círculo familiar. (...) A mãe de João Marcos era uma das discípulas mais desassombradas e generosas. Reconhecendo as dificuldades dos irmãos de Jerusalém, não vacilara em colocar seus bens à disposição de todos os necessitados, nem hesitou em abrir as portas para que as reuniões evangélicas, em sua feição mais pura, não sofressem solução de continuidade.

Tiramos um trecho do livro *Primícias do Reino*, Posfácio, em que o Espírito Amélia Rodrigues fala brevemente de Maria, mãe do evangelista Marcos:

> Marcos, também chamado João, filho de Maria, de Jerusalém, em cujo lar os cristãos se reuniam e onde o Apóstolo Pedro, libertado do presídio, foi acolhido.

Nosso intuito em ressaltar a personalidade de Maria Marcos chegou ao final. Mas por que citá-la tanto? É que a mãe de João Marcos voltaria na personalidade da poetisa, escritora e professora baiana Amélia Augusta do Sacramento Rodrigues (1861-1926). Sobre essa revelação, o leitor pode questionar o médium baiano Divaldo Pereira Franco (1927). Se não conseguir lograr êxito, por quaisquer razões que sejam, temos conosco informações, quase inusitadas, que atestam o que neste parágrafo afirmamos.

A Série Evangélica de Amélia Rodrigues (Espírito) – *Primícias do Reino* (1969), *Luz do Mundo* (1971), *Quando Voltar a Primavera* (1977), *Há Flores no Caminho* (1982), *Pelos Caminhos de Jesus* (1987), *Trigo de Deus* (1993), *Dias Venturosos* (1997), *Até o Fim dos Tempos* (2000), *A Mensagem do Amor Imortal* (2008), *Vivendo com Jesus* (2012) – é incomum, pois faz transportar o leitor à época do Crucificado como raros autores espirituais. E a cada página de seus valiosos textos, com grande beleza histórica, poética e literária, é como se estivéssemos, *in loco*, nos tempos áureos das alvíssaras de Jesus, fazendo-nos palpitar a grandeza de Sua mensagem imorredoura.

Voltemos a Marcos. Ele, antes de escrever seu Evangelho, durante algum tempo trabalhou ao lado de seu tio – Barnabé (Cl 4:10) –, na divulgação da doutrina de Jesus, e em companhia deste tomou parte na primeira viagem de Paulo, no ano 45. Contudo, separou-se de Barnabé e Paulo de Tarso em Perge, na Panfília – nome de uma região no sul da antiga Ásia Menor, hoje um território que corresponde à Turquia –, regressando a Jerusalém. Nas outras duas viagens do ex-rabino, Marcos não o acompanhou (At 15:36-39). A razões da ausência do futuro evangelista, que levou à separação de Paulo e do ex-levita de Chipre, estão bem explicadas no livro *Paulo e Estêvão*, cujo autor espiritual – Emmanuel –, através da psicografia do médium Francisco Cândido Xavier, traz detalhes jamais lidos em quaisquer literaturas profanas, espiritualistas e espíritas. Relembramos o leitor a conhecer o livro supracitado. A despeito do acontecido, Paulo menciona Marcos, em uma de suas epístolas finais, como *colaborador* (2 Tm 4:11). Eusébio de Cesareia informa que Marcos fundou a Igreja de Alexandria e foi martirizado no Egito.

O Evangelho de Marcos é o mais curto comparado aos outros três; é o mais biográfico, sem ordem dos acontecimentos, de idioma mais vívido, de linguagem mais errada, porém mais colorida. Procura chamar atenção para a humanidade de Jesus. Ressaltamos que Marcos não foi discípulo do Crucificado. O ano da composição do Evangelho de Marcos é incerto, conquanto tenha sido redigido antes de 67 – ano do desencarne de Simão Pedro. Antônio Luiz Sayão, em *Elucidações Evangélicas*, informa que Marcos escreveu o seu Evangelho em grego, no ano de 44, em Roma. Segundo Huberto Rohden, em *A Mensagem Viva do Cristo*, página 108, entre 50 e 60. Para Carlos Torres Pastorino, em *Sabedoria do Evangelho I*, entre os anos de 62 e 66. Segundo o Espírito Amélia Rodrigues, em seu livro *Quando Voltar a Primavera*, página 20, foi feito entre os anos 55 e 62. O filósofo, historiador e escritor estadunidense Will Durant (1885-1981), em *Heróis da História*, no capítulo XIII, afirma ter sido escrito entre os anos 65 e 70. O Evangelho de Marcos contém 16 capítulos e 677 versículos.

Em tempo, ressaltamos que João Marcos desencarnou, no mínimo, depois que se iniciou, em 98, o governo do Imperador Romano Trajano. Tal dedução ampara-se no livro *A Moça da Ilha*, capítulo XVII, do Espírito Tomás Antônio Gonzaga, quando este narra um diálogo, em Roma, entre o filho de Maria Marcos e um grupo de cristãos que se reuniam às escondidas, nas catacumbas da Cidade Imperial. Ali, o autor espiritual deixa entender que Marcos já havia escrito o Evangelho de Jesus, e o tinha como seu maior tesouro. No decorrer da obra, para o leitor percuciente, é possível inferir que a tal assembleia cristã, em que João Marcos era esperado, aconteceu depois do ano 104.[19]

Éramos jovens

Mensagem mediúnica recebida durante o estudo do Grupo "O Humano Ser", exatamente no momento em que se falava da personagem Maria de Jerusalém (mãe do evangelista João Marcos). A médium preferiu o anonimato.

Ó irmãos também éramos jovens!

Maria Marcos
Maria de Jesus
Maria de Magdala
Maria de luz

Marias incríveis
Marias de Deus
Marias sensíveis
Marias dos seus

Santas marias vivendo com Ele
As mães de Jesus
As mães da Humanidade
As mães de todos nós

Nazaré, cidade da primeira
Jerusalém, cidade da segunda
Magdala, cidade da terceira
O mundo, cidade das três

As dores
O calvário
As sombras
A iluminação
Tantas formas de amor
Em meio à solidão

Maria, obrigada, Maria, por nos amar.
Maria, obrigada, Maria, por ser nossa mãe.

Luz, carinho e a tua proteção; que tua mão suave acalente as lágrimas da Humanidade; que tua voz suave acalme as dores do mundo; que teu olhar manso nos ensine o que ainda precisamos aprender.

Obrigada, Maria, pelo amparo de cada dia.

Que a paz do teu coração, Maria, esteja conosco.

O Evangelho de Lucas

Antes de falar sobre o Evangelho de Lucas, mister se faz biografá-lo resumidamente. Pois bem. Seus pais eram de origem grega, e, segundo Eusébio de Cesareia, Lucas nasceu em Antioquia, na Síria (*História Eclesiástica*, capítulo IV). Depois de Roma e Alexandria, Antioquia – situada na extremidade oriental do Mediterrâneo – era a cidade mais importante do império dos Césares. Contava, ao tempo de Lucas, mais de 500 mil habitantes. Sede do Legado Romano da Síria e metrópole do Oriente, Antioquia era notável empório comercial da época, foco de vida intelectual judeu-helênico-romana.

Em sua cidade natal, tornou-se médico, e foi lá que conheceu Paulo de Tarso, tornando-se, desde então, discípulo e companheiro do ex-rabino. Lucas revela ser um homem de cultura superior. Na qualidade de amigo e colaborador dos apóstolos, acompanhou Paulo na segunda e terceira excursões missionárias. O apóstolo dos gentios tratava Lucas como o *médico amado* (Cl 4:14).

Conquanto a palavra *cristão* seja da autoria de Lucas, e foi em Antioquia, pela primeira vez, que os discípulos receberam tal denominação (At 11:26), ele não foi discípulo de Jesus em Seu ministério – fato deduzido de sua declaração (Lc 1:2-3). O Evangelho de Lucas, comparado com os outros três, é o que oferece maior quantidade de informações. Foi composto durante a prisão de Paulo de Tarso (ocorrida entre os anos 61 e 63), período este em que Lucas foi a Éfeso – local onde residia Maria de Nazaré – questioná-la sobre a vida do Messias. Na verdade, Paulo de Tarso já havia mostrado interesse em escrever um Evangelho de Jesus, quando passou pela cidade de Éfeso, em 52, por ocasião de sua segunda viagem missionária. Naquele ano, Maria de Nazaré disse estar à disposição para tal desiderato. É lamentável não ter havido oportunidade.

Lucas é também autor de Atos dos Apóstolos (depois do ano 65). Assim escreve Emmanuel, no livro *Paulo e Estêvão*, psicografia de Francisco Cândido Xavier, no capítulo VIII:

> A esse tempo, o ex-doutor de Jerusalém [Paulo de Tarso] chamou a atenção de Lucas para o velho projeto de escrever uma biografia de Jesus, valendo-se das in-

formações de Maria; lamentou não poder ir a Éfeso, incumbindo-o desse trabalho, que reputava de capital importância para os adeptos do Cristianismo. O médico amigo satisfez-lhe integralmente o desejo, legando à posteridade o precioso relato da vida do Mestre, rico de luzes e esperanças divinas. Terminadas as anotações evangélicas, o espírito dinâmico do Apóstolo da gentilidade encareceu a necessidade de um trabalho que fixasse as atividades apostólicas logo após a partida do Cristo, para que o mundo conhecesse as gloriosas revelações do Pentecostes, e assim se originou o magnífico relatório de Lucas, que é Atos dos Apóstolos.

O Espírito Amélia Rodrigues, no livro *Primícias do Reino*, Posfácio, vai mais além e revela que Lucas escreve as alvíssaras de Jesus, baseado nas fontes orais, além de Maria, Sua mãe. Vejamos:

> Esta, a mais significativa história jamais narrada, encontra-se, todavia, sintetizada em "O Novo Testamento", modesta obra de pouco mais de trezentas e cinquenta páginas, grafada por duas testemunhas pessoais de todos os acontecimentos, Mateus e João, e confirmada pelos depoimentos de outras que conviveram com Ele, tais como Pedro – que pede a Marcos escrevê-la para os romanos recém-convertidos – e Lucas, que a recolhe de Paulo, o chamado da estrada de Damasco, de Maria, Sua Mãe, de Joana de Cusa, de Maria de Magdala e de outros, escrevendo para a grande massa dos gentios conversos. Outros depoimentos de conhecedores e participantes diretos reaparecem nas Epístolas para culminarem na visão do Apocalipse.

No Evangelho de Lucas, a vernaculidade de seu estilo grego e a elegância de sua dicção, fazem adivinhar nele um heleno cristão de apurada cultura. O grego castiço do médico de Paulo é o melhor dos Quatro Evangelhos. Ele fica tão à vontade com a língua grega, que parece adaptar seu estilo a circunstâncias e fontes diferentes. Por exemplo: o grego do prólogo (Lc 1:1-4) é imitação clássica. O grego da infância de Jesus tem influência semítica. O grego dos sermões nos Atos dos Apóstolos é, às vezes, afetado pelas características do orador. Ademais, muitos estudiosos perceberam em Lucas uma forte influência da Septuaginta (LXX). É notável aos tradutores de *O Novo Testamento*, a falta de palavras hebraicas no Evangelho de Lucas, bem como o colorido palestino local e citações veterotestamentárias (do Velho Testamento). Nisso ele está em contraste com Mateus.

Lucas desencarnou (mártir) aos 84 anos de idade (*As Marcas do Cristo*, vol. I), na província romana da Acaia, de onde suas relíquias foram transferidas para Constantinopla (atual Istambul, na Turquia), no ano 357, juntamente com as do apóstolo André.

Segundo Antônio Luiz Sayão, em *Elucidações Evangélicas*, Lucas compôs seu Evangelho em grego, no ano 56, em Acaia. Huberto Rohden, em *A Mensagem Viva do Cristo*, página 153, diz que seu Evangelho foi escrito nos anos 62 e 63. Amélia Rodrigues (Espírito), na obra *Quando Voltar a Primavera*, página 20, é mais precisa: diz que o Evangelho de Lucas se originou no ano 63, refletindo os cristãos sírios e gregos. Para Carlos Torres Pastorino, em *Sabedoria do Evangelho I*, entre os anos 66 e 70. O Evangelho de Lucas contém 24 capítulos e 1.151 versículos.

O Evangelho de João

João Boanerges era o discípulo mais novo de Jesus. Também foi discípulo de João, o Batista, juntamente com André (um dos discípulos de Jesus). João ocupava, depois de Simão Pedro, o lugar mais saliente no colégio apostólico. Mais tarde, em Roma, depois de ser preso com alguns outros cristãos, e ter sido liberado do cárcere pela favorita do Imperador Nero – Popeia Sabina (30-65) –, graças à intervenção de Paulo de Tarso, o filho de Zebedeu vai para a Ásia, em junho de 64, viver com Maria de Nazaré, na cidade de Éfeso, onde formou seus discípulos, entre eles os aqui já citados – Inácio de Antioquia (35-107), Policarpo de Esmirna (69-155), Papias de Hierápolis (70-163). Segundo Clemente de Alexandria, João, atendendo à circunstância de os outros evangelistas terem desenvolvido mais o lado humano da pessoa de Jesus, escreveu um Evangelho espiritual a pedido de seus amigos. Orígenes (discípulo de Clemente de Alexandria) assim escreve:

> Ousamos proclamar que a flor de todas as Escrituras é o Evangelho dado por João; não lhe pode perceber o sentido quem não tenha repousado no coração de Jesus ou não tenha recebido, de Jesus, Maria como Mãe![20]

O quarto Evangelho possui grande número de discursos que Jesus proferiu diante de Seus discípulos, e judeus de posição e da mais apurada cultura intelectual. A narrativa de Nicodemos, é um dos exemplos (Jo 3:1-2). São muito sublimes esses discursos, abstratos e de difícil compreensão, versando principalmente sobre a existência externa do Filho de Deus, a sua encarnação e a sua identidade com o Pai. O Evangelho de João, portanto, foi escrito para todos aqueles portadores de necessidades mais profundas; logo, carentes de uma documentação complexa e mística. Já os sermões referidos pelos sinópticos se ocupam, de preferência, com o reino messiânico, as condições de entrada nele e os bens que oferece – em suma, são exposições populares adaptadas ao alcance de todos, proferidas que foram diante das massas populares.

Há um excelente comentário feito pelo eminente pesquisador e escritor espírita Hermínio Corrêa Miranda (1920-2013) sobre o Evangelho de João, exarado em sua obra *Os Cátaros e a Heresia Católica*, página 154, que gostaríamos de compartilhar com o leitor:

> (...) O quarto evangelho não foi reescrito para se enquadrar nos sinópticos. Mesmo porque seu texto é menos biográfico e mais ideológico. Ademais, prioriza, na sua narrativa, o Cristo póstumo. Em vez do silêncio, que se faz nos demais evangelhos, após a alegórica subida aos céus, é o momento a partir do qual mais amplamente fala do Cristo manifestado, de aspectos que não abordara "em vida" ou que não o fizera com a desejável profundidade. O Cristo de João traz a ideia de que a cruz constitui respeitável testemunho da dor e da incompreensão que Ele sofreu, mas não obstáculo para que nos lembremos Dele como um grande e superior ser vivo, que continua a existir e trabalhar na dimensão póstuma, com todo esplendor de sua sabedoria e de seu amor. (...) O Evangelho de João – [esotérico por excelência] – não foi muito ou nada alterado, porque não foi suficientemente entendido para ser adaptado às novas condições que melhor interessavam aos ocasionais donos do poder.

O Evangelho de João, escrito em grego, veio depois dos sinópticos (Mateus, Marcos e Lucas), no final do século I. Para Antônio Luiz Sayão, em *Elucidações Evangélicas*, João escreveu seu Evangelho no ano 96. Já Carlos Torres Pastorino, em *Sabedoria do Evangelho I*, diz ter sido escrito entre os anos 70 e 100. Para Amélia Rodrigues (Espírito), em seu livro *Quando Voltar a Primavera*, página 20, João escreveu entre 96 e 104. São textos que refletem os cristãos judeus, porém liberais e conhecedores de Fílon.[21] O Evangelho de João contém 21 capítulos e 879 versículos.

Acordos e desacordos nos Evangelhos

Nos Quatro Evangelhos – Mateus, Marcos, Lucas e João –, sem precisar fazer uma análise mais cuidadosa, existe grande semelhança em alguns pontos, que até parecem copiados um dos outros no conjunto, guardadas pequenas diferenças de estilo. É sabido quanto se diverge a narrativa de quaisquer fatos simples, quando citados por diversos comentadores, jamais sendo harmonicamente contados, e aparecendo, às vezes, bem diferentes na estrutura e exatidão da ocorrência. Como exemplo, João (2:13-22) diz que a expulsão dos vendilhões do Templo ocorreu na cidade de Cafarnaum, após Jesus ter saído de Caná, onde transformou água em vinho a pedido de Maria (Sua mãe), acrescentando ter sido este o primeiro *milagre* de Jesus. De outra forma, Mateus (21:12-17), Marcos (11:15-19) e Lucas (19:45-48) citam como sendo Jerusalém o palco desse acontecimento. E mais: Mateus (8:2-4) diz que foi a cura do leproso, por Jesus, na cidade de Jerusalém, logo após o Sermão da Montanha, o primeiro feito *milagroso* do Mestre, e não a transformação da água em vinho.

Outro exemplo: diz Marcos (14:3-3) que, estando Jesus em Betânia – cidade localizada a sudeste de Jerusalém –, na casa de Simão, o leproso (Lázaro), uma mulher chegou-se a Ele e lhe derramou sobre a cabeça uma redoma de bálsamo, levando os Seus discípulos a reprovarem o desperdício do dinheiro gasto com o perfume, e que se poderia distribuir entre os pobres. Mateus (26:6-13) repete a mesma informação, vendo-se ser uma cópia fiel. João (12:1-8), porém, conta uma viagem que Jesus fez a Betânia, seis dias antes de sua crucificação, onde morava Lázaro, a quem Ele ressuscitara. Deram-lhe uma ceia, na qual servia Marta. A irmã desta – Maria – toma uma libra (320 gramas) de bálsamo e unge os pés de Jesus e os enxuga com os cabelos. Só que na narração de João, foi Judas Iscariotes, e não os discípulos, quem reprovou o desperdício da quantia consumida no perfume, que renderia 300 denários (salário de um trabalhador durante dez meses) em favor dos pobres. Lucas (10:38-39) não se furtou em narrar esse episódio dizendo que Jesus entrou em uma aldeia, e uma mulher, que ele diz se chamar Marta (semelhante à narrativa joanina), hospedou-O em sua casa. A aldeia citada por Lucas não tem nome, embora deva ter sido Betânia, local onde vivia Lázaro; na narração de Lucas, não houve derrame de bálsamo. Parece-nos, nessa analogia que estamos fazendo entre os quatro evangelistas, que a mulher citada por Mateus e Marcos era Maria de Betânia, conforme João narrou, e não alguma outra mulher estranha, sem identidade, como vemos nos Evangelhos de Levi Mateus e João Marcos.

Entre as pequenas e toleráveis confusões dos evangelistas, que em nada alteram a grandiosidade dos ensinamentos de Jesus, porque não abalam seus fundamentos, há muito mais unanimidades dos Quatro Evangelhos do que desacordos insignificantes. Vejamos algumas delas: todos eles se referiram à multiplicação dos pães, na cidade de Cesareia de Filipe (Mt 14:13-21; Mc 6:30-44; Lc 9:12-17; Jo 6:1-14); falaram os quatro evangelistas sobre a alegoria da destruição do Templo, em três dias (Mt 24:1-2; Mc 13:1-2; Lc 21: 5-6; Jo 2:18-22); Mateus (19:16-22), Marcos (10:17-22), Lucas (18:18-25) relatam sobre Parábola do Mancebo Rico; os sinóticos relatam sobre a cura do paralítico (Mt 9:1-8; Mc 2:1-12; Lc 5:17-26); a ter Jesus andado sobre as águas; sobre sua entrada triunfal em Jerusalém; sobre sua visita a Lázaro (mesmo com as pequeninas diferenças); sobre a ceia no dia da Páscoa; sobre a delação de Judas e seu consequente suicídio; sobre à rogativa de José de Arimateia a Pôncio Pilatos, pelo corpo de Jesus; os quatro escreveram o cantar do galo por três vezes, bem como a crucificação e morte do Salvador.

Ademais, lê-se nos três Evangelhos sinópticos (Mateus, Marcos e Lucas) a tentação no deserto; a cura da hemorroíssa, da filha de Jairo, da sogra de Pedro, do menino mudo; a alegoria do pano novo em vestido velho; a família de Jesus à sua procura; a tempestade acalmada; a moeda de César; a transfiguração no Tabor; a parábola do semeador; a declaração de Jesus de que ia morrer; o seu afastamento para orar; o auxílio a Simão; o cirineu (chamado Simão) que carregou sua cruz, etc. Tudo isso é trazido com idênticos pormenores, apenas variando de palavras, como é perfeitamente natural admitir. O que fizeram os evangelistas assume proporções de um assombroso prodígio de memória, malgrado ajudados pela inspiração do Alto, para que as partes mais preciosas ao conhecimento das verdades eternas não lhes faltassem. Perguntar-se-ia: que mais exigir, em relativa fidelidade, quando nem um só historiador, no passado e no presente, conseguiu tal feito? Nada! Os evangelistas foram fiéis repórteres... Não quiseram que a luz ficasse sob o alqueire, mas sim sobre o velador... Benditos sejam eles, porque mostraram as pétalas e os espinhos com que espalharam as estradas por onde percorreu o Mestre dos mestres!

Outrossim, todos os evangelistas deram sua cota inolvidável de passagens que Jesus realizou, e cada um deles as registrou individualmente, assemelhando-se a um quebra-cabeça, onde, mesmo as peças sendo diferentes em seu formato, consegue-se unir a figura que se deseja montar. Observemos. João nos deu, como fatos inéditos, o milagre das bodas de Caná, o diálogo com Nicodemos, o diálogo com a Samaritana, o episódio da mulher adúltera, a ressurreição de Lázaro, o Lava-Pés e o futuro envio do Consolador, que o próprio Jesus prometeu. Lucas, sem ficar atrás, revelou o anúncio do Anjo Gabriel à virgem Maria, a viagem de Jesus a Jerusalém, por ocasião da festa da Páscoa, e pregou, com apenas 12 anos de idade, na sinagoga da capital judaica; deu-nos a parábola do bom samaritano, a pesca milagrosa, a pecadora em casa do fariseu, a recriminação sobre a escolha dos primeiros lugares, Jesus em casa de Zaqueu, os cuidados do corpo, a passagem de Lázaro e o avarento, e a do fariseu e o publicano. Mateus, somente com o canto inefável de amor, trazido por Jesus na coluna de *Kurun Hatin*, poderia ter rasgado as outras passagens que exarou em seu Evangelho sobre os feitos de Jesus. No entanto, presenteou-nos com maravilhosas parábolas de ensinamentos com propriedade, mexendo com nossa estrutura psicológica, em mensagens de amor e advertência.

Não devemos, não obstante, perturbar-nos se Jesus nasceu em Belém ou Nazaré; se Ele era ou não descendente de Davi. Nada disso importa se conseguirmos chegar ao cerne da sua mensagem, desvencilhando-a de todo o peso das falsas interpretações que se depositaram sobre ela no correr dos séculos. É que tais aspectos secundários são, subsidiariamente, esclarecedores e desejáveis, mas não essenciais à inteligência da mensagem em si, embora possam ajudar-nos a definir melhor certas áreas obscuras nela contidas.

O Apocalipse

Não poderíamos deixar no ostracismo a visão escatológica que João tivera na Ilha de Patmos, quando lá exilado, e que mais tarde seria conhecida como Apocalipse. É o último livro do Novo Testamento e o menos lido. Talvez isso se dê por duas razões: I) porque creem sê-lo desconectado do restante da Bíblia e, com efeito, desconheçam que dos 404 versículos de seu texto, 278 deles referem-se às Escrituras Sagradas; II) por acharem ser um livro *selado* e, por isso, ininteligível. Em verdade, é um livro *aberto* e de fácil entendimento, não sendo sinônimo de *tragédia*, como muitos pensam. A palavra *apocalipse* (do grego: *apokálypsis*) significa *revelação*.

Eis aqui também uma informação reveladora: as profecias de João (no Apocalipse) e as profecias de Daniel têm o mesmo estilo e a mesma linguagem, formando todas uma única profecia completa. Chega-se a pensar que as duas revelações foram escritas pela mesma pessoa. Existe, inclusive, informação a respeito: para o Espírito Áureo, o quarto evangelista é a reencarnação do profeta Daniel (*Universo e Vida*, cap. II).[22]

Segundo opinião de Irineu de Lião, o Apocalipse foi escrito na época do Imperador Romano Domiciano (51-96) – ou seja, entre os anos 81 e 96 –, sem precisar uma data aproximada (*Contra as Heresias*, Livro V, cap. XX). Eusébio de Cesareia, porém, diz que o exílio na árida ilha aconteceu no décimo quinto ano de Domiciano – isto é, no ano 96 (*História Eclesiástica*, Livro III, cap. XVIII). Jerônimo confirma a informação de Eusébio, asseverando que João:

> Foi um profeta, porque viu na ilha de Patmos, onde tinha sido desterrado pelo Imperador Domiciano como um mártir do Senhor, um Apocalipse contendo os ilimitados mistérios do futuro. (*Contra Joviano*, Livro I.)

O Espírito Emmanuel, no livro *A Caminho da Luz*, capítulo XIV, não informa o ano exato em que João foi preso na ilha do Mar Egeu, mas diz que sua VISÃO SIMBÓLICA, quando fora do corpo, ocorreu no final do século I, asseverando ainda que o clarividente de Patmos se encontrava em IDADE AVANÇADA. Vejamos:

> Alguns anos antes de terminar o **primeiro século**, após o advento da nova doutrina, já as forças espirituais operam uma análise da situação amargurosa do mundo, em face do porvir.
> (...) O Divino Mestre chama aos Espaços o Espírito João [Ap 1:10], que ainda se encontrava preso nos liames da Terra, e o Apóstolo, atônito e aflito, lê a linguagem simbólica do invisível.
> Recomenda-lhe o Senhor que entregue os seus conhecimentos ao planeta como advertência a todas as nações e a todos os povos da Terra, e o **velho Apóstolo** de Patmos transmite aos seus discípulos as advertências extraordinárias do Apocalipse.

Depois que Domiciano desencarnou (assassinado), o senado revogou as suas leis, ascendendo ao trono o Imperador Romano Marco Cocceio Nerva (30-98). Resultado: João Boanerges foi liberado de seu cárcere, em 97, retornando a Éfeso com cerca de 90 anos de idade.[23]

O Espírito Miramez, porém, na obra *Francisco de Assis*, capítulo I, diz que João, depois de voltar a Éfeso, CONTINUOU indo à Ilha de Patmos, onde passava temporadas com seu amigo Pátius (somente revelado nesse livro), e lá, desprendido do corpo físico, pôde ver e gravar em sua memória etérica todos os acontecimentos futuros, transferindo os respectivos quadros, depois, para a sua consciência física. E mais: o período entre essas idas e vindas à ilha sagrada durou sete anos. Desse modo, segundo Miramez, o Apocalipse não foi escrito de uma só vez. Já o Espírito Theophorus, no livro *Inácio de Antioquia*, página 534, informa que:

> A pedido de João Boanerges, seu discípulo Johannes [somente revelado nessa obra] incumbiu-se de escrever para a posteridade o relato de suas visões, no que hoje conhecemos como sendo o livro do Apocalipse.

Sigamos em frente. Alguns exegetas do Cristianismo afirmam que João fora preso na Ilha de Patmos à época do Imperador Romano Nero. Não é de todo descabida a ideia, porque: I) o estilo da escrita do Apocalipse é bem mais cheio de hebraísmos que o próprio Evangelho de João. Dessa forma, depreende-se que o livro oriundo de sua visão (ou visões) espiritual foi escrito logo que o *discípulo amado* deixou a Judeia, onde estava acostumado ao dialeto aramaico e à língua siríaca, e que somente escreveu seu Evangelho depois que uma longa convivência com os gregos da Ásia Menor o fez abandonar a maior parte dos hebraísmos; II) quem ler a 2.ª Epístola de Pedro (1:19-29) observará uma impressionante alusão ao Apocalipse, a ponto de dizer que esse livro deve ter sido escrito antes daquela epístola.

Em contrapartida, o Espírito Emmanuel, no livro *Paulo e Estêvão*, narra com detalhes inauditos a vida do apóstolo das gentes, aliando-a principalmente aos apóstolos Pedro, João e Tiago (Menor). O guia espiritual de Francisco Cândido Xavier tece detalhes sobre o período vivido por João em Jerusalém e em Jope, mas não entra nos pormenores de sua vida na Ásia Menor, apenas dizendo que o futuro evangelista, muito cedo, iniciou suas atividades na igreja de Éfeso, morando nessa cidade com Maria de Nazaré, no mínimo, desde o ano 50. Todavia, Emmanuel nada fala sobre a prisão de João na Ilha de Patmos, o que seria um acontecimento digno de menção. Ao contrário: esse respeitável Espírito relata, inclusive, a plena liberdade de João, ao ponto de ir com Simão Pedro à cidade de Corinto, e de lá irem em demanda de Roma, no ano 63.

Posto isso, concluímos que a 2.ª Epístola de Pedro tem semelhança incrível com os escritos do Apocalipse, e isso não há como negar. Mas deduzir, por essa razão, que os escritos da Ilha de Patmos foram recebidos anteriormente àquela carta, fica impossível para os que tomam como base a psicografia de Emmanuel, pois desde a saída (apressada) do *discípulo amado* de Jesus da Cidade Eterna, depois de ter sido liberado da prisão (em junho de 64), com destino certo a Éfeso, ele não mais viu Simão Pedro. E ainda se quisermos dar crédito a alguns historiadores antigos, que afirmam João ter sido preso na Ilha de Patmos no décimo segundo ano do reinado de Nero (67), questionamos: como Pedro poderia ter conhecido as "palavras dessa profecia" (Ap 1:3), se justamente nesse ano (67) ele foi crucificado em Roma?

E sobre o conteúdo do Apocalipse, o que se pode apreender? Pois bem: os que se valem desse *Livro da Revelação* como sendo um vaticínio de Jesus PARA os descalabros cometidos pelos indivíduos dos séculos vindouros, que, de qualquer maneira, viriam a acontecer, afirmamos: não é assim que devemos enxergar as palavras do "Filho do Homem" (Is 56:2; Jr 49:18; Dn 7:13), que "pelo seu anjo as enviou, e as notificou a João, seu servo" (Ap 1:1). Ora, Deus é eterno e o *eterno* não é a soma total dos tempos, da mesma maneira que o *infinito* não é a soma total do espaço. O *eterno* é, sim, a negação de qualquer parcela de tempo, bem como o *infinito* é a negação de qualquer partícula de espaço. O tempo-espaço, portanto, não existe para Deus.

Logo, se Jesus é a maior representatividade da bondade divina baixada no Planeta Terra (pelo menos para os cristãos), e Deus, que é isento de tempo-espaço, deu ao Cordeiro o Apocalipse para "mostrar aos seus servos as coisas que brevemente devem acontecer" (Ap 1:1), por que dizer, então, que as palavras dessa profecia é a PROVA do disparate da criatura humana ao longo desses dois últimos milênios? Ora, se os indivíduos tivessem aceitado, através da humildade, os ensinamentos do Crucificado, certamente teriam conquistado a paz de espírito (Jo 14:27). Em outras palavras: se Jesus diz que é dado "a cada um segundo as suas obras" (Mt 16:27; Rm 2:6; Ap 2:23; 20:13), onde está a medida do tempo-espaço na eternidade? Onde encontrar o relógio que determine o princípio e o fim dos séculos? Impossível, porque O Livro de Apocalipse não pode ser compreendido senão como uma advertência MORAL, como um modo de chamar a atenção para o desregramento coletivo, para nossas tribulações e nossa pobreza espiritual (Ap 2:9), e não como predição de ocorrências que iriam acontecer no suceder desses vinte séculos, fruto dos desvarios humanos.

O Espírito Vianna de Carvalho, no livro *Espiritismo e Vida*, capítulo XV, bem disse:

> O Apocalipse procurava expressar, em sua linguagem complexa e cabalística, os acontecimentos porvindouros, em forma de advertência e orientação de conduta moral-espiritual para os pósteros...

O Apocalipse contém muitos hebraísmos e símbolos estranhos, incoerentes para com a lógica da realidade material. Sem dúvida, é uma obra inspirada por Jesus, que foi transmitida sob orientação de Seu anjo; entretanto, apropriada à mentalidade humana do momento. Representa, em verdade, uma profecia a realizar-se no futuro, que não serve para satisfazer a curiosidade humana, permitindo um PRÉVIO conhecimento das coisas. Não. O Apocalipse veio para que depois de cumpridas as suas palavras fossem elas interpretadas por meio do acontecimento, e para que a sua Providência, e não dos que tentam interpretá-

-las, fosse com isso revelada ao mundo. Ora, não é verdade que a realização de coisas preditas com grande antecedência sempre será um acontecimento convincente de que o mundo é governado por uma Lei Superior?

Em outras palavras: os acontecimentos comprovam o Apocalipse, e, amanhã ou depois, quando outras profecias lograrem êxito e se tornarem compreendidas, fará todos conhecerem o estabelecimento da civilização crística que deverá imperar no terceiro milênio. É verossímil que algumas predições do Apocalipse já tenham sido cumpridas, e somente com a interpretação daquilo que já foi realizado é que temos de nos contentar. Esse *Livro Santo* é **revelação de ordem geral**, endereçada às várias esferas do trabalho humano – Ciência, Filosofia, Arte, Religião e, principalmente, no campo de ordem MORAL. Contudo, a principal revolução, profetizada nas visões simbólicas de João, ainda não se passou – ou seja, os terríveis sucessos gerais do *Fim dos Tempos*, os quais constituem o conteúdo mais importante do Apocalipse, pois patenteia, de forma irrevogável e matemática, as dores que irão acometer a Humanidade, "e serão deixados poucos homens" (Is 24:6), uma vez que "serão julgados os vivos e os mortos" (2 Tm 4:1.) "de um e de outro lado do rio" (Ap 22:2) – isto é, encarnados e desencarnados.

Nos dois primeiros decênios do século XXI, já estamos vivendo os tempos difíceis da transição planetária. As crises sanitárias, econômicas, político-sociais e, acima de tudo, morais, hoje mais do que nunca são ostensivas. Resultado: é notória a completa inversão de valores, convidando o ser humano à absoluta liberdade de conceitos numa apoteose sem censuras de tudo que é vil e degradante, cuja generalização no mundo atinge rapidamente até as etnias mais conservadoras. Nesse caos estão os que vivem o Bem, e, antagonicamente, os que ainda preferem permanecer na ignorância das Leis Divinas, porque ainda é permitido "quem é injusto, seja injusto ainda; e quem é sujo, seja sujo ainda; e quem é justo, seja justificado ainda; e quem é santo, seja santificado ainda" (Ap 22:11). Mas "o tempo dos mortos, para que sejam julgados, e o tempo de dares o galardão aos profetas, teus servos, e aos santos, e aos que temem o teu nome, a pequenos e a grandes, e o tempo de destruíres os que destroem a terra" (Ap 11:18) são chegados. "Como guardaste a palavra da minha paciência, também eu te guardarei da hora da tentação que há de vir sobre todo o mundo, para tentar os que habitam na terra" (Ap 3:10), pois "eis que venho sem demora; guarda o que tens, para que ninguém tome a tua coroa" (Ap 3:11) – **dia que não longe vem, mas que não se pode marcar**, uma vez que Ele está (e sempre esteve) batendo à porta de nossos corações, dizendo: "Se alguém ouvir a minha voz, e abrir a porta, entrarei em sua casa, e com ele cearei, e ele comigo" (Ap 3:20).

É uma falsa concepção de que Jesus voltará à Terra, em pessoa. A Sua volta é espiritual. Disse Ele: "Não vos deixarei órfãos; voltarei para vós" (Jo 14:18), e não ENTRE vós. Ademais, "aquele Consolador, o Espírito Santo, que o Pai enviará em meu nome" (Jo 14:26), pela voz dos mensageiros falará àqueles que têm os ouvidos da alma abertos. Supor que o Crucificado precisasse regressar a esse sórdido atoleiro (a Terra) – "o Espírito de verdade, que o mundo não pode receber, porque não o vê nem o conhece; mas vós o conheceis, porque habita convosco, e estará em vós" (Jo 14:17) – é admitir uma intromissão supérflua, uma repetição de ensinos, que já agora nada mais adiantariam ao que Ele pregou. Que viria fazer Jesus na Terra senão provocar polêmicas e explosões de ódios, que culminariam por fazê-lo ascender novamente ao Gólgota, com a ignominiosa cruz às costas? Ademais, existem referências suficientes, no Novo Testamento (Mt 14:27; 24:23,27,30; 26:29; Jo 14:19,26), que Jesus não voltará, em pessoa, a este orbe.

Caro leitor, que desejamos a colheita de vossos melhores frutos, e cujas mãos um dia, quiçá, chegará este despretensioso livro: "nos dias da voz do sétimo anjo, quando ele tocar a sua trombeta, então o mistério de Deus estará consumado, conforme ele anunciou aos seus servos, os profetas" (Ap 10:7). E quando isso se der, "a realeza do mundo passou agora para nosso Senhor e seu Cristo, e ele reinará pelos séculos dos séculos" (Ap 11:15), vendo "um novo céu, e uma nova terra. Porque já o primeiro céu e a primeira terra passaram, e o mar já não existe" (Ap 21:1). Ah! *Nesses dias* "as nações dos salvos andarão à sua luz [à luz do Cristo Jesus]; e os reis da terra trarão para ela [para a cidade santa] a sua glória e honra" (Ap 21:24), "e as suas portas [da cidade santa] não se fecharão de dia, porque ali não haverá noite [despautérios da iniquidade humana]"(Ap 21:25), já que "não entrará na cidade santa [na "nova Jerusalém", na "cidade das 12 portas", na futura civilização escolhida do terceiro milênio] coisa alguma contaminada, nem quem cometa abominação ou mentira, mas somente aqueles que estão inscritos no livro do Cordeiro" (Ap 21:27). Sejamos, pois, dignos do "direito à árvore da vida, e possam [possamos] entrar na cidade [santa] pelas portas" (Ap 22:14).[24]

Notas

1. Nas cartas de Paulo de Tarso (1 Co 16:1; 2 Co 8:4, 9:1, 12; Rm 15:25-31), a comunidade cristã primitiva de Jerusalém é chamada *os santos*. O Espírito Emmanuel, em seu livro *Paulo e Estêvão*, denomina os primeiros cristãos de Jerusalém como homens do *caminho*.
2. Gnósticos são todos aqueles que seguem os ensinamentos da *gnose* (autoconhecimento, busca interior), cujas origens se encontram nas antigas religiões orientais e nos filósofos gregos (ressaltando Sócrates).
3. Judas Iscariotes voltaria mais tarde na personalidade de Joana D'Arc, que, na hora do testemunho, enquanto era queimada viva, deu seu último grito: "Jesus!" Ali, atingiu sua redenção espiritual, à qual todos nós estamos fadados.
4. Para não deixarmos passar uma informação que contraria a paternidade de Judas Iscariotes, e deixamos apenas como conhecimento ao leitor, não significando que concordemos com ela, na obra *Saulo de Tarso – O Grande Amigo de Deus*, na página 322, iremos encontrar a informação que Anãs – sogro de Caifás, sacerdote-mor que controlava os tesouros do Templo – era pai de Judas Iscariotes, embora o tenha deserdado.
5. Tácito. (apud *Jesus e o Evangelho à Luz da Psicologia Profunda*.)
6. O Edito de Milão convidou os inúmeros discípulos do Cristo Jesus a se integrarem na organização do Império Romano; fez do Cristianismo a religião oficial do Estado. Em verdade, uma religião estatal, defendida mediante armas, para matar os inimigos; uma religião política, para enganar os amigos; uma religião cheia de dinheiro, para comprar e vender consciências.
7. A arqueologia também tem contribuído sobre o Jesus histórico. Um notório exemplo é a cidade de Séforis. No início do período de dominação romana, quando o rei de Chipre Ptolomeu IX Látiro, também chamado de Ptolemeu IX Sóter II (143-80 a.C.), atacou-a, "foi repelido com grandes perdas. Em vez de continuar esse assédio, ele marchou contra Alexandre [Janeu], rei [asmoneu] da Judeia" (*Antiguidades Judaicas*, Livro XIII, cap. XXI, § 551).

    Mais tarde, ao tempo de Herodes I, Séforis tornou-se um importante centro administrativo da Galileia. Após a morte do rei idumeu, em 4 a.C., a cidade acabou sendo o centro da Rebelião na Galileia. Essa revolta judaica contra o Império Romano foi esmagada pelo general Públio Quintílio Varo (46 a.C.-15), governador romano da Síria, que mobilizou três legiões, reunindo um total de 20.000 soldados. Varo "pôs em fuga todos os que quiseram oferecer resistência, tomou a cidade de Séforis, vendeu em leilão todos os seus habitantes, incendiou-a e a reduziu a cinzas" (*Antiguidades Judaicas*, Livro XVII, cap. XII, § 752). Em suma: Séforis foi totalmente destruída.

    Herodes Antipas, como já relatamos na Parte III deste livro, herdou de seu pai o território da Galileia e começou imediatamente a reconstrução de Séforis, tornando-a sede do seu governo até que fosse construída a cidade de Tiberíades. As primeiras escavações em Séforis aconteceram em 1930. Foram retomadas em 1985, e desde 1990 quatro equipes estão trabalhando nesse sítio arqueológico, situado sobre uma colina no meio de um vale, com vegetação verde em abundância, distando poucos quilômetros de pequenas lagoas. Séforis, depois de tantas descobertas arqueológicas, já é considerada uma acrópole que foi sustentada por uma população numerosa, situada em um lugar estratégico, com inúmeras construções de edifícios, inclusive um grande teatro.

Para alguns historiadores e arqueólogos, que estudam o Novo Testamento, a recuperação do sítio de Séforis é importante para reconstruir o mundo de Jesus na Galileia. Nazaré, à época do Crucificado, contava com uma população de, no máximo, 300 pessoas. O matemático canadense, historiador do cristianismo primitivo e teólogo liberal Shirley Jackson Case (1872-1947), em uma matéria do *Journal of Biblical Literature*, do ano 1926, diz que Jesus e o seu pai eram artesãos de construção, e que provavelmente participaram da reedificação de Séforis, a mando de Herodes Antipas.

Sobre Jesus ter feito serviços de carpintaria em Séforis, por ocasião da reconstrução da cidade, não podemos precisar. Quanto a seu pai, porém, achamos uma informação espiritual que corrobora a tese de Shirley Case – ou seja, trabalho remunerado não existia em Nazaré, por ser uma pequenina aldeia, e os ofícios de seus habitantes eram exercidos em Séforis, cidade próxima àquela em que Jesus foi criado. Aqui vai a mensagem do Espírito John W. Rochester, contida no livro *Cornélius, o Centurião que viu jesus!*, na Terceira Parte: "José, pai de Jesus, era carpinteiro e estava trabalhando há alguns meses na construção de um palácio para Herodes, em Séforis, quando ocorreu um acidente em pleno trabalho. Jesus contava nessa época 16 anos [de idade], um adolescente. Maria, sua mãe, atravessou sérias dificuldades financeiras, com o desparecimento do esposo. Pediu, então, a Jesus para reclamar de Herodes o pagamento do trabalho de José. Ele lhe respondeu com deboche: – só pagarei se o morto vier aqui receber!"

8. O jornalista carioca Manuel Quintão (1874-1955) foi o 8.º, 10.º e 15.º Presidente da Federação Espírita Brasileira, cujos mandatos são: 1915, 1918-1919 e 1929. Fora ele quem colocou o médium Francisco Cândido Xavier (1910-2002) no cenário espírita, tendo sido o responsável pela publicação do primeiro livro psicografado pelo médium mineiro – *Parnaso de Além-Túmulo* (Editora FEB, 1932). Segundo informação do sobrinho-neto de Chico Xavier, Sérgio Luiz, em vidas passadas Quintão foi discípulo de João Evangelista e de Ignácio de Antioquia, na cidade de Esmirna (província romana da Ásia Menor). Nessa existência, assumiu a personalidade de Policarpo de Esmirna (69-155). O próprio Presidente da FEB foi informado pelo Chico dessa revelação espiritual, e em um de seus últimos artigos doutrinários escreveu para concluir: "Policarpiando..."

9. Papias foi bispo de Hierápolis, na Frígia. Tudo que sabemos dele e o que ele escreveu iremos encontrar no livro *História Eclesiástica*, de Eusébio de Cesareia.

10. Flávio Justino, o Mártir, nasceu em Flávia Neápoles, na Samaria, fundada no ano 72 por Vespasiano, sobre a antiga cidade Siquém. As obras de Justino são: *I Apologia, II Apologia* e *Diálogos com Trifão*. Nesta última, Trifão e Justino estão caracterizados, desde o início, a partir das ideias que têm de Deus e da Filosofia. Assim sendo, Trifão infor-

ma ter sido ensinado por um socrático e faz declarações pessoais sobre sua religião e meio onde vive: "Sou um hebreu circuncidado que, fugindo da guerra há pouco terminada, vivo na Grécia, e passo a maior parte do tempo em Corinto" (*Diálogos* 1:3). Justino, por sua vez, narra o diálogo em primeira pessoa, como buscador incansável, e expõe ter experimentado, em seu itinerário intelectual, várias filosofias: pitagórica, estoica, peripatética (de Aristóteles) mas nenhuma o havia deixado satisfeito, embora faça algumas considerações favoráveis à filosofia platônica.

11. Irineu de "Lião" foi discípulo de Policarpo de Esmirna (*História Eclesiástica*, Livro V, cap. XX), e "nessa cidade", hoje localizada na França, foi "torturado, com todos os requintes da violência perversa, até o último suspiro" (*Ave Cristo*, cap. III).

12. Clemente de Alexandria nasceu em Atenas. Foi um apologista que ligou o Cristianismo à filosofia de Platão.

13. Tertuliano nasceu em Cartago, na África. Estudou Direito e exerceu profissão em Roma. No ano 193 converteu-se ao Cristianismo, sofrendo perseguições. Foi o primeiro autor cristão a produzir uma obra literária em latim. Em sua obra mais conhecida – *Apologeticum* –, no capítulo XIII, iremos ler relatos dos fenômenos de efeitos físicos (mesas girantes) realizados na Cidade Eterna, hoje muito bem explicado pelo Espiritismo, em *O Livro dos Médiuns*, no capítulo XIV. Tertuliano rompeu com a Igreja Católica no ano de 200, e aderiu ao Montanismo – movimento cristão fundado por um homem chamado Montano (?-†), em 156, que se organizou e difundiu em comunidades na Ásia Menor (região da Frígia), em Roma e no norte da África. Na *Revista Espírita* de maio de 1861 encontra-se entrevista de Tertuliano com irmãos espíritas de São Petersburgo, e Allan Kardec afirma que "pode ser ele [Tertuliano], sem poder afirmá-lo, ou um Espírito de sua categoria que tomou o seu nome para indicar a classe que ocupa". Vale a pena conferir o diálogo com o escritor cristão do século II.

14. A mais famosa obra de Orígenes foi *Tratado Sobre os Princípios*. Sua vida e seus pensamentos encontram-se resumidos na Parte II do livro *A Filosofia da História, sob a Visão Espiritual* (Editora AGE, 2019), de nossa autoria.

15. Emmanuel (*O Consolador*, perg. 321.)

16. Emmanuel. (*Há Dois Mil Anos*, cap. V.)

17. Humberto de Campos. (*Boa Nova*, cap. XVIII.)

18. Amélia Rodrigues. (*Primícias do Reino*, cap. XVII.)

19. Há 52 catacumbas, de vários tamanhos, no subsolo de Roma, sendo algumas de cinco andares sobrepostos. É uma verdadeira necrópole, com 4 milhões de sepulturas em mais de 800 km de galerias subterrâneas.

Uma das maiores catacumbas (20 km de extensão) está localizada no cemitério de São Calisto. Lá se encontram enterrados 16 Papas da Igreja Católica, dentre eles o Papa Dâmaso (305-384), que, desejando atender ao clamor geral, encarregou Jerônimo (347-420) de estabelecer, em latim, o texto definitivo das Escrituras.

20. Apud. Amélia Rodrigues. (*Há Flores no Caminho*, p. 21.)
21. Fílon foi um sábio judeu de Alexandria, que viveu até o ano 80, e que o próprio João (evangelista) procurou segui-lo. Era um homem amplo em pensamento, sublime e elevado em suas ideias acerca dos escritos divinos, tornando suas exposições das sagradas palavras igualmente extraordinárias, por sua variedade em assuntos e estilos. Eusébio de Cesareia, em seu livro *História Eclesiástica*, no capítulo IV, diz que "Fílon tornou-se notável, homem muito destacado por sua cultura, não apenas entre os seus, mas entre os que vinham de fora. Quanto à sua origem, era descendente dos hebreus, inferior a ninguém em Alexandria no que tange à dignidade de família e nascimento. Quanto às divinas Escrituras e às instituições de seu país, seu amplo e extenso labor, suas obras falam por si. E não é necessário dizer o quanto era bem qualificado em filosofia e nos estudos liberais de países estrangeiros, já que era seguidor zeloso da seita de Platão e Pitágoras, dizendo-se que teria sobrepujado todos os seus contemporâneos." No capítulo V, da mesma obra, Eusébio afirma que "Fílon menciona as agruras dos judeus sob Caio [Calígula] e a embaixada que ele mesmo realizou quando enviado à cidade de Roma em favor de seus compatriotas em Alexandria; como que, ao pleitear diante de Caio em favor das leis e instituições de seus ancestrais, recebeu em troca nada senão riso e zombaria, e quase pôs em risco a vida."
22. Daniel ou Beltessazar (Dn 1:7) – criado no palácio do rei Nabucodonosor II com outros jovens judeus – era médium clarividente por excelência. Certa feita, esse rei sonhou que tinha visto uma grande figura com cabeça de ouro, peito e braços de bronze e pernas de ferro e barro. Depois que os sábios do reino já não conseguiam contar o sonho do monarca e interpretá-lo, Daniel assim o fez. A princípio, o jovem profeta não entendeu a mensagem do sonho. Pediu prazo ao rei, recolheu-se e orou, rogando ajuda espiritual para acertar, com exatidão, a experiência onírica de Nabucodonosor II. A quem possa interessar, o soberano já havia decretado a morte de todos os profetas, adivinhos do reino que não conseguiram interpretar seu sonho. "Então foi revelado o mistério a Daniel numa visão de noite; então Daniel louvou o Deus do céu" (Dn 2:19). Conseguindo audiência com o monarca (Dn 2:24), disse-lhe: "O segredo que o rei requer, nem sábios, nem astrólogos, nem magos, nem adivinhos o podem declarar ao rei; mas há um Deus no céu, o qual revela os mistérios; ele, pois, fez saber ao rei Nabucodonosor o que há de acontecer nos últimos dias; o teu sonho e as visões da tua cabeça que tiveste na tua cama são estes" (Dn 2:27-28). E o jovem profeta narra (Dn 2:32-45) que a cabeça de ouro representava o Império Babilônico (606-536 a.C.). A parte de prata representava o reino seguinte à Babilônia – o Império Medo-Persa (536-330 a.C.) –, um reino inferior à Babilônia. A parte de bronze representava o reino seguinte, o qual reinaria sobre toda a Terra – o Império Grego (330-146 a.C). O quarto reino era o Império Romano (146 a.C.-476). Seria nos dias desses reis, os romanos, que "o Deus do céu levantará um reino que não será jamais destruído; e este reino não passará a outro povo; esmiuçará e consumirá todos esses reinos, mas ele mesmo subsistirá para sempre" (Dn 2:44).

Outra relevante passagem mediúnica de Daniel aconteceu com o rei caldeu (cor-regente na cidade da Babilônia), Belsazar ou Baltazar (?-†), quando o profeta anunciou o fim de seu reinado, cujos dias estavam contados e que ele nada tinha realizado de espiritualmente proveitoso (Dn 5:25), uma vez que fora pesado na balança e achado muito leve (Dn 5:26). Seu reino seria dividido e entregue aos medos e aos persas (Dn 5:27). Assim se fez: naquela mesma noite morre Belsazar e Dario, o Medo (?-†), ocupou o reino (Dn 5:30-31).

O *Príncipe do Cativeiro Babilônico* (Daniel), à semelhança do *discípulo amado* (João) no Apocalipse, também teve clarividências, mostradas por um anjo, e as registrou. Iremos nos ater a uma delas (Dn 9:24-26), porque demarca uma data impressionante, a contar do Decreto de Artaxerxes (em 444 a.C.) até a crucifixão de Jesus. Conheçamos essa profecia: "Setenta semanas estão decretadas para o seu povo e sua santa cidade a fim de acabar com a transgressão, dar fim ao pecado, expiar as culpas, trazer justiça eterna, cumprir a visão e a profecia, e ungir o santíssimo. Saiba e entenda que, a partir da promulgação do decreto que manda restaurar e reconstruir Jerusalém até que o Ungido, o príncipe, venha, haverá sete semanas, e sessenta e duas semanas. Ela será reconstruída com ruas e muros, mas em tempos difíceis. Depois das sessenta e duas semanas, o Ungido será morto, e já não haverá lugar para ele. A cidade e o Lugar Santo serão destruídos pelo povo do governante que virá. O fim virá como uma inundação: guerras continuarão até o fim, e desolações foram decretadas."

Pois bem. Jeremias (25:11-12), no século VII a.C., médium que era, revela a duração limitada do cativeiro babilônico. Ei-la: "Toda esta terra [Jerusalém] se tornará uma ruína desolada, e essas nações estarão sujeitas ao rei da Babilônia durante setenta anos. Quando se completarem os setenta anos, castigarei o rei da Babilônia e a sua nação, a terra dos babilônios, por causa de suas iniquidades, declara o Senhor, e a deixarei arrasada para sempre." Não olvidamos que Daniel, judeu que era, conhecia a profecia supracitada de Jeremias, e, certa feita, "dirigiu seu rosto ao Senhor Deus, para o buscar com oração e súplicas, com jejum, e saco e cinza" (Dn 9:2-3), pedindo a Deus uma resposta sobre o destino de seu povo.

O anjo Gabriel mostrou a Daniel (9:24-26), fora do corpo, não somente o término do cativeiro babilônico (de setenta anos), mas também o advento de Jesus e Sua morte. Vejamos: a expressão hebraica usada pelo anjo para definir "semana" foi *shabua*, que significa literalmente *sete*. É bem verdade que Daniel iria usar no capítulo seguinte o termo hebraico *sete*, quando declara que jejuou "por três semanas" (Dn 10:2-3). Mas aqui o contexto exige uma semana de dias – ou seja, *três sete de dias*. No capítulo IX, porém, Daniel não se utiliza da semana de sete dias, pois usou o vocábulo hebraico *shabua* sozinho, quando se referiu à conhecida "semana de anos" (Gn 29:27). Portanto, "setenta semanas estão decretadas para seu povo e sua santa cidade" quer dizer *setenta sete de anos*.

Cabe salientar que o ano profético é de 360 dias e não de 365 dias, conforme o calendário solar (oficial). Existem vários livros que demonstram, através de simples cálculos, o ano judaico de 360 dias, tomando como base o Dilúvio (Gn 7:11; 8:4). Até os dias atuais os judeus mantêm o calendário bíblico (profético), e, na intenção de compensar a diferença do calendário gregoriano (solar), os rabinos fazem um ajuste a cada 19 anos.

Para entender as 70 semanas de Daniel, o anjo Gabriel estava considerando, em sua profecia, que um ano contivesse 360 dias, trazendo literalmente a data que Jesus seria crucificado. Olha só: as primeiras "sete semanas" da profecia dizem respeito ao tempo que vai do Decreto de Artaxerxes, em 444 a.C., até a restauração completa de Jerusalém. Equivalem, portanto, a 49 anos. As seguintes "sessenta e duas semanas" da profecia, resultam na importância de 434 anos. A partir do momento em que Artaxerxes assinou o Decreto, concedendo a libertação dos judeus do cativeiro na Babilônia (440 a.C.), até a imolação de Jesus (33), passaram-se 483 anos (ou 69 semanas = 7+62). Se multiplicarmos 483 anos por 360 (ano judaico), teremos 173.880 dias.

Entretanto, se o leitor percuciente quiser fazer o cálculo usando o calendário oficial de 365 dias, dizemos que Sir Robert Anderson (1841-1918) já o fez e apresentou o resultado em seu notável livro *The Coming Prince*, no capítulo X. O teólogo e escritor irlandês multiplicou 476 anos (de 444 a.C. até 33) por 365 dias (ano oficial), chegando a 173.740 dias. Ato contínuo, somou todos os anos bissextos daquele período (que totalizaram 116 anos), e acrescentou mais 24 dias para compensar as horas a mais do ano solar. Resultado? Ah! 173.880 dias.

Encerrando a profecia que nos limitamos a analisar (Dn 9:24-26), quando o anjo Gabriel diz que "a cidade e o Lugar Santo serão destruídos pelo povo do governante que virá" referia-se à destruição do Templo de Jerusalém, em 70, pelo General Romano e futuro Imperador Flávio Tito Vespasiano. Já falamos sobre esse acontecimento na Parte III deste livro.

23. Marco Nerva tinha 66 anos de idade quando o senado o nomeou *princeps* (que significa *primeiro*) – o mesmo título dado a Otaviano César, em 27 a.C. O Imperador Romano Nerva, justo e clemente, distribuiu terra entre os pobres, anulou muitos impostos, liberou os judeus do tributo a que eram obrigados, fortaleceu as finanças do Estado fazendo economia no lar e na administração. Três meses antes de seu desencarne, indicou como sucessor seu filho adotivo Marco Úlpio Trajano.

24. Caro leitor. Escrever um comentário sobre o Apocalipse, dentro dos limites de um capítulo, é impossível. A principal série de visões do apóstolo João representa os eventos em sua sequência cronológica; mas o curso deles é ocasionalmente interrompido por visões episódicas. Portanto, o primeiro e mais importante passo para uma compreensão correta do Apocalipse é distinguir entre as visões seriais e episódicas do livro. Isso não faremos aqui neste livro, porque a tentativa envolveria um afastamento do propósito especial e do assunto destas páginas. Existem várias obras competentes nesse intuito. Aliás, pouquíssimos autores, encarnados e desencarnados, não fizeram alguma descoberta que valha a pena conhecer.

Quanto a nós, as pequenas e despretensiosas considerações que tecemos sobre o Apocalipse, bem como as citações de alguns dos seus capítulos, oxalá possam ter colaborado para o entendimento do contexto em que o *Livro Santo* apareceu, e que amanhã, talvez, em um estudo íntimo, o leitor percuciente consiga melhor entender os símbolos cabalísticos que João vira quando fora de seu corpo, exarando-os em forma de palavras proféticas quase infantis e obscuras, mas perfeitamente condizente com "alguém" iniciado no esoterismo da cabala hebraica.

PARTE VI

A crítica racionalista

Breve abordagem

Muito tempo se passou e ninguém havia pensado em questionar a realidade histórica de Jesus, muito menos ainda em consolidá-la, utilizando-se da metodologia historiográfica para identificar e separar, em ordem, fatos para um lado e fantasias para outro. Pois bem: era o que cabia apurar. A essa tarefa hercúlea, pela escassez ou quase inexistência de documentação historicamente confiável, dedicaram-se alguns dos mais brilhantes e eruditos talentos, especialmente na Alemanha, no intuito de entender melhor o pensamento de Jesus, a partir de uma visão mais nítida de sua personalidade, observada sob um ponto de vista mais histórico do que teológico.

Foi então que, em meados do século XVIII e no começo do século XIX, a crítica racionalista, naturalmente infensa em admitir os prodígios e *milagres* de Jesus, por contrários à ciência positiva, vibrou os primeiros golpes sobre os textos evangélicos, conquanto tenham comprovado seu caráter legítimo. Sem ter como explicá-los, e sem poder ignorá-los, preferiu considerá-los como arranjos acrescentados às narrativas, com o objetivo de atestarem a condição messiânica de Jesus, conforme endossadas no Velho Testamento.

Resultado? As primeiras obras racionalistas sobre a vida de Jesus estão, de um ponto de vista estético, entre as menos agradáveis de todas as produções teológicas. O sentimentalismo de suas representações não tem limites. Sem limite também, e ainda mais inaceitável, é a falta de respeito para com a linguagem de Jesus. "Tradutores e teólogos interessados em preservar opiniões pessoais, e arbitrárias algumas, passaram a adulterar os textos sem a menor consideração com a tradição histórica nem a sua autenticidade original."[1] Ele (Jesus) tem que falar de uma forma racional e moderna; portanto, todas as suas falas são reproduzidas em um estilo da mais polida modernidade. Nenhuma frase foi deixada como foi falada; todas elas são feitas em pedaços, parafraseadas, expandidas, e, algumas vezes, com o intuito de torná-las realmente vívidas; elas são refeitas no molde do diálogo livremente (e infelizmente) inventado. Na maioria dos livros racionalistas sobre a vida de Jesus, nem uma só de suas falas mantém sua forma autêntica.

Entretanto, não podemos ser injustos com os seus autores, pois o que eles pretendiam era trazer Jesus para perto do próprio tempo deles, e assim fazendo tornarem-se os pioneiros do estudo histórico de Sua vida, ainda que pese esse declarado Jesus histórico não ser uma figura puramente histórica, mas alguém que foi artificialmente transplantado para a história. Isso será demonstrado ao longo desta Parte VI, **pois iremos, sim, fazer uma crítica construtiva aos mais conhecidos críticos racionalistas**. Portanto, estamos longe de sermos hostis para com eles ou aos seus argumentos suscitados. Já estamos em uma fase do processo de transição planetária, que nossos erros seculares do passado não mais são permitidos. Apontar culpados, acusá-los e condená-los trouxe-nos consequências funestas que nos debilitaram diante do progresso moral e espiritual a que todos nós estamos fadados.

O objetivo deste livro, como um todo, e principalmente nesta Parte VI, é identificar, com urgência, a verdadeira face do Cristianismo, e, depois de recuperado o conteúdo esquecido da mensagem do Cristo Jesus, sem as complexidades teológicas, sem a rigidez cadavérica do dogma, sem os rituais vazios e inúteis, sem as hipocrisias encapadas de *fraternidade*, levarmos ao leitor o perfil do ser *crístico* ideal, já tão gravado e exposto nas centenas de obras espíritas, quando os próprios Espíritos (desencarnados) nos advertem, por amor, o quão desfigurados se encontram os ensinamentos do Crucificado – o Modelo não seguido –, já que por séculos de desastradas manipulações e desastrosos abusos, malbaratamos suas alvíssaras libertadoras. Infelizmente, vivemos um Cristianismo judaico e não um Cristianismo crístico-evangélico. Assim falou Mohandas Karamchand Gandhi (1869-1948): "Aceito Cristo e o seu Evangelho; mas não aceito o vosso Cristianismo; sou crístico, mas não sou cristão."

Sim! Usamos o vocábulo *crístico* e não *cristão*, de forma proposital, pois aquele termo traz uma ideia mais precisa do verdadeiro significado da proposta trazida por Jesus, e tantos outros enviados por Ele, ao nosso planeta Terra. Ou seja, um Homem pode estar externamente no Cristo, sem ser internamente do Cristo; um Homem pode ser cristão, sem ser crístico; um Homem pode ser nominalmente do Cristo, sem viver realmente de acordo com o espírito do Cristo; pode ser espiritualmente estéril, apesar de ser ritualmente cristão. Existem cerca de um bilhão de cristãos no mundo. Mas quantos deles são crísticos? Em suma: todo ser crístico é cristão, mas nem todo ser cristão é crístico. Jesus era crístico e não cristão, pois aquela palavra é sideral, sinônimo de amor universal, sem quaisquer peias religiosas, doutrinárias, sociais, convencionais ou racistas! É o amor divino e ilimitado de Deus, que transborda incessantemente através dos homens independente de quaisquer interesses e convicções pessoais.

Já a palavra *cristão*, criada pelo Evangelista Lucas (At 11:26), é vocábulo consagrado na superfície do nosso orbe terrestre e que define particularmente o homem ou mulher seguidor de Jesus, isto é, adepto exclusivo do Cristianismo! Os cristãos são Homens que seguem os preceitos e os ensinamentos de Jesus de Nazaré; mas os crísticos são as almas universalistas e já integradas no metabolismo do amor divino, que é absolutamente isento de preconceitos e convenções religiosas. Para os crísticos não existem barreiras religiosas, limites racistas ou separatividades doutrinárias, porém flui-lhes um amor constante e incondicional sob qualquer condição humana e diante de qualquer criatura sadia ou delinquente. Em sua alma vibra tão somente o desejo ardente de servir sem qualquer julgamento ou gratidão alheios.

O ser crístico é alguém cujo dom excepcional de empatia o faz sentir em si mesmo a ventura e o ideal do próximo. O homem cristão, no entanto, pode ser católico, protestante, espírita, rosacruciano, teosofista, umbandista ou esoterista; mas só o crístico é capaz de diluir-se na efusão ilimitada do amor, sem preferência religiosa ou particularização doutrinária. Para o ser crístico, as igrejas, os templos, as sinagogas, as mesquitas, as lojas, os centros espíritas, os terreiros de Umbanda ou círculos iniciáticos são apenas símbolos de um esforço louvável gerados por simpatias, gostos e entendimentos pessoais na direção do mesmo objetivo – Deus. O homem crístico é avesso aos rótulos religiosos do mundo, alérgico às determinações separativistas e para ele só existe uma religião latente na alma – o amor.

Ó amor! Tu representas um processo magnético de escoamento vibratório, impossível de ser expresso em termos racionais! Tu atuas em níveis supraconscienciais capazes de transmitir efeitos não registrados conscientemente, mas captados na faixa espiritual fora do tempo, do espaço e da conceituação comum! O Grande Modelo que veio em teu nome foi vilipendiado e colocado no madeiro da infâmia, balouçando como um trapo ao vento! Quanta tolice! Ele era firme e amorável simultaneamente, e essas suas características provinham do fato de conhecer profundamente a tua Lei, mas, por isso mesmo, Sua tarefa se constituiu em exortar, pelos atos, que O seguissem, sem violentar os seres em sua caminhada evolutiva. Sofrendo o impacto das criaturas humanas imersas nas sombras, sem os repelir, Ele deixou gravada na aura da Terra a tua mensagem – aquela que não magoa nem mesmo quando magoado, por saber que tu vieste para servir no padrão mais elevado, mesmo quando esse nível não é ainda valorizado! A tua grande magia – ó amor! – abarca as consciências independente de estarem ainda denegridas e não conseguirem responder no mesmo diapasão.

Encerramos nossa breve abordagem informando que, não diferente de um passado distante, hoje sabemos que há muitos eruditos tentando ensinar uma verdade que ignoram, seja no meio espírita ou na Teologia Eclesiástica.[2] Mas aos *simples*, que a conhecem pela força mágica da intuição, convidamo-los, a seguir, saberem quem foram os principais representantes racionalistas que saíram a campo, pela primeira vez na história da teologia, para escrever a vida de Jesus, com o propósito de conseguir uma visão mais clara do curso existencial de Nosso Senhor Jesus (o Cristo), em sua vida terrena e humana, ainda que a maioria das vezes esses teólogos racionalistas tenham se perdido pelo caminho. Vamos, então, conhecer um pouquinho de cada um deles e como eles pensavam. De resto, iremos confrontar apenas ALGUNS de seus escritos com a Doutrina dos Espíritos, em seu tríplice aspecto – filosófico, científico e moral.

Hermann Samuel Reimarus – A Santíssima Trindade e o Batismo

Embora os críticos racionalistas, oficialmente, tenham publicado suas obras no segundo quartel do século XVIII, conforme relatamos, repetimos que ninguém até então havia tentado formar uma concepção histórica sobre a vida de Jesus. Esse papel coube ao filósofo, historiador e teólogo alemão Hermann Samuel Reimarus (1694-1768). Ele preconizava uma religião racional, em contraposição à sustentada pela fé, como propunham as Igrejas cristãs. Nada existiu que preparasse o mundo para um livro de tal força como o do alemão Reimarus. Para não deixarmos no ostracismo, é verdade que houve antes, em 1768, uma obra sobre a vida de Jesus escrita pelo teólogo suíço Johan Jakob Hess (1741-1828), cujo título é *História dos Três Últimos Anos da Vida de Jesus*.

Hess guiou o destino da Igreja em Zurique (Suíça), de maneira segura, através dos tempos tumultuados da Revolução Francesa. Ele não era um pensador profundo, mas era deveras ilustrado. Seu livro baseia-se em uma combinação harmonizante dos Quatro Evangelhos. A despeito disso, infelizmente, Hess admite que os milagres são um empecilho, embora essenciais para a narrativa dos Evangelhos e para a revelação. Por outro lado, muito positivo, ele ressalta que o erro dos judeus foi olhar todos os atos de Jesus apenas do ponto de vista de seu caráter estranho e miraculoso, esquecendo seu ensinamento moral. E sobre a peculiar beleza das falas de Jesus, Hess não deixa um traço sequer. Para dar aos Evangelhos o verdadeiro sabor literário, todas as parábolas (passagens) ele as narra de forma encoberta.

Apresentaremos apenas um exemplo – a bem-aventurança dos que choram (sofrem). Assim ela aparece sob o seguinte disfarce: "Felizes são aqueles que entre as adversidades do presente fazem o melhor que podem e submetem-se com paciência, pois tais pessoas, se não veem melhores tempos aqui, com certeza receberão conforto e consolação em outro lugar". O leitor consegue perceber que na passagem supracitada a fala de Jesus foi reproduzida em um estilo moderno de se escrever? Pois é: toda a obra de Hess traz uma visão mascarada do que realmente Jesus falou.

Mas o leitor atento pode estar se perguntando: como é possível Hess ter escrito sua obra em 1768, e sê-la anterior a Reimarus, se este desencarnou em 1768? Iremos explicar. Pouco se sabe sobre o filósofo e escritor alemão do Iluminismo, que é lembrado por seu Deísmo – doutrina esta que rejeita a revelação como fonte de conhecimento religioso e afirma que a razão e a observação do mundo natural são suficientes para estabelecer a existência de um Ser Supremo ou criador do Universo. Para seus contemporâneos, Reimarus não existia, **e seu livro mais importante – um tratado com quatro mil páginas (hoje conservado na Biblioteca Municipal de Hamburgo) – permaneceu, em sua maior parte, inédito**. O pouco que foi divulgado desordenadamente, até o ano de 1778, gerou muitas controvérsias.

Outra pergunta, então, aparece: como Reimarus surgiu no mundo literário, se a maioria dos seus escritos só eram conhecidos pelos seus mais próximos, sendo, com isso, manuscritos anônimos? Foi o teólogo exegeta alemão David Friedrich Strauss (1808-1874) que tornou o filósofo da religião racional conhecido, quando estudou e divulgou o livro *Reimarus e Sua Apologia para os Adoradores Racionais de Deus*, de autoria do próprio Strauss. A principal contribuição de Reimarus para a ciência teológica foi a análise do Jesus histórico através da obra supracitada. Quanto a Strauss, falaremos sobre ele mais a frente, ainda nesta Parte VI. Nosso espaço neste livro, conforme afirmamos no Exórdio, não é suficiente para demonstrarmos tudo que desejaríamos. Iremos, então, contextualizar apenas duas temáticas que Reimarus desenvolve em sua obra-prima sobre Jesus, a saber: a Filiação Divina (Trindade) e o Batismo.

Reimarus afirma que para chegar a uma compreensão histórica dos ensinamentos de Jesus, deve-se deixar para trás o que se aprende no catequismo acerca da metafísica Filiação Divina, bem como conceitos dogmáticos semelhantes, e mergulhar em um mundo mental totalmente judaico, pois segundo Reimarus apenas aqueles que transportam os ensinamentos do catequismo para dentro da pregação do Messias Judaico chegarão à infeliz ideia de que Ele foi o fundador de uma nova religião. Reimarus está certo. Jesus não foi o *fundador* do Cristianismo, mas sim a *semente* do Cristianismo. O historiador alemão ainda reforça que Jesus jamais teve a intenção de lançar fora a religião judaica e colocar outra no lugar. Aqui também concordamos com ele. Basta revisarmos o Evangelho de Mateus, capítulo V, versículos 17 a 20, onde o Crucificado assevera: "Não penseis que vim revogar a Lei ou os profetas: não vim revogar, mas completar. Pois em verdade vos digo: até que o céu e a Terra caduquem, de modo algum caducarão, nem um *i*, nem um til da Lei, até que tudo evolua."

Nessa passagem acima, Jesus declara que não veio revogar, mas COMPLETAR a Lei. As traduções vulgares trazem o verbo CUMPRIR, o que não seria nada de extraordinário, já que TODOS nós viemos também para cumprir a Lei: seria uma afirmativa inútil. Todavia o verbo *plêrâsai*, do grego, significa COMPLETAR. A missão de Jesus, então, é trazer complementos, acréscimos, para completar o que Moisés ensinou. Ora, o Antigo Testamento era o germe da revelação divina. O Novo Testamento é a árvore na plenitude da sua evolução e beleza. A lei antiga era a aurora; a lei evangélica é a flor em todo esplendor das suas cores e na doce fragrância dos seus perfumes.

Depois dessa declaração peremptória, Jesus começa a fazer um paralelo entre a imperfeição da lei mosaica e a perfeição do Evangelho. Assim como o escultor, depois de desbastar o bloco de mármore, põe de parte o martelo e a talhadeira, e lança mão do cinzel, do buril e do esmeril, a fim de dar à obra a última perfeição e imprimir-lhe a feição característica do seu ideal, assim veio também o divino artista rematar a obra de Deus principiada no paraíso terrestre e continuada, através de séculos e milênios, até a plenitude dos tempos. E depois de traçar o paralelo entre o Evangelho e o código de Israel, Jesus começa a demonstrar os pormenores da superioridade do Evangelho sobre a Torah. São cinco oposições entre as palavras da Torah e os ensinamentos mais elevados de Jesus.

Voltemos ao assunto da Filiação Divina, trazendo os esclarecimentos que haveis mister. Em 1054, o arcebispo Miguel Cerulário (1000-1059), de Constantinopla, fundou a Igreja Ortodoxa Oriental, que se separou da Igreja Romana. O Papa Leão IX (1002-1054) excomungou Cerulário, que, por sua vez, excomungou também o Papa Leão IX. Foi por essa razão que no ano de 1274 aconteceu o Concílio Ecumênico de Lyon/França, a fim de trazer mais luz sobre as polêmicas doutrinárias e teológicas dos concílios anteriores. Todavia, complicou-se mais ainda. O tema Espírito Santo, que até então estava esquecido entre os teólogos, veio à tona, tendo sido também objeto no Concílio de Lyon, que, a seu turno, proclamou o Dogma do Filioque – expressão latina que significa *e do Filho*.

A Igreja ortodoxa ensinava que o Espírito Santo procede só do Pai, enquanto a Igreja Romana afirmava que o Espírito Santo procede do Pai, sim, mas também do Filho. Em verdade, a Igreja Romana reforçava a tese de Atanásio (296-373) – teólogo de Alexandria –, que afirmava ser Jesus também Deus. A Igreja Romana, portanto, criou o dogma da Trindade – Deus dividido em três pessoas distintas, sendo, entretanto, uma só. Ora, se há três entidades – Pai, Filho e Espírito Santo –, há necessariamente três *deuses* diferentes, incriados, vivendo *ad eterno*, dos quais somente dois manifestaram-se ao mundo: I) o Filho, em forma de homem, nascendo, padecendo, morrendo e ressuscitando; II) e o Espírito Santo, em forma de pomba, no batismo de Jesus, e em línguas de fogo sob a fronte dos apóstolos, no Pentecostes.

Mas há um detalhe etimológico que precisamos desvelar. No original grego do Novo Testamento, as expressões *espírito* e *pneuma* foram traduzidas para o latim da Vulgata, por São Jerônimo (347-420), como *spiritus*. Já o termo *santo*, em grego, é *hagion*, e São Jerônimo verteu para a Vulgata, com a expressão latina *sanctus*. Acontece que a locução *Espírito Santo* ou *Santo Espírito* não existia no Velho Testamento, pois só havia um Deus. E mais: tanto na Septuaginta (Versão Alexandrina ou Versão dos Setenta), quando o Velho Testamento foi traduzido para o grego, cerca de 250 a.C., como nos textos gregos do Novo Testamento, quando aparece a expressão *Espírito Santo* ou *Santo Espírito*, não se trata do Espírito Santo da Santíssima Trindade, mas do Espírito Santo ou alma de uma pessoa.

Como cada pessoa tinha e tem um Espírito Santo ou alma, sempre que no original grego do Novo Testamento aparece a terminologia *Espírito Santo*, não se encontra nela o artigo definido grego *ho* (*o*), pois quando esse original foi escrito (250 a.C.), os teólogos eclesiásticos ainda não tinham instituído o Espírito Santo da Trindade. Portanto, quando na Bíblia, em português, temos a expressão *Espírito Santo*, o artigo deve ser o indefinido *um*, e não o definido *o*, para que a tradução seja fiel ao original grego, ou seja: UM ESPÍRITO SANTO (de alguém). Mas, infelizmente, todas as traduções foram adaptadas à nova doutrina do Espírito Santo da Santíssima Trindade, e passaram a usar, erroneamente: O ESPÍRITO SANTO. A exemplo, Paulo de Tarso, na I Carta aos Coríntios, 6:19, diz: "Nosso Corpo é santuário do Espírito Santo"; em grego original, seria: "Nosso corpo é santuário de um Espírito Santo".

Para ficar mais claro ao leitor, acrescentamos que no grego não há o artigo indefinido – *um*. Já o artigo definido – *o* (*ho*) – existe, e ele aparece normalmente na língua grega. Dessa forma, se nos textos originais gregos dissessem: O ESPÍRITO SANTO, assim deveria ficar: HO PNEUMA AGION. Entretanto, em nenhum texto grego, mesmo podendo haver o artigo definido – *o* –, aparece com o artigo *ho*. Sem o intuito de complicar mais as conotações da língua, o latim já não tem o artigo definido – *o* –, e nem o indefinido – *um*. É por essa razão que na Vulgata só aparece a expressão *Espírito Santo*, assim redigida: *Sanctus Spiritus* ou *Spiritus Sanctus*. Contudo, no português os artigos *o* e *um* existem. Portanto, temos que colocá-los quando for o caso. Em suma, a expressão grega *Pneuma Hagion* deve ser traduzida corretamente para o português da seguinte forma: *um Espírito Santo*, e não *o Espírito Santo*, tradução esta que só estaria certa se nos textos gregos originais bíblicos ela fosse assim – *ho Pneuma Hagion*.

Agora, algumas observações lógicas para encontrarmos algumas ilogicidades. Se o Espírito Santo é Deus, ou, como dizem, a Terceira Pessoa da Santíssima Trindade, como Ele (Deus) ou esse Espírito Santo poderia estar subordinado a Jesus, já que o Crucificado é enviado de Deus? Não é o enviado menor do que o que envia? E mais: esse Espírito Santo não pode mesmo ser Deus, como ensina a maioria dos teólogos, pois esse Deus não falará por si mesmo, mas dirá o que tiver ouvido de Jesus. Ou seja, **Deus teria aprendido com Jesus, para ensinar às pessoas a mensagem de Jesus**. Quão ilógico é tudo isso!

A seguir, iremos aos textos bíblicos, a fim de que o leitor reflita em torno do fato de que Deus é um Ser Único, Todo-Poderoso, Criador Incriado, Deus Pai, enquanto que Jesus, o Cristo, é um seu Filho todo especial, sim, mas é criatura. Jesus diferenciou-Se daquele que chamava Pai, em todo seu messianato. Vejamos:

"Pai, em tuas mãos entrego o meu espírito" (Lc 23:46). "Por mim mesmo nada posso fazer, julgo conforme entendo, o meu juízo é justo, porque não me levo pela minha vontade, mas pela daquele que me enviou" (Jo 5:30). "O meu ensino não é doutrina minha, mas sim daquele que me enviou" (Jo 7:16). "Ainda um pouco de tempo estou convosco, e vou para aquele que me enviou" (Jo 7:35). "Eu não falei de mim mesmo, mas o Pai que me enviou ordenou-me o que devo dizer e o que devo anunciar" (Jo 12:49). "Se me amásseis, alegrar-vos-íeis de que eu vá para o Pai; porque meu Pai é maior do que eu" (Jo 14:28). "Por que me chamas bom? Ninguém é bom senão um só, que é Deus" (Mc 10:18). "Não me toques porque ainda não subi a meu Pai, mas vai ter com os meus irmãos, e dize-lhes: subo para meu Pai, para meu Deus e vosso Deus" (Jo 20:17). "O Senhor disse a meu Senhor: assenta-te à minha direita" (Sl 110:11). "Porquanto há um só Deus e um só Mediador entre Deus e os homens, Cristo Jesus, homem" (1 Tm 2:5).

E o batismo, um dos sacramentos da Igreja Católica? O que diz Reimarus sobre isso? Ele relata que a autenticidade da ordem de batizar é questionável, não apenas como um dito atribuído a Jesus, pois o Crucificado jamais batizou alguém, embora o texto admita que os discípulos o fizessem (Jo 4:2); mas é duvidoso que tal batismo fosse feito quando ainda Jesus se encontrava entre eles. E quanto a Jesus, por que fora Ele batizado? O historiador alemão (iluminista) nada fala sobre isso. Mas a resposta é simples: para que fosse cumprida a seguinte profecia de Isaías: "Voz do que clama no deserto: preparai o caminho do Senhor; endireitai no ermo vereda a nosso Deus" (Is 40:3). Tanto é que naquele dia especial – em que a multidão só tinha atenção e ouvidos para Yokanaan, que batizava em Enom, junto à cidade de Salim, porque havia ali muitas águas (Jo 3:23) –, o Batista, que sabia o que ali fazia, bradou na sua singular voz, alta e forte, semelhante às buzinas de Josué (6:4-20), da seguinte maneira:

> Eu sou a voz do que clama no deserto: endireitai o caminho do Senhor, como disse o profeta Isaías. (Jo 1:23.)

Estava ali, portanto, às margens do Rio Jordão, o homem que iria dar cumprimento àquela profecia (Is 40:3) de oito séculos atrás. Foi por essa razão que ao ser questionado pelo filho de Isabel: "Eu careço de ser batizado por ti, e vens tu a mim?" (Mt 3:14), Jesus arguiu: "Deixa por agora, porque assim nos convém cumprir toda a justiça" (Mt 3:15).

Quanto ao batismo em nome do Pai, do Filho e do Espírito Santo (Mt 28:19), Reimarus ressalta ser inconsistente com as primeiras tradições acerca da prática do batismo na comunidade cristã, porquanto já ao tempo de Paulo de Tarso era costume não batizar em nome da Trindade, mas sim em nome de Jesus, o Messias (At 19:5).

Etimologicamente, o vocábulo *batismo* vem do grego *batpitzein*, que significa *mergulhar*. João, o Batista, **mergulhava os pescadores adultos, e não as crianças**, nas águas do Jordão. Não era esse mergulho físico que lavava os pecados, mas era um símbolo material que dramatizava um simbolizado espiritual, que já se supunha haver ocorrido. Assim, o filho de Isabel exigia, daqueles que o procuravam, a *metanoia* (mudança de comportamento interior, de pensar e de sentir) prévia, para então, depois ministrar-lhes o rito da conversão externa – o mergulho. Em suma: Jesus não instituiu o batismo como sacramento nem mandou que fosse praticado por toda parte, em nome do Pai, do Filho e do Espírito Santo.

No Judaísmo, a criança, ao nascer, passava por uma ablução para ser purificada. Era um formalismo, um simulacro, que se empregava, como se emprega hoje, sem ter o batizando ideia nem consciência da cerimônia em que se encontra. **No batismo de água que a Igreja Romana administra, constitui criação sua o sentido emblemático que lhe empresta – isto é, o de apagar de um recém-nascido um pecado original que Adão lhe transmitiu, fazendo-o herdeiro de uma falta pessoal, por ele (Adão) cometida.** Não estamos esquecidos que Paulo de Tarso considerou Adão como introdutor do pecado no mundo e Jesus como seu redentor. Não obstante, nada encontramos em suas epístolas que atribua ao batismo a faculdade de libertar a criatura do pecado de Adão.[3]

Surge, assim, a criança trazendo, segundo a Igreja, a culpa, a responsabilidade de um ato praticado por outra pessoa, e que só o batismo a livra, consequentemente purificando essa alma, visto que das mãos de Deus nada pode sair com mancha. Observemos que, mesmo tenha sido a alma daquele novo ente humano criada, expressamente, para o corpo que está habitando (unicidade da existência) – ou seja, criada no momento do nascimento –, como pode ela possuir pecado, ainda que transmitido por Adão? Se assim o é, então a alma preexistia ao seu nascimento. Como um católico responde a esse questionamento?

O Espírito Emmanuel, na obra *O Consolador*, questão 298, psicografia do médium Francisco Cândido Xavier, teceu comentários sobre o batismo, quando foi questionado. Vejamos:

> 298 – Considerando que as religiões invocam o Evangelho de Mateus para justificar a necessidade do batismo em suas características cerimoniais, como deverá proceder o espiritista em face desse assunto?
>
> Os espiritistas sinceros, na sagrada missão de paternidade, devem compreender que o batismo, aludido no Evangelho, é o da invocação das bênçãos divinas para quantos a eles se reúnem no instituto santificado da família.
>
> Longe de quaisquer cerimônias de natureza religiosa, que possam significar uma continuação dos fetichismos da Igreja Romana, que se aproveitou do símbolo evangélico para a chamada venda dos sacramentos, o espiritista deve entender o

batismo como o apelo do seu coração ao Pai de Misericórdia, para que os seus esforços sejam santificados no trabalho de conduzir as almas a elas confiadas no instituto familiar, compreendendo, além do mais, que esse ato de amor e de compromisso divino deve ser continuado por toda a vida, na renúncia e no sacrifício, em favor da perfeita cristianização dos filhos, no apostolado do trabalho e da dedicação.

Já no livro *Caminho, Verdade e Vida*, capítulo CLVIII, ele informa que:

Nos vários departamentos da atividade cristã, em todos os tempos, surgem controvérsias relativamente aos problemas do batismo na fé.

O sacerdócio criou, para isso, cerimoniais e sacramentos. Há batismos de recém-natos, na Igreja Romana; em outros centros evangélicos, há batismo de pessoas adultas. No entanto, o crente poderia analisar devidamente o assunto, extraindo melhores ilações com a ascendência da lógica. A renovação espiritual não se verificará tão só com o fato de se aplicar mais água ou menos água ou com a circunstância de processar-se a solenidade exterior nessa ou naquela idade física do candidato.

Determinadas cerimônias materiais, nesse sentido, eram compreensíveis nas épocas recuadas em que foram empregadas.

Sabemos que o curso primário, na instrução infantil, necessita de colaboração de figuras para que a memória da criança atravesse os umbrais do conhecimento.

O Evangelho, porém, nas suas luzes ocultas, faz imensa claridade sobre a questão do batismo.

"E os que ouviram foram batizados em nome de Jesus."

Aí reside a sublime verdade. A bendita renovação da alma pertence àqueles que ouviram os ensinamentos do Mestre Divino, exercitando-lhes a prática. Muitos recebem notícias do Evangelho, todos os dias, mas somente os que ouvem estarão transformados.

Pois bem. Reimarus abriu os portões para um novo território especulativo, após quase mil e oitocentos anos de silêncio (obsequioso ou não). Tem, além de nosso respeito, nossa estima por suas brilhantes e destemidas exegeses acerca da busca do Jesus histórico, racional ou, no mínimo, inteligível à mentalidade da época. E por que não da atual?

Karl Friedrich Bahrdt – Os essênios e os milagres

O filósofo e teólogo (luterano) Karl Friedrich Bahrdt (1741-1792) era dotado de brilhantes habilidades. Foi professor de filologia sacra na cidade de Leipzig (Alemanha), conquanto tenha sido obrigado a renunciar em virtude de uma vida escandalosa, pois desde criança tivera má criação, somada à sua natureza sensual e indisciplinada. Depois de tantas aventuras, recebeu de Karl Abraham von Zedlitz (1731-1793) – ministro da educação de Frederico II, o Grande (1712-1786) – uma autorização para dar aula em Halle (cidade alemã). Ali ele lecionou para quase novecentos alunos, que foram atraídos por sua inspiradora eloquência. O governo o manteve, apesar de sua grande falta de manter a liberdade de ensino.

Bahrdt também se empenhou em explicar a religião com base na razão. Sua obra *Uma Explicação dos Planos e Objetivos de Jesus* tem passagens que mostram uma verdadeira profundidade de sentimento, especialmente nas sempre recorrentes explicações a respeito da relação entre crença no milagre e verdadeira fé, nas quais se insere a vida de Jesus. Até aí, tudo bem. Contudo, a parafernália de diálogos de grande extensão torna-a, como um todo, sem forma e antiartística. Ademais, a introdução de uma **quantidade exagerada de personagens imaginários** é simplesmente espantosa. Outrossim, Bahrdt encontra a chave para a explicação da vida de Jesus na presença (na narrativa do Evangelho) de Nicodemos e José de Arimateia, afirmando que eles não eram discípulos de Jesus (o que é uma verdade), mas pertencem às classes mais altas (o que também é verdadeiro). Porém, a partir daí, Bahrdt começa a narrar uma vida fictícia de Jesus.

Vejamos sua fértil imaginação. Bahrdt afirma que Nicodemos e José de Arimateia eram essênios e esse grupo tinha membros secretos em todos os segmentos da sociedade, até mesmo no Sinédrio.[4] A ordem essênia tinha assumido a tarefa de desligar a nação de suas sensuais esperanças messiânicas e de liderá-las a um conhecimento superior das verdades espirituais. Ela tinha as mais extensas ramificações, estendendo-se até a Babilônia e ao Egito. Com o fim de libertar o povo das limitações da fé nacional, que só poderia levar a distúrbios e à insurreição, eles tinham que encontrar o Messias que destruiria estas falsas expectativas messiânicas. Eles estavam, portanto, à espreita de um candidato a Messias que se pudesse tornar subserviente a seus objetivos.

Segundo Bahrdt, Jesus chegou aos ouvidos da Ordem imediatamente após seu nascimento. Enquanto criança Ele foi vigiado em cada um de seus passos pela Irmandade. O teólogo alemão, em seus devaneios, diz que durante as Festividades em Jerusalém (Páscoa), membros da ordem dos essênios entraram em contato com Jesus, e explicaram-lhe a falsidade dos sacerdotes, inspiraram nele um horror aos sangrentos sacrifícios do Templo, e ensinaram-lhe sobre Sócrates e Platão. E ao conhecer a história da morte de Sócrates, o rapaz (Jesus) explode em uma tempestade de soluços que seus amigos não conseguem acalmar. Jesus, então, deseja imitar a morte em martírio do grande ateniense.

E não pense o leitor que acabou a ficção de Bahrdt. Ele informa que certa feita, na praça do mercado de Nazaré, um misterioso persa lhe dá dois remédios maravilhosos – um para problemas nos olhos, o outro para distúrbios nervosos. Com todo respeito ao autor racionalista, cremos que ele é quem precisava dos barbitúricos citados quando escreveu essas falácias; primeiro para não **enxergar** tanta ficção na vida SIMPLES e INIGUALÁVEL de Jesus; segundo para manter a **normalidade de seu Sistema Nervoso Central**, quando os neurônios liberam neurotransmissores, que são capturados por outros neurônios por meio de seus receptores, e dentro da célula nervosa, uma bomba de recaptação retira parte dos neurotransmissores da sinapse e uma enzima específica – a proteína quinase dependente de Ca^{2+}/Calmodulina tipo II (CaMKII) – metaboliza o resto das substâncias.

E suas narrativas estapafúrdias continuam, quando diz que um sacerdote pertencente à ordem essênia, disfarçado de pastor, apresenta-se a Jesus e a João, o Batista, guiando-os no conhecimento da sabedoria. Com 12 anos de idade, diz Bahrdt, Jesus já está tão avançado que Ele argumenta com os escribas no Templo a respeito dos milagres, defendendo a tese de que eles são impossíveis. Mais adiante, Bahrdt diz que através de Haram – personagem imaginário do autor e membro proeminente da ordem essênia – Lucas (o médico e futuro evangelista) é apresentado a Jesus e coloca toda sua ciência a Sua disposição. Jesus, então, viu-se obrigado a aparecer no papel do Messias da expectativa popular, e a acostumar-se a operar milagres e ilusões. A influente Ordem cuida da tarefa de encenar os milagres.

Veja, caro leitor, até que ponto Bahrdt permite se perder no dédalo de sua mente. Jesus operar milagres e ilusões? Trama astutamente encenada pela ordem essênia, por meio da qual as pessoas deviam ser convertidas à Boa Nova? Bahrdt chega a afirmar que os apóstolos de Jesus eram apenas membros de segundo grau, e, com efeito, eles não tinham a menor suspeita da maquinaria secreta que estava em ação. Os Evangelhos que eles compuseram relatam, portanto, em perfeita boa-fé, milagres que foram, na verdade, astutas ilusões produzidas pelos essênios, e eles retratam a vida de Jesus apenas como vista de fora, pelo poviléu.

Um exemplo está na multiplicação dos pães, ocorrida na Cesareia de Filipe, quando Jesus alimentou cinco mil pessoas (Mt 14:13-21; Mc 6:31-44; Lc 9:10-17; Jo 6:5-15). O ousado Bahrdt diz que é "mais razoável aqui pensar em mil maneiras pelas quais Jesus poderia ter um suprimento suficiente de pão à mão, e pela distribuição deste tenha envergonhado a falta de coragem dos discípulos, do que acreditar em milagre." Em suma: a explicação que o teólogo racionalista alemão prefere é que a ordem dos essênios tenha recolhido uma grande quantidade de pão, em uma caverna, e foram passando gradualmente às mãos de Jesus, que estava junto à entrada oculta, e pegava mais algum pão cada vez que os apóstolos estavam ocupados distribuindo a porção anterior à multidão. Vejamos a que absurdo chega o nosso Karl Friedrich Bahrdt, com sua imaginação quase nociva!

Vamos, então, aos necessários e urgentes esclarecimentos. É certo que Deus criou as leis naturais. Mas não podemos afirmar que somente Deus pode alterá-las, pois cairíamos em um sofisma. Vejamos: *poder*, em princípio, Deus *pode* ou não seria Onipotente. Mas se a derrogasse, estaria dando testemunho de fraqueza e não de Seu *poder*, para fazer fora da Lei algo que não conseguiu fazer com o mecanismo da Lei. Ora, "admitido que Deus houvesse alguma vez, por motivos que nos escapam, derrogado acidentalmente leis por ele estabelecidas, tais leis já não seriam imutáveis".[5] Em verdade, "o milagre é uma postergação das leis eternas fixadas por Deus. Obras que são da sua vontade, e seria pouco digno da suprema Potência exorbitar da sua própria natureza e variar em seus decretos."[6] A quem possa interessar, a informação de que a definição do milagre é uma derrogação de leis naturais vem do filósofo escocês David Hume (1711-1776), o maior de todos os empiristas, e que estudamos no livro *A Filosofia da História, sob a Visão Espiritual*, (Editora AGE, 2019). O que mais nos impressiona é ter sido esse conceito universalmente adotado por teólogos e pensadores, crentes e descrentes, pois a definição traz, em si mesma, sua contradição, ou seja: dentro do contexto da natureza algo pode acontecer que não faça parte desse contexto, que o transcenda, que o ignore.

Perguntar-se-ia: assim sendo, em que universo absurdo ocorrem tais fenômenos? Existe o universo da sobrenaturalidade, em que leis naturais não funcionem? Se existisse, estaria em contradição com todas as leis divinas, que são essencialmente ordeiras, disciplinadoras, funcionais, harmônicas, compatíveis umas com as outras. Teria, então, de existir um universo regido por leis naturais e outro por leis sobrenaturais. O que nos leva a um paradoxo insolúvel – o de que em um universo ou contexto sobrenatural, as leis reguladoras seriam naturais, ou melhor, de uma natural sobrenaturalidade. Como entender isso? É inteligente algo assim? O lógico é que uma só lei que fosse desrespeitada, ou derrogada ao capricho, por casos concretos ou acidente, desarticularia todo o sistema. Se os mecanismos dos mundos microcósmicos e macrocósmicos, além dos morais, continuam a funcionar de forma harmônica no universo, é porque as leis que produziram o fenômeno também fazem parte do mesmo contexto e não se esbarram umas com as outras.

Vamos trazer um exemplo mais vivo do que acabamos de escrever, pedindo ajuda ao eminente pesquisador e escritor espírita Hermínio Miranda (1920-2013), quando assim exarou em sua obra *Cristianismo: a Mensagem Esquecida*, p.97:

> O fenômeno inadequadamente intitulado miraculoso é um fato, não há como contestá-lo a esta altura. Ele ocorre mesmo, à vista de testemunhas idôneas, quer tais pessoas creiam neles ou não. Mudemos o título para ver se dá para entender. Em vez de milagre, chamemo-lo fenômeno B. O fenômeno A seria o habitual, o rotineiro, aquele com o qual estamos familiarizados, como o nascer do sol, de um lado do horizonte e o pôr do sol de outro. Embora, a rigor, esse fenômeno cósmico seja realmente um milagre no sentido voltaireano [conceito de Voltaire] de admirável de se ver, entrou na rotina e a gente só se dá conta de que o sol se pôs quando começa a escurecer. Suponhamos, contudo, que o milagre cósmico ou a germinação de uma semente, seja fenômeno A e a cura de uma cegueira, mediante

imposição das mãos de alguém dotado de recursos magnéticos apropriados, seja considerado fenômeno B. Como se poderia dizer que um é natural e outro não? Desde que ocorrem é porque são ambos naturais, ainda que ignoremos as leis que regem um e conheçamos as que regem outro, ou supomos conhecê-las.

Não se pode, honestamente, acusar a ciência de ter negligenciado a pesquisa e o estudo do fenômeno B. Há montanhas de tais fatos observados, catalogados e evidenciados, ainda que poucos se arrisquem a explicá-los ou a deduzir as leis que os regem. O problema é que a ciência pensa com muitas cabeças e fato é uma coisa, enquanto sua interpretação ou explicação é outra bem diversa. O fato é evento observável, fenômeno objetivo, enquanto sua interpretação é a resultante de uma atividade subjetiva pessoal, enunciado de uma opinião. E enquanto as opiniões não se reunirem num consenso, praticamente em unanimidade, haverá vozes discordantes a clamarem que a questão ainda não está decidida.

Há, contudo, evidência confiável suficiente para demonstrar a ocorrência de fenômenos B tais como curas por imposição de mãos, materialização e desmaterialização de objetos e seres vivos, intercâmbio entre vivos e mortos, telepatia, deslocamento de objetos sem contato físico aparente, levitação, fenômenos linguísticos inabituais, enfim uma enorme variedade de eventos dessa natureza.

Seria preciso que a taxa de alienação mental fosse elevadíssima para que todos os seres humanos que observaram e atestaram fenômenos B fossem tidos, comprovadamente, como débeis mentais ou francamente imbecis. Será que somente os que negam são inteligentes, cultos, honestos, normais e equilibrados?

(...) Em suma: Jesus curou cegueira, paralisia, hemorragias, obsessões e possessões. Restaurou membros atrofiados, trouxe de volta ao corpo Espíritos que se haviam afastado, restituiu a voz a quem estava mudo, limpou a pele de leprosos. (...) Nada tem, pois, o fenômeno B – chame-o milagre se assim quiser – de embaraçoso, ou de vexatório. São possíveis, viáveis, regidos por leis naturais que um dia entenderemos e colocaremos em operação, tal como o fez Jesus. Ele próprio assegurou-nos que poderíamos fazer não só aquilo, como muito mais. Alguém aí acha que ele não sabia o que estava dizendo?

Pois bem. Nós, os espíritas (portanto espiritualistas), sabemos que os milagres não são mais do que a aplicação de leis ignoradas pela criatura humana. Portanto, não existem milagres como concebem a maioria da massa humana. Então, considerando-se que não existem milagres, mas apenas acontecimentos incomuns subordinados às leis de Deus, há sempre um fundamento científico no âmago de todos os fenômenos, por mais fantasiosos e supersticiosos que os julgue a Ciência. Eis por que Jesus, que, além de sublime anjo, era genial cientista, podia usar tão bem a palavra e empregar o Seu poder inigualável sobre os povos, utilizando-a como poderoso dínamo criador de energias espirituais e produzindo os extraordinários fenômenos que o vulgo classificava de *sublimes milagres*.

Aliás, Jesus, o mais elevado instrutor da Terra, só prometeu fenômenos aos Homens depois de eles alcançarem a redenção espiritual. Em verdade, o homem evangelizado também é um fenômeno. Por isso, o Amado Mestre não fez milagres derrogando as leis do mundo, pois Ele era, acima de tudo, um sublime instrutor de almas! Jamais se prestou à condição de prestidigitador, promovendo espetáculos incomuns às multidões supersticiosas. E nos dias atuais, o mal ainda prevalecendo – ou seja, na ignorância das leis divinas –, é da lei que milagres só existam na imaginação dos seres humanos menos esclarecidos. Ademais, a paz não pode ser produto de negociações, mas de autênticas disposições de amar e servir.

E aqui vai uma advertência do Espírito Emmanuel, a nós os espíritas, retirada do livro *Caminho, Verdade e Vida*, capítulo XLVII:

> Muitos aprendizes aproximam-se do trabalho santo, mas desejam revelações diretas. Teriam mais fé, asseguram displicentes, se ouvissem o Senhor, de modo pessoal, em suas manifestações divinas. Acreditam-se merecedores de dádivas celestes e acabam considerando que o serviço do Evangelho é grande em demasia para o esforço humano e põem-se à espera de milagres imprevistos, sem perceberem que a preguiça sutilmente se lhes mistura à vaidade, anulando-lhes as forças.

Deixaremos também registrado o pensamento do insigne Codificador do Espiritismo, Allan Kardec, quando no capítulo XIII, itens 1 e 2, de *O Livro dos Médiuns*, assim diz sobre os milagres:

> O que, para a Igreja, dá valor aos milagres é, precisamente, a origem sobrenatural deles e a impossibilidade de serem explicados. Ela se firmou tão bem sobre esse ponto, que o assimilarem-se os milagres aos fenômenos da Natureza constitui para ela uma heresia, um atentado contra a fé, tanto assim que excomungou e até queimou muita gente por não ter querido crer em certos milagres. Aos olhos dos ignorantes, a Ciência faz milagres todos os dias. Se um homem, que se ache

realmente morto, for chamado à vida por intervenção divina, haverá verdadeiro milagre, por ser esse um fato contrário às leis da Natureza. Mas, se em tal homem houver apenas aparências de morte, se lhe restar uma vitalidade latente e a Ciência, ou uma ação magnética, conseguir reanimá-lo, para as pessoas esclarecidas ter-se-á dado um fenômeno natural, mas, para o vulgo ignorante, o fato passará por miraculoso. Foram fecundos em milagres os séculos de ignorância, porque se considerava sobrenatural tudo aquilo cuja causa não se conhecia. À proporção que a Ciência revelou novas leis, o círculo do maravilhoso se foi restringindo; mas, como a Ciência ainda não explorara todo o vasto campo da Natureza, larga parte dela ficou reservada para o maravilhoso.

E no item 4, argui:

O Espiritismo, pois, vem, a seu turno, fazer o que cada ciência fez no seu advento: revelar novas leis e explicar, conseguintemente, os fenômenos compreendidos na alçada dessas leis. Esses fenômenos, é certo, se prendem à existência dos Espíritos e à intervenção deles no mundo material e isso é, dizem, o em que consiste o sobrenatural. Mas, então, fora mister se provasse que os Espíritos e suas manifestações são contrários às leis da Natureza; que aí não há, nem pode haver, a ação de uma dessas leis.

Antes de finalizarmos o pensamento (quase irracional) de Bahrdt, colocaremos desde já sua fantasia sobre a morte de Jesus. Ele narra que Nicodemos, Haram (personagem inventado) e Lucas encontram-se em uma caverna para deliberar como conseguiram a morte de Jesus, atendendo favoravelmente a seus planos. Lucas garantiu que, com a ajuda de poderosas drogas que ele lhe daria, o Senhor seria capaz de suportar a extrema dor e sofrimento, e ainda resistir à morte por muito tempo. Nicodemos dispôs-se a arranjar as coisas no Sinédrio para que a execução fosse imediatamente depois da sentença, e que o crucificado permanecesse um tempo curto na cruz. Nesse momento, Jesus entrou correndo na caverna, pois estava sendo perseguido por assassinos contratados. Ele mesmo estava firmemente resolvido a morrer, mas teria que tomar cuidado para que não fosse simplesmente assassinado, ou todo o *plano* falharia. Se Ele saísse pelo punhal dos assassinos, a ressurreição seria impossível.

Por fim, Bahrdt diz que a peça foi encenada com perfeição quando Jesus provoca as autoridades com sua triunfal entrada messiânica em Jerusalém. Os essênios (sempre eles) infiltrados no conselho exigem sua prisão e asseguram sua condenação, ainda que Pôncio Pilatos quase tenha frustrado todos os seus *planos*, liberando-O. Já imolado na cruz, no Monte da Caveira, Jesus, ao soltar um alto grito e imediatamente deixar cair a cabeça, dá todos os sinais de uma morte súbita. Perguntar-se-ia: Jesus foi, então, um trapaceiro, um enganador? Simulou sua própria morte com a ajuda dos essênios e de Lucas? Sim; na ficção de Bahrdt tudo isso aconteceu. Ele narra, inclusive, que o centurião (Gaius Cassius Longinus) foi subornado para não permitir que nenhum de seus ossos fosse quebrado. Chega, então, José de Arimateia, e remove o corpo para a caverna dos essênios, onde começa imediatamente com as medidas de ressuscitamento. Como Lucas havia preparado o corpo do Messias, por meio de remédios fortalecedores para resistir aos terríveis maus-tratos por que Ele passou, estes esforços foram coroados de sucesso. Na caverna os mais fortes nutrientes lhe foram dados. E como as feridas do corpo estavam em condições perfeitamente saudáveis, Suas feridas sararam muito rapidamente.

E na manhã do terceiro dia eles deslocaram a pedra que fechava a boca do túmulo. Quando Jesus estava descendo a encosta pedregosa o vigia acordou e fugiu apavorado. Um dos essênios (mais uma vez eles) apareceu, em trajes de anjo, para as mulheres e anunciou-lhes a ressurreição de Jesus. De seu esconderijo (alguém em sã lucidez poderá dizer-nos onde era?), Ele apareceu diversas vezes a Seus discípulos, despedindo-se deles. Diz Bahrdt, em sua ficção, que do Monte das Oliveiras Jesus retornou à sede principal da Irmandade. Acreditamos que devemos parar por aqui, para não mais impacientar o prezado leitor que com tanta benevolência leem estas páginas.

Assim sendo, aproveitamos o ensejo para fazer uma pequena digressão (sem ficção) sobre quem foram realmente os essênios, trazendo uma concepção totalmente distinta à de Bahrdt. Pois bem: a expressão *essênio* vem de *hassidim = piedosos*, que derivou, em grego, para *essenói*, e *esseni*, em latim. Josefo classifica-os como uma das três seitas judaicas, juntamente com os fariseus e os saduceus (*Antiguidades Judaicas*, Livro XIII, cap. IX, § 520). Os essênios eram oriundos do mesmo tronco dos fariseus, mas formavam uma seita diferente, do tipo monástica, pois viviam isolados do convívio da massa popular, no deserto da Judeia, a noroeste do Mar Morto.

Possuíam seus próprios livros sagrados e comunidades em vários pontos da Palestina, sempre longe das cidades, onde se dedicavam principalmente à agricultura. Usavam vestes sempre brancas. Rejeitavam o sacrifício dos animais. Algumas comunidades essênias permitiam o casamento de seus integrantes. Acreditavam na ressurreição e na imortalidade da alma. A conduta dos essênios assemelhava-se à dos primeiros cristãos, revelando grande amor a Deus e aos semelhantes, pautando uma vida virtuosa, austera e metódica. Viviam em estreita união, usufruindo seus bens em comum, com uma igualdade admirável, nada vendendo nem comprando entre si. Acreditavam na igualdade, mas negavam o livre-arbítrio.

Estamos convictos de que Jesus não conviveu entre os essênios. No livro *O Evangelho Segundo o Espiritismo*, na Introdução III – *Notícias Históricas* – assim lemos:

> Contrários aos saduceus sensuais, que negavam a imortalidade; aos fariseus de rígidas práticas exteriores e de virtudes apenas aparentes, nunca os essênios tomaram parte nas querelas que tornaram antagonistas aquelas duas outras seitas. Pelo gênero de vida que levavam, assemelhavam-se muito aos primeiros cristãos, e os princípios da moral que professavam induziram muitas pessoas a supor que Jesus, antes de dar começo à sua missão pública, lhes pertencera à comunidade. É certo que ele há de tê-la conhecido, mas nada prova que se lhe houvesse filiado, sendo, pois, hipotético tudo quanto a esse respeito se escreveu.

Na obra *A Caminho da Luz*, no capítulo XII, o Espírito Emmanuel, pela psicografia do médium Francisco Cândido Xavier, diz que:

> Muitos séculos depois da Sua exemplificação incompreendida, há quem O veja entre os essênios, aprendendo as suas doutrinas, antes do Seu messianismo de amor e de redenção. (...) O Mestre, porém, não obstante a elevada cultura das escolas essênias, não necessitou da sua contribuição. Desde os seus primeiros dias na Terra, mostrou-se tal qual era, com a superioridade que o planeta lhe conheceu desde os tempos longínquos do princípio.

No livro *A Grande Espera*, de Eurípedes Barsanulfo (Espírito), psicografado pela médium Corina Novelino (1912–1980), conta-se a vida que o próprio autor espiritual viveu na época de Jesus, como o jovem Marcos (informação esta do Espírito Emmanuel através de Chico Xavier), em um povoado essênio, ao sul da Palestina, tendo, nessa ocasião, se encontrado com Jesus ainda na adolescência. *A Grande Espera* relata a vida dos essênios, trazendo, em detalhes, os costumes e hábitos minuciosos desse agrupamento, jamais narrados em quaisquer outras literaturas, sejam elas espíritas ou não. A obra contém a história de dois grandes espíritas que foram essênios, a saber: Bezerra de Menezes (como Lisandro) e Cairbar Schutel (como Josafá). A chegada de Jesus no povoado essênio, no Mar Morto, é plena de lições. Deixaremos ao leitor interessado a encantadora narrativa desse encontro, liderado por Marcos, com Jesus.

Na obra *A Mensagem do Amor Imortal*, psicografia do médium Divaldo Pereira Franco (1927), através da poetisa baiana Amélia Rodrigues (Espírito), encontramos no Prefácio o seguinte texto:

> Este não é mais um livro sobre alguns fatos da vida de Jesus. É um conjunto de recordações hauridas nos alfarrábios do Mundo Espiritual e nas memórias arquivadas em obras de incomum profundidade por alguns de seus apóstolos e contemporâneos, encontradas nas bibliotecas do Mais Além, que trazemos ao conhecimento dos nossos leitores.

São informações, portanto, trazidas de livros do mundo astral. Sendo assim, no capítulo XXVIII, ela diz que os essênios assumiram:

> (...) comportamentos profundamente severos para consigo mesmos e para com o seu próximo. Mantendo-se castos, celibatários, alimentavam-se, quase sempre, de gafanhotos, obedecendo à prática ritual de não os cozer, de mel silvestre. Bastava-lhes a ocorrência de pensamentos negativos em relação ao seu irmão, e logo se refugiavam no conforto da oração, preservando a pureza de sentimentos. (...) Compreenderam que a oração é de fundamental importância para a vida espiritual e, por isso, oravam regularmente três vezes ao dia – e muito mais! (...) Acreditando nos múltiplos renascimentos corporais, admitiam a conquista da perfeição através do rigor e da abnegação. (...) Desprezavam o Templo de Jerusalém e os hierosolimitanos [habitantes da capital judaica], acreditando-se credenciados para o cumprimento da Promessa. (...) Fariseus e Saduceus, em desvantagem moral, apegados ao comércio e à venda dos animais para os sacrifícios, passaram a detestá-los, por se sentirem vigiados e censurados pela má conduta que se permitiam. (...) Jesus jamais convivera com eles [os essênios], embora os conhecesse desde antes.

Nos papiros encadernados em couro, que foram achados no Alto Egito, nas proximidades de um lugarejo chamado Nag Hammadi, no ano de 1945, por Muhammed Ali al-Samman, nada se diz a respeito de Jesus ter convivido com os essênios, nem sequer uma probabilidade de que isso possa ter acontecido. E olha que os documentos supracitados continham importantes informações sobre a doutrina dos gnósticos, e, com efeito, interessavam aos estudiosos do Novo Testamento.[7]

Posto isso, embora não coadunemos com sua vida fictícia de Jesus, respeitamo-lo por enxergar em sua obra *Uma Explicação dos Planos e Objetivos de Jesus* acontecimentos de Sua vida totalmente distorcidos da óptica verdadeira, que, por sua vez, podem ser diagnosticados como astigmatismo, miopia, presbiopia ou quaisquer outros distúrbios da visão que a Ciência mecanicista ainda não desvelou.

Karl Heinrich Venturini – Jesus, Espírito puro

O outro teólogo alemão que desejamos destacar é Karl Heinrich Venturini (1768-1849). Sua obra *História Natural do Grande Profeta de Nazaré*, publicada em 1802, assemelha-se sobremaneira com a de Bahrdt. Venturini teve uma vida exemplar, acima de qualquer crítica. Era considerado livre demais em suas ideias, conquanto sob o regime napoleônico nem sempre isso significava estar livre de riscos. As ideias de Venturini eram tão livres, que ele escreveu que para Jesus fazer-se entender pelo judaísmo, mister foi encobrir Seu ensinamento espiritual em uma veste sensual, no escopo de agradar à imaginação oriental. Melhor dizendo: para alcançar Seus objetivos, Jesus trouxe Seu mundo espiritual, mais elevado, para as relações do mundo mais baixo daqueles que Ele pretendia ensinar.

Venturini é mais fantasioso que Bahrdt no quesito curas, escrevendo que Jesus sempre levava consigo uma maleta portátil de medicina. Já imaginou a cena, leitor? Temos um exemplo na mulher fenícia (Mt 15:21-28; Mc 7:24-30), ainda que pese um indício verdadeiro na narrativa. Contudo, o autor escreve que após perguntar onde era a casa dela, Jesus fez um sinal a João, e manteve-a falando. O discípulo vai até a filha e deu-lhe um sedativo, e quando a mãe retornou para casa, encontrou-a curada.

Os membros da Ordem essênia também aparecem nos escritos de Venturini, exarando que eles vigiaram o pequeno Jesus mesmo no Egito, por ocasião da fuga para este país, a pedido do Anjo Gabriel, quando aparece em sonho para seu pai José (Mt 2:13-15). E mais: quando Ele cresceu, os essênios se encarregaram de sua educação, bem como da de seu primo – João, o Batista –, treinando-os para sua obra como libertadores do povo. Conclui-se, então, que Venturini, da mesma forma que Bahrdt, tem a Irmandade essênia como a executora do grande plano, colocando Jesus e João, o Batista, como seus executores.

A despeito de haver semelhança entre Bahrdt e Venturini, encontramos uma diferença gritante entre suas narrativas, no que diz respeito à última entrada de Jesus em Jerusalém. Sua chegada na capital judaica foi triunfal, e todo o povo aclamou-O. Entretanto, quando Ele tentou substituir a figura que o povo tinha do Messias por uma de caráter diferente, e falou de dura provação que viria para todos, mostrando-Se poucas vezes no Templo ao invés de tomar Seu lugar à frente do povo, eles começaram a duvidar Dele. Resultado? Venturini escreve que Jesus foi subitamente capturado e morto. Dessa maneira, Sua morte não é, como em Bahrdt, **uma peça bem encenada**, dirigida pela Sociedade Secreta, conquanto estes tenham um papel importante, através de José de Arimateia e Nicodemos, pois eram componentes da seita dos essênios.

Vejamos. José de Arimateia reclama o corpo de Jesus a Pôncio Pilatos e este o entrega de graça. Nicodemos, que esperava impacientemente por ele, correu ao Gólgota. Ali, ele recebeu o corpo de Jesus; lavou-o, ungiu-o com ervas e deitou-o em um leito de musgo na cova escavada na rocha. Do sangue que fluía do ferimento no flanco, ele tentou ler um augúrio favorável, e mandou notícias à irmandade essênia. A partir daí, as narrações de Venturini assemelham-se sobremaneira à de Bahrdt, porquanto em meio ao terremoto, um irmão essênio, com vestes brancas da Ordem, seguia seu caminho para o túmulo, através de um trajeto secreto. Quando ele, iluminado por um relâmpago, subitamente apareceu acima da cova, no mesmo momento em que a terra sacudiu violentamente, o pânico tomou conta dos vigias, e estes fugiram. Quando amanheceu, o mesmo irmão supracitado ouve um som vindo da cova: Jesus está se movendo depois de 24 horas sem movimento de vida. Toda Ordem corre para o local, e Jesus é removido para seu abrigo (secreto). Dois Irmãos ficam junto à cova, e estes eram os *anjos* que as mulheres viram mais tarde. Entre saídas a intervalos do esconderijo, onde é mantido pela Irmandade, Jesus aparece para os discípulos. Após 40 dias, já exausto, Ele se despede deles. E segundo Venturini, a cena da despedida traz a falsa impressão de Sua ascensão.

Quanta ficção sobre a vida de Jesus, narrada por Venturini! Para ele, os Evangelhos dão apenas uma série de ocorrências, e não oferecem uma explicação sobre por que elas aconteceram exatamente daquela maneira. A quem possa interessar, a *História Natural do Grande Profeta de Nazaré* foi republicada anualmente até a metade do século XX, porquanto todas as *Vidas* fictícias voltaram, direta ou indiretamente, ao tipo criado por Venturini. Sua obra foi plagiada mais livremente do que qualquer outra *Vida de Jesus*.

Desde já, gostaríamos de esclarecer que não vemos Jesus subserviente aos planos de uma sociedade secreta, seja ela qual for. Até mesmo a Ordem dos essênios, tão respeitada em seu caráter moral e espiritual, não enxergamos o Crucificado mostrando uma certa passividade, e, com efeito, não agindo com perfeita liberdade, como pretende Venturini. Ora, Jesus mesmo disse: "A mim me foi dado todo o poder no céu e na Terra" (Mt 28:18).

Mais uma vez recorremos ao filósofo e espírita León Denis (1846-1927), através do livro *Cristianismo e Espiritismo*, página 24, que traz uma informação a qual também corroboramos, quando o assunto é a condição de um Espírito Puro, como Jesus, e que não pode, de forma alguma, atender aos requisitos de uma alma subserviente às condições humanas, conforme deseja Venturini. Vejamos:

Ainda hoje, Ele [Jesus] preside os destinos do globo em que viveu, amou, sofreu. Elevado pelo seu sacrifício, à categoria de governador espiritual deste planeta, é sob a sua oculta direção, é com o seu apoio que se opera essa nova revelação que, sob o nome de espiritualismo moderno, vem restabelecer sua doutrina, restituir aos homens o sentimento de seus deveres, o conhecimento de sua natureza e de seus destinos.

O Espírito André Luiz, na obra *Evolução em Dois Mundos*, Primeira Parte, páginas 19 e 20, pela psicografia de Francisco Cândido Xavier, também ressalta a grandeza de Jesus, sendo impossível, portanto, vê-LO como uma criatura passiva, sujeita às determinações de outros seres humanos, por mais evoluídos que fossem, porque:

Nessa substância original, ao influxo do próprio Senhor Supremo, operam as Inteligências Divinas a Ele agregadas, em processo de comunhão indescritível, extraindo desse hálito espiritual celeiros de energia com que constroem os sistemas da Imensidade, em serviço de Cocriação em plano maior, de conformidade com os desígnios do Todo-Misericordioso, que faz deles agentes orientadores da Criação Excelsa. Essas Inteligências Gloriosas tomam o plasma divino e convertem-no em habitações cósmicas, de múltiplas expressões, radiantes ou obscuras, gaseificadas ou sólidas, obedecendo às leis predeterminadas, quais moradias que perduram por milênios e milênios, mas que se desgastam e se transformam, por fim, de vez que o Espírito Criado pode formar ou cocriar, mas só Deus é o Criador de Toda a Eternidade.

Devido à atuação desses Arquitetos Maiores, surgem nas galáxias as organizações estelares como vastos continentes do Universo em evolução e as nebulosas intragaláticas como imensos domínios do Universo, encerrando a evolução em estado potencial, todas gravitando ao redor dos pontos atrativos, com admirável uniformidade coordenadora. É aí, no seio dessas formações assombrosas, que se estruturam, inter-relacionados, a matéria, o espaço e o tempo, a se renovarem constantes, oferecendo campos gigantescos ao progresso do Espírito.

O Espírito Áureo, no livro *Universo e Vida*, página 110, através da psicografia do seguro médium Hernani Trindade Sant'Anna (1926-2001), relata que:

No seio excelso do Criador Incriado, nos cimos da evolução, pontificam os Cristos Divinos, os Devas Arcangélicos, cuja sublime glória e soberano poder superam tudo quanto de magnificente e formidável possa imaginar, por enquanto, a mente humana. São eles que, sob a inspiração do Grande Arquiteto, presidem, no Infinito, à construção, ao desenvolvimento e à desintegração dos orbes, fixando-lhes as rotas, as leis fisioquímicas e biomatemáticas e gerindo seus destinos e os de seus habitantes.

Já o Espírito Josepho, pela psicografia da médium Dolores Bacelar (1914-2006), na singular obra *Alvorecer da Espiritualidade*, página 170, relata o papel dos Espíritos Puros como sendo mensageiros de Deus, confirmando o que se encontra em *O Livro dos Espíritos*, nas afirmativas 112 e 113, a cuja Classe Única da Primeira Ordem somente Jesus se coaduna com os caracteres gerais trazidos por Allan Kardec. Assim diz Josepho:

Espíritos puros, raros embora, sempre existiram como Mensageiros do Verbo que, desde o princípio, vela pela Terra. Em nenhum tempo, por mais distanciado e obscuro, faltou aos Seres a Assistência orientadora do Cristo. Esta presidiu a gênese do Orbe, e se fez sentir sempre ao Homem, mesmo quando este – fugitivo do Nada – em embriogenia no ventre da Criação, transitava pelos Reinos mineral, vegetal e animal, antes de surgir à luz como ser pensante, senhor do Raciocínio e da Consciência, ingresso no Reino da Racionalidade ou Humano.

A médium Yvonne do Amaral Pereira (1900-1984), cuja existência singular conhecemos em sua autobiografia, através do livro *Devassando o Invisível*, informa na página 37 desta obra que:

> Os Espíritos elevados estudam, habilitam-se, exercitam-se em aprendizados sublimes, através dos tempos... Até que, um dia, Espíritos imortais, já glorificados pelo domínio de excelsas virtudes, sejam capazes de criar também um planeta, uma habitação para as experiências redentoras de uma Humanidade em marcha e progresso – tal como Jesus em relação à Terra, no princípio das coisas deste mundo, dentro das leis e da orientação da Criação Suprema.

Não podemos esquecer as considerações do eminente Espírito Emmanuel, que na obra *A Caminho da Luz*, página 18, quando assim afirma:

> Rezam as tradições do mundo espiritual que na direção de todos os fenômenos, do nosso sistema, existe uma Comunidade de Espíritos Puros e Eleitos pelo Senhor Supremo do Universo, em cujas mãos se conservam as rédeas diretoras da vida de todas as coletividades planetárias.
>
> Essa Comunidade de seres angélicos e perfeitos, da qual é Jesus um dos membros divinos, ao que nos foi dado saber, apenas já se reuniu, nas proximidades da Terra, para a solução de problemas decisivos da organização e da direção do nosso planeta, por duas vezes no curso dos milênios conhecidos.
>
> A primeira, verificou-se quando o orbe terrestre se desprendia da nebulosa solar, a fim de que se lançassem, no Tempo e no Espaço, as balizas do nosso sistema cosmogônico e os pródromos da vida na matéria em ignição, do planeta, e a segunda, quando se decidia a vinda do Senhor [Jesus] à face da Terra, trazendo à família humana a lição imortal do seu Evangelho de amor e redenção.

E nas páginas 21 e 22, Emmanuel tece os seguintes comentários sobre os feitos incomparáveis executados por Jesus no orbe terrestre:

> Sim, Ele havia vencido todos os pavores das energias desencadeadas; com as suas legiões de trabalhadores divinos, lançou o escopro da sua misericórdia sobre o bloco de matéria informe, que a Sabedoria do Pai deslocara do Sol para as suas mãos augustas e compassivas. Operou a escultura geológica do orbe terreno, talhando a escola abençoada e grandiosa, na qual o seu coração haveria

de expandir-se em amor, claridade e justiça. Com os seus exércitos de trabalhadores devotados, estatuiu os regulamentos dos fenômenos físicos da Terra, organizando-lhes o equilíbrio futuro na base dos corpos simples de matéria, cuja unidade substancial os espectroscópios terrenos puderam identificar por toda parte no universo galáxico. Organizou o cenário da vida, criando, sob as vistas de Deus, o indispensável à existência dos seres do porvir. Fez a pressão atmosférica adequada ao homem, antecipando-se ao seu nascimento no mundo, no curso dos milênios; estabeleceu os grandes centros de força da ionosfera e da estratosfera, onde se harmonizam os fenômenos elétricos da existência planetária, e edificou as usinas de ozone a 40 e 60 quilômetros de altitude, para que filtrassem convenientemente os raios solares, manipulando-lhes a composição precisa à manutenção da vida organizada no orbe. Definiu todas as linhas de progresso da humanidade futura, engendrando a harmonia de todas as forças físicas que presidem o ciclo das atividades planetárias.

E nosso golpe de misericórdia será lançado através da pergunta 625 de *O Livro dos Espíritos*, onde o nosso preclaro Codificador do Espiritismo questiona os imortais da seguinte maneira:

> Qual o tipo mais perfeito que Deus tem oferecido ao homem, para lhe servir de guia e modelo? A resposta que eles deram veio em cinco letras, separadas em duas silabas – Jesus.

Respeitamos a vida fictícia de Jesus, narrada por Venturini, mas temos uma visão assaz distinta sobre a personalidade do Crucificado. Consideramos Jesus um ser de elevada condição evolutiva – isto é, a de um Espírito Puro, segundo a escala espírita exarada por Allan Kardec, em *O Livro dos Espíritos* – e, com efeito, Seus ensinamentos são de inquestionável pureza ética. Qualquer informação que se chocar com essa premissa, não a rejeitamos sumariamente, conforme estamos fazendo nesta mesma Parte VI, apresentando os críticos racionalistas, sejam eles teólogos ou historiadores de quaisquer etnias. Contudo, depois de exporem seus raciocínios que se contradizem com a proposição do estado evolutivo ímpar de Jesus, colocamo-los severamente de quarentena.

Heinrich Gottlob Paulus – O que é mais importante em Jesus?

O teólogo alemão e crítico da Bíblia Heinrich Eberhard Gottlob Paulus (1761-1851) foi um homem de habilidades muito versáteis. Sua limitação era que ele tinha uma desconfiança insuperável para com tudo que saísse dos limites do pensamento lógico. Talvez isso se deva a um trauma de uma experiência que tivera na juventude, quando sua mãe, antes de desencarnar, recebeu um pedido de seu pai, no leito de morte, a saber: se fosse possível, ela apareceria a ele – Gottlob Christoph Paulus (1727-1790) – após a morte, em forma corpórea. E assim se fez, pelo menos para o Sr. Gottlob: ele pensou tê-la visto erguer-se em posição sentada e depois se deitar novamente, acreditando, a partir daquele momento, estar em comunicação com os mortos, tornando-se obcecado por essa ideia. Resultado? Foi afastado do cargo, em 1771, de diácono em Leonberg – cidade da Alemanha. Dos filhos, o que mais sofreram de um regime de *espiritualismo compulsório*, imposto pelo Sr. Gottlob, foi Paulus.

Aos 38 anos de idade, Paulus tornou-se Pró-Reitor na Universidade de Jena (Alemanha), usando sua influência em auxílio de seu amigo o filósofo e idealista alemão Johann Gottlieb Fichte (1762-1814), que foi acusado de ateísmo. A defesa de Paulus em favor de Fichte foi em vão. Tecemos pequenas considerações sobre o acusado, em nosso livro *A Filosofia da História, sob a Visão Espiritual* (Editora AGE, 2019). Para se ter uma ideia da influência de Paulus e de sua esposa no meio literário, os dois eram amigos pessoais dos poetas alemães Johann Wolfgang von Goethe (1749-1832) e Johann Christoph Friedrich von Schiller (1759-1805). Em 1807, Paulus tornou-se membro do Conselho Educacional da Bávaro. Nessa posição, ele trabalhou na reorganização do sistema escolar da Baviera, quando na mesma época nada mais e nada menos do que o gênio de Stuttgart Friedrich Hegel (1770-1831) fazia o mesmo.

Ao escrever sobre o Crucificado, a obra de Paulus *A Vida de Jesus como Base de um Relato Puramente Histórico do Cristianismo Primitivo*, de 1828, dividida em dois volumes, não passa de uma harmonia dos Evangelhos com comentários explicativos, seção por seção, em seu contexto histórico, conquanto o plano básico é tomado do Quarto Evangelho. O interesse maior do autor concentra-se nas explicações dos milagres. Como já abordamos este tema, quando escrevemos sobre o pensamento de Bahrdt, não iremos tornar cansativa a leitura sendo um tanto redundante. Somos, porém, obrigados a confessar que o principal desejo de Paulus foi demonstrar que as histórias sobre os milagres não sejam a coisa principal a ser tomada no estudo dos Evangelhos, porquanto seria muito vazia a devoção ou a religião se o bem-espiritual da criatura humana dependesse de acreditar ou não em milagres. E mais: afirma Paulus que a coisa verdadeiramente miraculosa sobre Jesus é Ele mesmo, a pura e serena Santidade de seu caráter, que é, sem embargo, apropriado para a imitação por parte da Humanidade. Quantas verdades em suas observações!

Portanto, a questão do milagre, para Paulus, é subsidiária, porque os milagres estavam no plano de Deus, no sentido de que as mentes das pessoas tinham que ser impressionadas e subjugadas por fatos inexplicáveis. E nisso também concordamos com Paulus. Ora, como aquilo que produzido pelas leis da Natureza é, na realidade, produzido por Deus, os milagres bíblicos consistem meramente no fato de testemunhas oculares relatarem eventos dos quais elas não conheciam as causas primárias. Seu conhecimento das leis da Natureza era insuficiente para que pudessem compreender o que realmente aconteceu. Para alguém que tenha descoberto as causas secundárias, os fatos se mantêm, como tais, mas não o milagre. Mas não é assim que pensam os teólogos. E mais: não dizem os católicos confessos, mesmo nos dias atuais, que os milagres existem? A Igreja Romana não canonizou (e ainda canoniza) homens e mulheres que, segundo os bispos, os cardeais e o papa, tenham realizado, no mínimo, dois milagres? Não é verdade também que os devotos de Sai Baba (1926-2011), no sul da Índia, dizem ter ele feito vários milagres?

Para nós, repetiremos brevemente, com outras palavras: não há milagres de fato. Eles existem para aqueles que estão sob a influência do equívoco cético de que é realmente possível imaginar alguma forma de força natural como existindo à parte de Deus, ou de imaginar o Ser de Deus à parte das potencialidades primárias que se desenrolam no incessante processo de vir a ser. A dificuldade está em dissolver a unidade íntima entre Deus e a Natureza – ou seja, de negar a equivalência implicada por Baruch Spinoza (1632-1677), em seu *Deus sive Natura* (*Deus, isto é, Natureza*). Portanto, para a inteligência normal, o único desafio é descobrir as causas secundárias dos *milagres* de Jesus, que, nos dias atuais, com o avanço das descobertas científicas (físico-químicas), não é difícil.

A despeito disso, Paulus viu nos milagres de cura explicações um tanto quanto pueris, a nosso ver. Diz ele que algumas vezes Jesus agiu pelo Seu poder espiritual sobre o sistema nervoso do sofredor. Esta é uma verdade, conquanto acrescentemos que a ação, em qualquer cura, inicia-se no corpo espiritual (no períspirito), para, em seguida, repercutir no corpo físico. Mas o teólogo de Leonberg afirma que Jesus, em outras circunstâncias, usou remédios que apenas Ele conhecia. Nas curas dos cegos (Mt 9:27-31, 20:29-34; Mc 8:22-26; 10:46-52; Lc 18:35-43; Jo 9:1-41), por exemplo, Jesus aplicou medicamentos. A expulsão de Espíritos maus nos endemoninhados (Mt 8:28-34; Mc 5:1-20; Lc 8:26-37), em parte era executada por meio de sedativos. O caminhar de Jesus sobre as águas (Mt 14:22-36) foi uma ilusão dos discípulos. A transfiguração no Monte Tabor (Mt 17:1-9; Mc 9:2-8; Lc 9:28-36; 2 Pe 1:16-18) não passou de uma conversa com dois estranhos, enquanto o Sol se levantava sobre a parte mais alta da montanha, que Simão Pedro, Tiago (maior) e seu irmão João presenciaram. E por aí vai...

Em 1811, Paulus foi para a cidade de Heidelberg (Alemanha), para lecionar teologia, e ali ficou durante 40 anos. Ele foi um estudioso de vários segmentos do conhecimento, e sempre os registrou. Opinou sobre homeopatia, sobre a liberdade de imprensa, sobre a liberdade acadêmica e sobre o problema dos duelos (ainda vigentes nessa época). Também escreveu sobre a questão judaica, mostrando-se de certa forma um antissemita. Havia estudado sobre Immanuel Kant (1724-1804) e sobre Spinoza, tornando-se um defensor assumido da filosofia, quando detectava o menor indício de misticismo. Quem ele mais atacou, no campo das ideias, foi o grande amigo de Hegel, Friedrich Schelling (1775-1854), que também já citamos em nossa obra *A Filosofia da História, sob a Visão Espiritual* (Editora AGE, 2019). Paulus publicou comentários críticos às palestras proferidas por Schelling sobre *A Filosofia da Revelação*, quando se encontrava na cátedra de filosofia de Berlim. Com 80 anos de idade, Paulus intitulou-os como *A Filosofia da Revelação Revelada a Fundo, e Exposta ao Exame Geral pelo Dr. H. E.G. Paulus*, pois afirmava abertamente que a filosofia de

Schelling era um ataque fraudulento à sã razão. Doravante, o teólogo de Leonberg (Paulus) e o filósofo, também de Leonberg (Schelling), trocariam farpas.

Paulus desencarnou no dia 10 de agosto de 1851, com 90 anos de idade. Por sua consistente execução da explicação racionalista para tudo, acabou por prestar à teologia um serviço mais valioso do que tantos outros que se imaginam superiores a ele, pois boa parte de suas explicações sobre a vida de Jesus está certa, em princípio. Entretanto, em uma observação mais acurada, o estudioso percuciente consegue trazer acréscimos não menos interessantes e mais ricos, deixando de lado a rigidez racionalista de Paulus (uma espécie de represália a seu pai), graças à noção da vida após a morte, e, com efeito, a sobrevivência do ser. E o interessante, caro leitor, é que as últimas palavras de Paulus, antes de deixar a vestimenta carnal, foi: "Há outro mundo". Ah! E disso nós não duvidamos! Somente lamentamos que um teólogo só se convença da realidade póstuma, ao desencarnar. É claro que consideramos o período de *perturbação espiritual* (mais ou menos longa) que cada um irá passar.[8]

David Friedrich Strauss – O discípulo de Hegel

O teólogo alemão David Friedrich Strauss (1808-1874) nasceu em Ludwigsburg. De 1821 a 1825 ele foi aluno no *seminário menor*, na cidade de Blaubeuren, também na Alemanha. Entre seus mestres estava o teólogo e historiador alemão Ferdinand Christian Baur (1792-1860), que Strauss reencontraria na universidade. Já formado, em 1832 ele assumiu o cargo de *Mestre Assistente*, no colégio teológico de Tübingen. E com todo o direito de lecionar filosofia, Strauss sentiu-se chamado a tomar dianteira como apóstolo de Hegel, e lecionou sobre a lógica desse filósofo com bastante sucesso. Na verdade, o próprio Strauss afirmou que sua teologia só pôde ser desenvolvida completamente por meio de um estudo mais profundo da filosofia. E mais: não se preocupava se isso o levaria de volta à teologia ou não.

Sua primeira *Vida de Jesus* foi escrita à janela da sala dos *Mestres Assistentes*.[9] Quando seus dois volumes apareceram, em 1835, com 1.480 páginas, Strauss era completamente desconhecido, exceto por alguns estudos críticos que fizera, na juventude, sobre os Evangelhos. Em 1841, publicou *Teologia Cristã*, sendo talvez, em conceito, ainda maior que a *Vida de Jesus*, e em profundidade de pensamento ela deve ser classificada junto com as mais importantes contribuições para a teologia. Strauss rejeitou, sob qualquer forma, a imortalidade pessoal, já que ela não é algo que se estenda para o futuro, mas simplesmente e apenas a qualidade presente do espírito, sua universalidade interior, seu poder, enfim, de elevar-se acima de qualquer coisa finita para a *Ideia* (de Platão). E por essa razão, Strauss dividiu-se dos teólogos. Mas não de nós.

Vejamos. Há uma distinção entre sobrevivência e imortalidade. A sobrevivência do ser humano após a morte é uma realidade tão antiga como a própria Humanidade. As doutrinas espiritualistas de antanho esboçaram claramente esse tema. O Espiritismo, em seus postulados, já provou a sobrevivência da alma, para além do corpo físico. Mas sobrevivência não é a imortalidade. É sabido por muitos que os vivos morrem (fisiologicamente) e que os mortos (Espíritos) sobrevivem. Contudo, não sabemos cientificamente se os sobreviventes vivem eternamente, uma vez que no mundo da sobrevivência também impera a morte, como os próprios sobreviventes confessam. Os sobreviventes também são mortais, pois sofrem com suas mazelas, suas imperfeições, etc. Nunca nenhuma experiência de laboratório, de física, de química, de matemática, nem o aparecimento espontâneo de Espíritos desencarnados, através dos fenômenos de materialização, provou a imortalidade. Esta, por sua própria natureza, não pode ser objeto de provas científicas, mas é assunto exclusivo de uma experiência espiritual, íntima, dentro do próprio sujeito. Quem não viveu e vive sua imortalidade seja antes seja depois da morte física, esse não tem certeza da vida eterna, embora conheça a sobrevivência. A certeza da vida eterna não é presente de berço nem de esquife, não é dada pela vida nem pela morte, mas é uma conquista suprema da vivência íntima do ser humano. Em suma, a imortalidade não é algo que nos acontece de fora, mas é algo que deve ser produzido de dentro. Ressaltamos: ainda que pese o exato pensamento de Strauss sobre o significado de imortalidade (pessoal), não significa que ele era adepto ou certo da sobrevivência do Espírito após o desencarne (morte física).

A diferença entre Strauss e os que o precederam, na explicação da Sagrada Escritura, consiste que antes dele o conceito de mito não tinha sido verdadeiramente captado nem consistentemente aplicado. Sua aplicação limitava-se à narração de Jesus vindo ao mundo e de Sua partida dele, enquanto o verdadeiro núcleo da tradição evangélica – os acontecimentos entre o batismo e a ressurreição – foi deixado para fora do campo de sua aplicação. A palavra *mito*, para Strauss, nada mais é do que as ideias religiosas vestidas em uma forma histórica, modeladas pelo inconsciente poder inventivo da lenda, e corporificado em uma personalidade histórica.

Strauss confessava abertamente que a filosofia de Hegel o tinha libertado, dando-lhe clara percepção da relação entre ideia e realidade, guiando-o para um plano superior de especulação cristológica, e abrindo seus olhos para as interpenetrações místicas da finitude e do infinito – isto é, Deus e o ser humano. Em outras palavras: Deus-Humanidade, a mais elevada ideia concebida pelo pensamento humano, é, na verdade, concretizada na personalidade histórica de Jesus. Mas, enquanto o pensamento convencional supõe que essa concretização fenomenal deve ser perfeita, o pensamento verdadeiro, que chegou pela genuína razão crítica a uma liberdade mais elevada, sabe que nenhuma ideia pode concretizar-se perfeitamente no plano da história, e que sua verdade não depende da prova de ter recebido uma perfeita representação externa, mas que sua perfeição surge através daquilo que a ideia leva para a história, ou pelo caminho ao qual a história é sublimada à ideia. Por essa razão, é em última análise indiferente em que extensão a Deus-Humanidade se concretizou na pessoa de Jesus; o importante, segundo Strauss, é que a ideia agora está viva na consciência comum daqueles que foram preparados para recebê-la por sua manifestação em forma sensível, e de cujo pensamento e imaginação aquela personalidade histórica tomou posse tão completa, que para eles a unidade da Divindade e da Humanidade assumida Nele entra na consciência comum, e os momentos que constituem a aparência externa de Sua vida reproduzem-se neles de uma forma espiritual.

Em suma, para Strauss, uma apresentação puramente histórica da vida de Jesus era completamente impossível no período em que Ele viveu entre nós. Possível era uma reminiscência criativa agindo sob o impulso da ideia que a personalidade de Jesus tinha chamado à vida, entre a Humanidade. E essa ideia – entre Deus e o ser humano –, cuja concretização em cada personalidade é o objetivo último da Humanidade, é a realidade eterna na pessoa de Jesus, que nenhuma crítica pode destruir. É algo vivo, desde então. Aliás, até hoje e para sempre. É com essa emancipação do espírito, e com a consciência de que Jesus, como criador da *religião da Humanidade*, está além do alcance dos teólogos puramente racionalistas, que Strauss se lança ao trabalho de demolir as exaustivas ideias que caracterizavam a teologia contemporânea – ou seja, **a explicação sobrenaturalista dos eventos da vida de Jesus foi seguida pela crítica racionalista, uma tornando tudo sobrenatural, e a outra dispondo-se a tornar todos os eventos inteligíveis como ocorrências naturais**. De sua posição, porém, surge uma nova solução – a **interpretação mitológica**. Este é um exemplo característico do método hegeliano, a saber: a *síntese* (interpretação mitológica) de uma *tese*, representada pela explicação sobrenaturalista com uma *antítese*, representada pela interpretação racionalista. Essa dialética hegeliana determina o seu método de trabalho, pois cada incidente da vida de Jesus é considerado separadamente – primeiro, como explicado sobrenaturalmente; depois, como explicado racionalisticamente; por fim, uma explicação é refutada pela outra.

Strauss afirma que a atividade criativa da lenda, acerca dos eventos relacionados a Jesus, entrou para confundir os registros do que realmente aconteceu. Exemplo: ele diz que antes do batismo, tudo é mito. As narrativas do Novo Testamento são tecidas no padrão de protótipos do Antigo Testamento, com modificações devidas a passagens messiânicas interpretadas. Como Jesus e João, o Batista, entraram em contato mais tarde, embora não pessoalmente, sentiu-se a necessidade de representar seus pais (os de Jesus e os de João, o Batista) como tendo uma conexão (a de primos). O exegeta de Ludwigsburg defende que na narrativa do batismo não se pode tomar como sendo um acontecimento histórico que o Batista recebeu uma revelação da dignidade messiânica de Jesus (Jo 1:32), pois de outra forma, mais tarde ele (o próprio João, o Batista) não poderia ter duvidado disso (Mt 11:2-19).

Em seu caráter radical, Strauss vê a tentação de Jesus no deserto (Mt 4:1-11; Mc 1:12-13; Lc 4:1-13) como insatisfatória, seja interpretada como sobrenatural ou como simbólica; seja de uma luta interior ou de eventos externos. É simplesmente, para ele, lenda cristã primitiva, construída de sugestões do Antigo Testamento. No que tange às curas, ele diz que algumas certamente são históricas, mas não na forma que a tradição as preservou. Quanto aos milagres, ele os nega completamente. Também são míticas as narrativas da ressurreição de Jesus. **As críticas de Strauss ao sobrenaturalismo e às explicações racionalistas são radicais, devido à habilidade dialética com que ele mostra a total impossibilidade de qualquer explicação que não reconheça o papel do mito.**

Foi uma tarefa mais fácil para o sobrenaturalismo puro acertar-se com Strauss, do que para o racionalismo puro. Para aqueles, Strauss era apenas o inimigo da teologia mediadora, e, por isso, não havia nada a temer dele, e muito a ganhar. Não há espaço suficiente, aqui, para analisar, evento por evento da vida de Jesus, como fez Strauss. Ademais, tornar-se-ia bastante cansativa a leitura, o que não é a nossa proposta neste livro. A *Vida de Jesus* de Strauss, fortemente influenciada por Reimarus, é um dos livros mais perfeitos em toda a gama da literatura culta, pois não há uma frase supérflua. Sua análise desce aos menores detalhes, e seu estilo é simples e cheio de colorido. Às vezes ele é irônico, mas sempre digno e distinto. **Sem negar a historicidade de Jesus, Strauss opta pela desmitificação da Sua figura, que, para ele, era simplesmente um ser humano cheio de valores morais, mas não Deus.**

O acadêmico de Tûbingen demonstrou, de forma precisa, como os resultados da filosofia de Hegel agiram sobre a fé cristã. A relação entre especulação e fé, a partir de Strauss, tinha vindo à luz. Na verdade, ele foi considerado, por muitos pensadores que o sucederam, como o grande reconciliador entre a religião e a filosofia. Todos os esforços, na teologia mediadora, do racionalismo e do sobrenaturalismo, nada podiam fazer para abalar a conclusão de Strauss de que era o fim do sobrenaturalismo como um fator a ser considerado no estudo sobre a vida de Jesus, e que a teologia científica, em vez de retornar do racionalismo para o sobrenaturalismo, deveria mover-se para frente, entre os dois, e buscar um novo caminho para si mesma.

Para Strauss, o método hegeliano havia provado ser o raciocínio exato da realidade. Ele inaugura o período da visão não miraculosa do Filho do Homem, com toda sua hombridade. Em sua *Vida de Jesus*, de 1835, é utilizada a Ciência da Lógica, apresentando os milagres de Jesus como lenda, sob uma interpretação mitológica. No ano de 1873, Strauss começou a sofrer de uma úlcera interna, por muitos meses suportando seu sofrimento com resignação e serenidade interior, parecendo conhecer a Vida como sendo eterna. Mesmo na teologia católica, a obra de Strauss grande sensação causou. E foi no dia 8 de fevereiro de 1874, em sua cidade natal – Ludwigsburg – que ele desencarnou.

Ernest Renan – Jesus nasceu em Nazaré?

O filósofo, teólogo e escritor francês Ernest Renan (1823-1892) nasceu em Tréguier, na Bretanha, península montanhosa situada na região do extremo noroeste da França, estendendo-se no sentido do Oceano Atlântico. Desejando o sacerdócio, entrou para o seminário de St. Sulpice, em Paris. Decepcionado com a leitura da teologia crítica alemã, ensinada nas salas de aula, começou a duvidar do Cristianismo e de sua história. Não era por menos, diante do que já vimos alhures, nesta Parte VI. Em 1845, abandonou o seminário e, para sobreviver financeiramente, tornou-se professor particular. Quinze anos depois (1860), recebeu de Napoleão III (1808-1873) os meios para fazer uma viagem à Fenícia e à Síria. Quando voltou, em 1862, conseguiu a cátedra de línguas semíticas no Collège de France. Em 1863, publicou seu livro *Vida de Jesus* e, por essa razão, causou indignação generalizada. Resultado? O governo removeu-o de seu cargo, ficando afastado dele até que a Terceira República francesa, de 1871, fosse proclamada, restaurando sua cátedra.

Não se pode dizer que Renan era um homem de religião. Ele já não era católico. O protestantismo, com sua multiplicidade de seitas, repelia-o. Confessamos que a nós também, embora as respeitemos. Também ser chamado de *livre-pensador* não era do gosto dele. O que podemos afirmar, sem erro, é que Ernest Renan **era um cético**. Sua *Vida de Jesus* tinha um propósito: formar parte de um registro completo da história e do dogma da Igreja primitiva. Embora tenha escrito outros livros – *Os Apóstolos* (1866), *São Paulo* (1869), *O Anti-Cristo* (1873), *Os Evangelhos* (1877), *A Igreja Cristã* (1879), *Marco Aurélio* (1881) –, e nada podemos falar deles, porque não os lemos, para o mundo Renan continuou sendo o autor da *Vida de Jesus*, e apenas isso. É bem verdade que a partir dele havia chegado um escritor com o característico posicionamento mental francês, que deu ao mundo latino, em um único livro, o resultado de todo o processo da crítica alemã.

Foi sob um sentido estético da natureza, destituído de pureza e profundidade, que Renan escreveu sua *Vida de Jesus*. Em sua viagem pela Judeia, ele olha para a paisagem como um pintor decorativo procurando uma composição lírica com a qual ele se encontra comprometido. Muitos que o leram, corrompidos por um certo tipo de lirismo, não souberam distinguir entre verdade e artificialidade. Sem um olhar percuciente, o leitor da *Vida de Jesus* pode, sim, ficar extasiado e encantado por vê-lO na paisagem poeticamente escrita. O brilho sentimental que Renan espalhou sobre sua obra para torná-la atraente à multidão, por suas cores iridescentes, nascidas do entusiasmo entre as colinas da Galileia, jamais será esquecido.

A postura de Renan não é mais compreensiva ou menos radical no que consiste o persistente problema do milagre. O autor recusa-se a afirmar sua possibilidade ou impossibilidade, pois escreve seu livro apenas como um historiador, ainda que pese não haver, em sua obra, qualquer ideia de um plano histórico. Em outras palavras: a *Vida de Jesus* foi escrita de forma anacrônica, e Renan puxa os eventos individuais da forma mais arbitrária. Por essa razão, ele traz passagens do Evangelho, de pouca importância, elaboradamente descritas, enquanto outras, mais importantes, mal são abordadas. Sobre os Quatro Evangelhos, João Boanerges continua sendo, para Renan, o melhor biógrafo de Jesus. Há uma certa insinceridade nisso, pois Ele declara representar o Cristo do Quarto Evangelho, mas não acredita na autenticidade ou nos milagres do que escreveu João. No mínimo, incoerente.

Agora faremos uma breve digressão sobre um assunto que, embora não devamos nos perturbar com ele, Ernest Renan, em sua *Vida de Jesus*, trata-o de forma enfática – o nascimento de Jesus ter sido em Nazaré e não em Belém. No capítulo II de seu livro, assim está escrito:

> Jesus nasceu em Nazaré, pequena cidade da Galileia, que antes desse importante acontecimento não teve nenhuma celebridade. Durante toda a sua vida foi conhecido pelo nome de Nazareno, e só após entrarmos por um atalho bem complicado é que seremos capazes de entender o porquê da lenda que diz ter ele nascido em Belém.

Não é tão indiscutível a informação de que Jesus tenha nascido em Nazaré, embora Renan esteja convicto de que o local tenha sido a Galileia e não Belém, que fica na Judeia. Na verdade, a opinião dominante entre os estudiosos modernos é a de que o nascimento em Belém, atribuído pelos Evangelhos (Mt 2:5; Lc 2:15), resulta de um **arranjo posterior** no intuito de mostrar que Jesus era realmente o Messias, e que o Velho Testamento (Mq 5:12) previa que Ele nasceria em Belém, como descendente de Davi.

Vamos à nossa análise, e o leitor saberá se concordamos ou não com Ernest Renan. Pois bem; é sabido ter Jesus nascido durante o reinado de Herodes, o Grande (Mt 2:1; Lc 1:5). Ora, o rei idumeu desencarnou sete dias antes da Páscoa, em abril-maio do ano 4 a.C., conforme narra Flávio Josefo (*Antiguidades Judaicas*). Assim sendo, Jesus nasceu antes do ano 4 a.C. Então, a narração dos capítulos supracitados pelos evangelistas corresponde, no máximo, ao ano 5 a.C., ou 749 da fundação de Roma.

O terceiro evangelista informa que houve um "recenseamento primeiro [antes] do que se fez no tempo em que Quirino era governador da Síria" (Lc 2:2). Ressaltamos que Públio Sulpício Quirino (45 a.C.-21) foi Legado Imperial da Síria, a cuja sujeição estavam os governos de Herodes Antipas, Lisâneas, Felipe e de Pilatos. Dessa maneira, o referido recenseamento ocorreu *antes* do que se fez no tempo em que Quirino era governador da Síria, e não à época em que Quirino era governador da Síria, conforme se encontra em algumas traduções da Vulgata.

Se não aceitarmos a colocação do termo *prōtes* (que normalmente significa *primeiro*) como equivalente ao comparativo *proteros* (*antes de*) ou a *proteron* ou *prō* (*antes*), só se pode pensar que: ou Lucas se equivocou ou os que porventura tenham mudado seu Evangelho equivocaram-se, pois até onde sabemos não houve nenhum recenseamento universal na época especificada por Lucas – ou seja, um recenseamento "de toda a terra" (Lc 2:1; 4:25) para que o mundo civilizado de então, do qual o Imperador Romano era senhor, se apresentasse para o registro. A hipótese de um original hebraico, que tinha "terra habitada" (do grego: *oikoumenē*), referindo-se à antiga Israel, é fraca, pois Lucas usa "toda a terra" (do grego: *gē*) para essa expressão.

Os exegetas da Bíblia que sustentam a hipótese, totalmente sem provas, de diversos recenseamentos sob Quirino, afirmam que Lucas se refere ao primeiro de uma série. Para tais biblistas, o recenseamento é justamente chamado *primeiro* porque nenhum outro havia sido feito na Judeia antes do de Quirino. Contudo, houve um recenseamento ao tempo de Otávio Augusto, ordenado pelo próprio Imperador Romano, que se iniciou no Egito, em 10 ou 9 a.C., continuado na Gália e na Síria, por Quirino, somente no ano 7. Desse modo, a narrativa de Lucas só pode estar se referindo a outro recenseamento, ocorrido *antes* de Quirino, que, segundo Tertuliano, em *Contra Márcião*, 4,19; 4,7, retirado dos *Arquivos Romanos*, foi realizado por Caio Sêncio Saturnino (?-†), entre 8 ou 7 a.C. E mais: Josefo atribui a Saturnino o Legado da Síria (*Antiguidades Judaicas*, Livro XVII, cap. 1, § 722). Portanto, a passagem de Lucas (2:2), com o uso de *prōtes* (*primeiro*) como equivalente ao comparativo *proteros* (*antes de*) ou *prō* (*antes*), torna-se mais verossímil.

Ademais, com base no que sabemos da carreira relativamente bem documentada de Quirino, é IMPROVÁVEL que ele tenha governado a Síria no tempo do Rei Herodes, o Grande (período em que Jesus nasceu). Vejamos: I) Quirino serviu como Cônsul Romano em 12 a.C. (Tácito, *Anais*, III, 48); II) esteve na Ásia Menor em alguma ocasião depois de 12 a.C. e antes de 6 a.C., liderando as legiões na guerra contra os homonadenses – tribo baseada nas montanhas da Galácia (região central da atual Turquia) e Cilícia (região costeira ao sul da atual Turquia); III) atuou como conselheiro, entre o ano 1 a.C. e 4, do então governador da Síria Caio César (20 a.C.-4); IV) ademais, Josefo, que diversas vezes situa o início da legacia de Quirino no ano 6, não dá nenhuma indicação de que ele serviu antes nessa função.

Então, o respeitado escritor francês tenta justificar que Jesus nasceu em Nazaré e não em Belém, explicando que o recenseamento efetuado por Quirino, "ao qual a lenda relaciona a viagem a Belém" (palavras de Renan), não corresponde ao período em que Lucas diz ter Jesus nascido (ao tempo de Herodes, o Grande), pois o recenseamento de Quirino só aconteceu após a deposição de Arquelau, no ano 6. Ora, concordamos com Renan que o recenseamento de Quirino aconteceu bem depois que Jesus nasceu. Mas demonstramos, aqui, que Renan desconhece o recenseamento a que Lucas se refere (2:2) – ou seja, o de Caio Sêncio Saturnino, ocorrido entre 8 e 7 a.C.[10]

O Espírito Amélia Rodrigues afirma ter sido em Belém o local do nascimento do Crucificado. Vemos a poetisa baiana, em Espírito, como fonte fidedigna de tal informação, uma vez que ela estava reencarnada, à época de Jesus, como Maria Marcos – a mãe do segundo evangelista –, conforme já afirmamos na Parte V desta obra. Ela afirma, com certo detalhe, na obra *Luz do Mundo*, capítulo 2, a viagem de José e Maria (grávida) até a cidade de Davi. Vejamos:

A viagem fora longa para aquele casal, principalmente para aquela mulher grávida, durante quatro ou cinco dias, sacudida pelo trote da montaria... Sucederam-se abismos e montes, subidas e descidas, quase às portas da Cidade Santa, chegando por fim a Belém... (...) E em pleno fastígio do Império Romano, indicado por uma estrela, anunciado pelos anjos, nasceu Jesus!

Também não se pode negar que a viagem, de Nazaré para Belém, aconteceu, porque a narração dela é feita pelo Evangelista Lucas, que, também segundo os Espíritos, tomou nota do que a própria Maria narrou-lhe, em Éfeso. Uma dúvida, porém, fica: José e Maria subiram da Galileia à Judeia; à cidade de Davi, chamada Belém (Lc 2:4-5), pela razão do recenseamento realizado por Caio Sêncio Saturnino? Ou os dois se dirigiram à cidade de Davi por intuição de Maria (de José?), para que lá se cumprissem as profecias do Velho Testamento? A nosso ver, as duas opções são viáveis, ainda que pese conceber José e Maria sendo forçados, por uma operação puramente cadastral e financeira, a irem se inscrever no local de onde seus ancestrais haviam saído mil anos antes, conforme a genealogia de Mateus (1:1-16).

Agora, colocaremos a notável crítica que Allan Kardec fez sobre a *Vida de Jesus*, de Ernest Renan, exarada na *Revista Espírita* de junho de 1864.

Ei-la:

Admitamos, no entanto, que o Sr. Renan não tenha em nada se afastado da verdade histórica, isso não implica a justeza de apreciação, porque fez esse trabalho em vista de uma opinião e com ideias preconcebidas. Ele estudou os fatos para neles procurar a prova dessa opinião, e não para dele se formar uma; naturalmente não viu senão o que lhe pareceu conforme com a sua maneira de ver, ao passo que não viu o que lhe era contrário. Sua opinião é a sua medida.

Persuadido de que estava na verdade, pôde agir, e cremos que agiu de boa-fé, e que os erros materiais que se lhe censura não são resultado de um desígnio premeditado de alterar a verdade, mas de uma falsa apreciação das coisas. (...) Em vão terá percorrido os lugares onde os acontecimentos se passaram, esses lugares lhe confirmarão os fatos, mas não os fará encarar de outra maneira. Tal foi o Sr. Renan percorrendo a Judeia, com o Evangelho à mão; ele encontrou as marcas do Cristo, de onde concluiu que o Cristo havia existido, mas não viu o Cristo de outro modo do que não o via antes. Ali onde não viu senão os passos de um homem, um apóstolo da fé ortodoxa teria percebido o cunho da Divindade.

(...) Para aquele que não vê nada fora da humanidade tangível, estas palavras: "Meu reino não é deste mundo; Há muitas moradas na casa de meu Pai; Não procureis os tesouros da Terra, mas os do céu; bem-aventurados os aflitos, porque serão consolados", e tantas outras, não devem ter senão um sentido quimérico.

É assim que as considera o Sr. Renan: "A parte de verdade, disse ele, contida no pensamento de Jesus, o havia levado sobre a quimera que o obscurecia. Não desprezemos, no entanto, essa quimera que foi o esboço grosseiro do bulbo sagrado do qual vivemos. Esse fantástico reino do céu, essa perseguição sem fim de uma cidade de Deus, que sempre preocupou o cristianismo em sua longa carreira, foi o princípio do grande instinto do futuro que animou todos os reformadores, discípulos obstinados do Apocalipse, desde Joachim de Flore até o sectário protestante de nossos dias." (*Vida de Jesus*, cap. XVIII, página 285, 1ª ed.)

A obra do Cristo era toda espiritual; ora, o Sr. Renan não crendo na espiritualização do ser, nem no mundo espiritual, deveria naturalmente tomar o contrapeso de suas palavras e o julgar no ponto de vista exclusivamente material. Um materialista ou um panteísta, julgando uma obra espiritual, é como um surdo julgando um trecho de música. O Sr. Renan julgando o Cristo no ponto de vista em que se colocou, teve que se equivocar sobre suas intenções e seu caráter. A prova mais evidente disso está nesta estranha passagem de seu livro: "Jesus não é um espiritualista, porque tudo chegava para ele a uma realização palpável; não há a menor noção de uma alma separada do corpo. Mas é um idealista realizado, a matéria não sendo para ele senão o sinal da ideia, e a real expressão viva daquilo que não parece." (*Vida de Jesus*, cap. VII, página 128.)

(...) De tais palavras não se discutem; elas bastam para indicar a importância do livro, porque provam que o autor leu os Evangelhos, ou com muito de leviandade, ou com o espírito tão prevenido que não viu o que salta aos olhos de todo o mundo. Pode-se admitir a sua boa-fé, mas não se admitirá certamente a justeza de seu golpe de vista.

O Sr. Renan tem cuidado de indicar, por notas de retorno, as passagens do Evangelho às quais faz alusão, para mostrar que se apoia sobre o texto. Não é a verdade das citações que se lhe contesta, mas a interpretação que lhes dá. É assim que a profunda máxima deste último parágrafo foi convertida numa simples réplica espirituosa. Tudo se materializa no pensamento do Sr. Renan; ele não vê em todas as palavras de Jesus nada além do terra a terra, porque ele mesmo não vê nada fora da vida material.

(...) Jesus é assim apresentado como um ambicioso vulgar, de paixões mesquinhas, que age por debaixo e não tem a coragem de se confessar. (...) Quem jamais teria acreditado que um bando de alegres viventes, uma multidão de mulheres, de corteses e de crianças, tendo à sua frente um idealista, que não tinha a menor noção da alma, pudesse, com ajuda de uma utopia, da quimera de um reino celeste, mudar a face do mundo religioso, social, e político?

As observações acima, feitas pelo Codificador do Espiritismo, são de uma clareza e raciocínio incomuns. Reconhecemos que o grande escritor francês se interessou sobremaneira pela obra e pela individualidade de Jesus. Transferindo-se para a Palestina, indagou, pesquisou e rebuscou minuciosamente tudo que havia a respeito do Crucificado e sua doutrina. Embora com o melhor de seus esforços, de sua culta e vasta inteligência, de seus vários e sólidos conhecimentos, de seus recursos intelectuais e materiais, Renan não lobrigou o espírito do Cristianismo. E qual seria a razão disso, se ele dispunha de muitos e preciosos predicados? Simples: esqueceu-se de reunir o requisito principal aos múltiplos que possuía – a humildade.

Allan Kardec, querendo saber o efeito que produziria a obra *Vida de Jesus*, de Ernest Renan, questionou ao Espírito Erasto no dia 14 de outubro de 1863, e a resposta se encontra em *Obras Póstumas*, Segunda Parte. Vejamos um pedaço dela:

Enorme efeito. Grande será a repercussão no clero, porque esse livro derroca os próprios fundamentos do edifício em que ele se abriga há dezoito séculos. Não se trata de um livro irrepreensível, longe disso, porque reflete uma opinião exclusiva, que se circunscreve no círculo acanhado da vida material. Todavia, Renan não é materialista, mas pertence a essa escola que, se não nega o princípio espiritual, também não lhe atribui nenhum papel efetivo e direto no encaminhamento das coisas do mundo. Ele é desses cegos inteligentes que explicam a seu modo o que não podem ver; que, não compreendendo o mecanismo da visão à distância, imaginam que só tocando-a se pode conhecer uma coisa. Por isso é que reduziu o Cristo às proporções do mais vulgar dos homens, negando-lhe todas as faculdades que constituem atributos do Espírito livre e independente da matéria.

Em 1892 desencarnou o filósofo, teólogo e historiador francês Joseph Ernest Renan, que também foi escritor, narrando a Galileia de Jesus em seu mais belo mês – o de *Nisan*. Ele era um artista. Em sua *Vida de Jesus*, deu a seus leitores uma figura que era, sem dúvida teatral, cheia de vida e movimento, por isso sua obra tem um charme imortal. Renan tem o estilo suave e encantador, substituindo a lógica de Strauss pela poesia; mas não enxergou a porta libertadora do Evangelho, que somente aos humildes tem franquia. Se ainda estiver na condição de desencarnado, estudando e aprofundando, já percebeu que foi precisamente essa parte, a alma do Cristianismo, que ele morreu ignorando.

Simples, mas não simplório

Foi muito fácil para os ilustrados historiadores e teólogos antes citados, com a exceção de Reimarus, acharem que Jesus tenha sido um jovem provinciano ignorante e simplório. No fundo, eles eram verdadeiros repositórios de conhecimento livresco catalogado, revelando, com efeito, uma lastimável ausência de sensibilidade para apreender os mais relevantes aspectos de Sua pregação. Os escritores racionalistas se preocuparam mais em proclamar as aparentes contradições de Seu caráter, e as supostas falhas de Sua formação cultural do que em aproximar-se de Jesus com suficiente humildade intelectual para tentar saber o que realmente Ele quis dizer com as coisas que disse. Ainda bem que de certa forma os teólogos escreveram basicamente um para os outros e raramente foram lidos (e entendidos) fora do círculo fechado de uns poucos iniciados.

Em verdade, os racionalistas não se interessaram em focalizar a pessoa de Jesus, por achá-la de pouca importância na época, uma vez que se tratava de um carpinteiro, que divulgou e viveu estranha moral num mundo conturbado pelas mais violentas paixões e vícios. A história jamais poderia prever, no seio da comunidade de tantos rabis insignificantes da Palestina, que um deles se tornaria o líder de milhões de criaturas nos séculos vindouros, pregando somente o amor aos inimigos e a renúncia aos bens do mundo, em troca de um *Reino Celestial*. E mesmo que ainda se queira afastar Jesus como personagem principal dos Evangelhos, porque Ele não figura na história profana de modo convincente, tal atitude seria impossível, pois a Humanidade teria que criar outro *mito*, ou então outro homem tão esplêndido como Jesus, para assim justificar Suas alvíssaras de profunda beleza espiritual...

Como um pobre garoto, de 12 anos de idade, havia alcançado um estado de avançada consciência espiritual, possuindo plena noção do Reino de Deus, muito maior que o mais espiritual dos homens possui no fim da sua vida terrestre? Como os venerandos mestres espirituais de Israel, encanecidos no estudo dos livros sacros, tornaram-se subitamente discípulos de uma criança que nunca frequentou escola nem teve mestres humanos? Suas primeiras colocações verbais, por nós conhecidas, foram: "Por que me procuráveis? Não sabíeis que devo estar nas coisas que são de meu Pai?" (Lc 2:49). São palavras de intensa consciência cósmica, da parte de um menino de 12 anos de idade...

E como um pobre rapaz, agora com 30 anos de idade, sem nenhuma formação acadêmica, sem currículo conhecido, consegue sacudir o mundo do seu torpor religioso, seja para amá-Lo, seja para odiá-Lo? A resposta está na Sua simplicidade. Ora, Jesus foi simples, mas não simplório! E por essa razão, a corrente de incompreensão da Sua mensagem, pelo menos nos dois últimos séculos, desdobrou-se em duas: uma viu-se obrigada a fazer Dele um Deus, pois assim, pelo menos, poupava-se ao trabalho de entendê-Lo; e a outra preferiu reduzi-Lo à condição de um ignorante, porque assim podia ignorá-Lo. Uma terceira corrente, porém, que corresponde a minoria, sempre existiu: a que apreendeu Sua grandeza e buscou segui-Lo, por amor. Aliás, não se pode compreender Jesus aproximando-se Dele com ânimo de historiador, de exegeta, de crítico erudito ou pseudossábio. Isso pertence ao exterior e fica de fora. É preciso aproximar-se com ânimo amoroso, porque só a quem ama são concedidas certas compreensões íntimas e profundas. Grava bem, leitor, dentro da tua alma, esta verdade das verdades: só se compreende integralmente o que se ama com ardor!

Notas

1. Vianna de Carvalho. (*Espiritismo e Vida*, cap. XV.)
2. A raiz *logia* vem do grego (*Logos*), que significa *discussão, estudo, ciência*. O vocábulo *Téo* vem do grego *Theos*, que significa *Deus, Divindade*. Assim, Teologia significa estudar sobre Deus. Sendo Este incognoscível, ininteligível, percebemos a dificuldade em falar sobre a Divindade. Entretanto, por sermos criaturas cognoscíveis, mister se faz compreender que sempre estaremos estudando Deus sem, jamais, compreendê-Lo senão através de suas criações, que, em verdade, são manifestações de um Ser Imanifesto.

   A Teologia Eclesiástica é a teologia de determinada Igreja. Esta, porém, pode ser a Católica, a Protestante ou Evangélica. A Teologia Eclesiástica considerava ateus (hereges) todos aqueles que não concordavam com seus fundamentos dogmáticos. Assim, tornou-se a principal responsável pela Inquisição na Idade Média. Em verdade, ateu foi a melhor conceituação achada pela Igreja Eclesiástica para colocar fim aos hereges, que, por sua vez, queriam trazer de volta o Cristianismo puro ensinado por Jesus.

   A Teologia Ortodoxa diferencia-se da Eclesiástica, porquanto aquela pertence a um sistema religioso em que seus adeptos são fiéis às diretrizes que vêm das hierarquias superiores desse seu sistema religioso; caso contrário, terão problemas com eles. Em suma, preferem os fiéis permanecer em silêncio a dizer verdades, servindo-os, pois mais vale a sua conveniência do que a sua consciência. De fato, eles têm que cuidar do seu *ganha-pão*, do seu emprego, pois vivem da sua religião, quando deveriam ser voluntários.

3. Ao leitor que pretende concentrar-se um pouca mais sobre a lenda de Adão, pois não se trata de um homem, mas sim de uma raça chamada *adâmica*, por favor leia o estudo racional feito pelo Codificador do Espiritismo – Allan Kardec –, quando, em *A Gênese*, no capítulo XI, itens 36 a 41, e no capítulo XII, itens 20 a 24, desenvolve o tema de forma magistral. Não obliteraremos o livro *A Caminho da Luz*, Introduções II e III, do Espírito Emmanuel, pela psicografia de Francisco Cândido Xavier, e o *sui generis* livro *O Alvorecer da Espiritualidade*, do Espírito Josepho, pela mediunidade de Dolores Bacelar.

4. O Espírito Amélia Rodrigues, na obra *A Mensagem do Amor Imortal*, no capítulo XXVIII, diz "ser bem verdade que esse povo peculiar – os essênios – pertencera anteriormente à tradição do Sinédrio em Jerusalém. Os seus membros acompanharam, porém, a perversão que começou a tomar conta dos representantes da Lei de Moisés e dos Profetas, assim como a profanação natural que foi sendo introduzida nos hábitos, costumes e comportamentos religiosos, impostos pelos dominadores e aceitos pela pusilanimidade dos representantes da fé. Compreendendo a defecção dos sacerdotes que se entregavam à luxúria, ao poder e ao gozo terrestre, mais preocupados com a aparência e o cumprimento exterior dos códigos religiosos, afastaram-se da sua convivência, resistindo às influências das culturas greco-romanas, da imposição do deus Baal, observando, escandalizados, que, mesmo nos lares muito fiéis à tradição, encontravam-se amuletos, estatuetas e imagens de estranhas personagens deificadas pela ignorância."

5. Allan Kardec. (*O Livro dos Médiuns*, cap. XIII, item 16.)

6. León Denis. (*Cristianismo e Espiritismo*, cap. V.)

7. Os livros encontrados no Alto Egito não devem ser confundidos com os manuscritos achados no deserto da Judeia, em uma gruta nas imediações da cidade de Qumran (a noroeste do Mar Morto), a 12 km ao sul de Jericó, entres os anos de 1947 e 1948, por um jovem árabe cujo nome era Muhammed ad-Dhib. O achado representou a maior conquista da arqueologia do século XX. Atraídos pela descoberta inicial, pesquisadores vasculharam a área, e durante nove anos (entre 1947 e 1956) trouxeram à luz 930 manuscritos que estavam guardados em 11 cavernas de Qumran. Desse total, 210 reproduzem livros da Bíblia hebraica (Antigo Testamento), principalmente os Salmos (36 cópias), o Deuteronômio (32 cópias) e o Gênesis (23 cópias).

Entre os manuscritos não bíblicos estavam o *Manual de Disciplina ou Regra da Comunidade*, que descreve as práticas e rituais dos essênios, e o *Documento de Damasco*, outro texto que retrata o cotidiano dessa singular seita. Escritos, na maior parte, em hebraico (alguns outros em aramaico e em grego), os documentos foram datados de entre os anos 250 a.C. e 68. Tais descobertas ganharam a alcunha de *Manuscritos do Mar*

Morto. Antes das descobertas de Qumran, considerava-se o *Documento de Damasco* um texto fariseu, e a primeira redação dessa parte (publicada em 1929) compartilhava também dessa opinião. Depois da publicação dos textos de Qumran, a partir de 1955, chegou-se à conclusão de ser ele de origem essênia, por duas razões: I) as semelhanças de base; II) pelo fato de os fragmentos do *Documento de Damasco* terem sido encontrados em Qumran, na gruta 4 e na gruta 6.

8. Estudar ou conferir as questões 163, 164 e 165 de *O Livro dos Espíritos*, cujo subtítulo é *Perturbação Espiritual*.
9. A primeira edição da *Vida de Jesus*, de Strauss, foi entre os anos de 1835 e 1836. A segunda edição não teve alterações. Na terceira edição, entre os anos de 1838 e 1839, houve alterações. A quarta edição, concordante com a primeira edição, foi publicada em 1840.
10. Precisamos ressaltar que o apologista Flávio Justino, o Mártir, ao escrever para os judeus, afirmou, praticamente 100 anos depois de Lucas, apelando para o fato como sendo inquestionável, que o Cristo nasceu durante o recenseamento realizado por Quirino, apelando para as listas daquele censo como para documentos ainda então existentes e disponíveis para consulta. É um fato histórico, fora do Novo Testamento, no mínimo interessante. Vejamos o que consta em sua *I Apologia*, no capítulo 34: "Sabe-se que há no país dos judeus uma aldeia [Belém] que dista de Jerusalém trinta e cinco estádios e que nela nasceu Jesus Cristo, como podeis comprovar pelas listas do recenseamento, feitas sob Quirino, que foi o vosso primeiro procurador na Judeia". E no capítulo 46, assim está escrito: "Dizemos que Cristo nasceu somente há cento e cinquenta anos sob Quirino e ensinou sua doutrina mais tarde, no tempo de Pôncio Pilatos". No seu livro *Diálogo com Trifão*, capítulo 78, diz que: "Na ocasião do primeiro recenseamento da Judeia, no tempo de Quirino, José subiu de Nazaré, onde vivia, para inscrever-se em Belém, sua terra de origem".

    Sendo assim, ou Justino equivocou-se (o que é quase improvável pela época em que viveu) ou que o primeiro recenseamento ordenado por Quirino foi realizado antes da morte de Herodes I, e que, enquanto estava em andamento, o Crucificado nasceu em Belém. O erudito Karl Gottlob Zumpt (1792-1849), nascido em Berlin, depois de uma série de investigações e argumentos separados, todos independentes das Escrituras, descobriu que Quirino foi governador da Síria por **duas vezes**, e que esse seu primeiro mandato foi da parte final de 4 a.C., quando sucedeu a Públio Quintílio Varo (46 a.C.-9). A tese do filólogo alemão, primeiramente apresentada em latim (1854), com incrível dedicação e pesquisa, é bastante séria e respeitada a ponto de seus críticos concordarem que o resultado é razoavelmente certo.

    O ponto em questão é: se realmente Quirino foi governador da Síria em dois mandatos, e no primeiro deles fez um recenseamento, conforme desvela o Dr. Zumpt, mais razão existe para que Jesus tenha nascido em Belém, e não em Nazaré.

PARTE VII

Modelo e guía

Ó, Crucificado, o que fizemos de Ti!

Já se passaram mais de 2 mil anos! E hoje, para que o Evangelho seja proclamado, como na época de Jesus e dos primeiros mártires, mister se faz passar pelo controle dos que se julgam sábios e poderosos, pois parece que a Boa Nova é por demais incompatível com os elevados padrões da nossa cultura e civilização, pelo menos no Ocidente. Amar os inimigos e fazer bem aos nossos malfeitores (Lc 6:27)? Se alguém nos ferir a face, apresentemos-lhe também a outra (Mt 5:39)? Ao invés de reclamar pelas vias legais uma túnica roubada, que cedamos também a capa (Mt 5:40)? Não. À maioria, nos dias atuais isso não convém! Diz-se, ainda, que Jesus, mesmo tendo sido um homem inteligente, Sua filosofia não pode ser divulgada em pleno século da mecânica quântica e da desintegração atômica.[1]

E mais: em pleno desenvolvimento da tecnologia, construiu-se uma bomba de hidrogênio, que não chega a pesar 12 kg, mas se levada por algum avião teleguiado e solta sobre qualquer cidade do globo terrestre, não escapará um único ser vivo, nem ficará de pé um só edifício, pois será tudo arrasado e totalmente desintegrado na fração de um segundo. Essa bomba termonuclear é um tipo de armamento que consegue ser milhares de vezes mais potente do que qualquer bomba nuclear de fissão. Um ateu diria a um ser crístico que a ciência bélica de hoje é benigna, porquanto está em condições de matar milhares e milhões de seres humanos em menos de um segundo, poupando-lhes todo e qualquer sofrimento, uma vez que não sobra tempo para alguém sentir esse aniquilamento instantâneo. E se o maior de todos os homens crísticos – Jesus – mandou amar os inimigos, para *acabar com eles*, o ateu ressaltaria que descobriu um meio muito mais seguro, eficiente e rápido de *acabar com milhões de seus inimigos*, ao passo que *acabar com os inimigos*, amando-os, é incerto e demorado, o que pode expor ao perigo de ser morto por aqueles a quem não quis matar.

Ó, Crucificado, o que fizemos de Ti!

Mas não é recente a nefasta ideia dos profanos ocidentais, que não reconhecem a maior de todas as armas até então criada – o amor. O leitor conhece Tomás de Aquino (1225-1274)? Será que ele encontrou o Céu, desde o século XIII, conforme declaração oficial do magistério indefectível da Igreja Católica? Em sua *Summa Theologica*, iniciada em 1265, Tomás de Aquino escreve, em latim, que em geral não se deve matar ninguém. Mas há casos, segundo *Doctor Angelicus*, em que matar não só deixa de ser pecado, como também se torna dever de consciência cristã. Aquino especifica quatro casos em que não é pecado matar alguém ou alguns: I) em caso de legítima defesa; II) em caso de guerra justa; III) pode a autoridade civil ordenar à morte os grandes criminosos; IV) pode o magistério eclesiástico permitir que sejam punidos com a morte os hereges impenitentes. Alguém dirá que Tomás de Aquino tinha razão, tanto mais que sua doutrina foi repetidas vezes aprovada e recomendada pela infalível Igreja? Será que no Sermão da Montanha existe a liceidade do homicídio, em todos os casos alegados por *Doctor Universalis*, sendo que nem mesmo a Simão Pedro foi permitido matar Malco, no Monte das Oliveiras?

Ó, Crucificado, o que fizemos de Ti!

Mas foi bem antes que modificamos o Evangelho de Jesus, em diversos pontos, para o adaptarmos às nossas *urgentes* exigências vitais. Ora, não foi no princípio do século IV que apareceu o imperador Constantino Magno (272-337), fundador e patrono da Igreja? Não foi ele quem tirou das catacumbas de Roma as reuniões anônimas e mendigas, e fê-las a maior potência político-financeira dos séculos – a Igreja? Não colocou ele os seus chefes nos mais altos pináculos da administração pública, dando-lhes prestígio social e político, poder financeiro e militar? Compreendendo que era melhor dominar do que sofrer; melhor perseguir seus inimigos, com armas na mão, do que ser por eles perseguida e trucidada, que a Igreja Católica começou o *triunfo* do Reino de Deus sobre a face da Terra.

E as invasões bárbaras? Os visigodos (nome dado aos godos ocidentais), com Alarico I (370-410), depois da morte do Imperador Romano Teodósio I (347-395), invadiram grandes áreas orientais do Império Romano, além de terem devastado extensas regiões da Grécia, da Itália e, em 410, saquearam a própria cidade de Roma. No ano de 415, entraram na Península Hispânica. Mas foi em 507 que começou a decadência dos visigodos, e em menos de um século perderam aquele território, que hoje se conhece por Portugal.

Os hunos, com Átila (406-453), flagelaram a Gália em 450. Os vândalos (tribo germânica oriental) entram na Gália, em 406, atravessando a Península Ibérica, em 409, e conquistando o norte da África, em 439, onde criaram um Reino propriamente dito, estabelecendo a sua capital em Cartago. No ano de 455, os vândalos finalizam o trabalho, na invasão da já infeliz Roma.

Os saxões, a partir do ano 449, começam o domínio da Grã-Bretanha. Os francos (tribo germânica ocidental) lutaram contra os Burgúndios (povo também germânico, estabelecido desde o século IV nas margens do Rio Reno, a leste e sudeste da atual França e toda a Suíça), vencendo a Batalha de Dijon, no ano de 500. O rei dos francos chamava-se Clóvis (466-511), casado com Clotilde da Borgonha (475-545), prometeu abraçar a religião cristã se vencesse, em 496, os alamanos, na Batalha de Tulbiac. Ele é conhecido na história como sendo o fundador da França, antiga Gália.

Os invasores bárbaros, em verdade, eram homens selvagens, travestidos de soldados perfilados lado a lado com suas armaduras. E os que cavalgavam, orgulhosos, em seus intrépidos cavalos, ainda assim não conseguiam vislumbrar o amor e o perdão. Não passavam de Espíritos pouco esclarecidos, que buscavam revanche, acostumados às ideias vingativas que traziam consigo de outras reencarnações, ainda que pese menos de seiscentos anos antes o maior de todos os Homens ter espargido seu amor na psicosfera do orbe terráqueo.

Ó, Crucificado, o que fizemos de Ti!

E o que se deu entre os séculos VII e X? Comecemos com o chefe religioso, político e militar dos muçulmanos, o General Abu-Bekr (573-634), nascido em Meca (cidade localizada na atual Arábia Saudita), e fundador do Islamismo, tornando-se o líder do mundo muçulmano. Ele é conhecido como o primeiro sucessor (em árabe: *califa*) de seu sogro – o líder religioso Maomé (571-632). Foi a partir de Abu-Bekr que começou a verdadeira *Guerra Santa* contra os *infiéis*. Na posição de *califa*, ele lutou contra as tribos árabes que se rebelaram contra ele e logo elas se submeteram ao governo muçulmano. E antes mesmo do ano 700, os árabes já dominavam toda a Síria, a Mesopotâmia, a Pérsia, parte do norte da Índia, ilhas do Oceano Índico, a Armênia, o Turquestão, o Egito, a África do Norte e quase toda a Espanha.

Graças a Carlos Martel (688-741) – soberano do Reino Franco, da Dinastia Carolíngia – travou-se a Batalha de Poitiers (ou Batalha de Tours), em 732, quando defendeu a antiga Gália Romana do jugo árabe (dos chamados *mouros*).

Essa peleja é citada como sendo o marco do final da expansão muçulmana na Europa medieval. Aparece o filho de Carlos Martel – Pepino, o Breve (714-768) –, criando o aberrativo Estados Pontifícios (ou Papais), isto é, um aglomerado de territórios, basicamente no centro da Península Itálica, que se mantiveram como um estado independente entre os anos de 756 e 1870, sob a direta autoridade civil dos Papas, e cuja capital era Roma. Carlos Magno (742-814), filho de Pepino, o Breve, consegue criar, na Europa, um grande império cristão, já que conquistou quase todos os territórios que integram atualmente a França, a Alemanha, a Áustria, a Hungria, a Tchecoslováquia e a Itália. Por essa razão, recebeu do Papa Leão III (750-816), no Natal de 800, a coroa e o título de Imperador do Ocidente.

Carlos Magno (o Grande) desencarna, e seu trono é sucedido por seu filho, Luís I, o Piedoso (778-840), que governou do ano de 814 até sua morte. A perspectiva de manter a unidade político-administrativa na Europa e na Ásia não demorou muito tempo, porque Luís, ingenuamente, concede o reino aos seus três filhos do primeiro casamento – Lotário I (795-855), Pepino da Aquitânia (797-838) e Luís II, o Germânico (804-876). No entanto, do segundo casamento, Luís I teve Carlos II, o Calvo (823-877), que o prestigiou dando-lhe o comando da maioria dos Estados. Os filhos mais velhos de Luís, o Piedoso, ficaram revoltados e encarceram o próprio pai em um convento. Luís, o piedoso, morreu lutando contra seu filho Luís II, o Germânico. Por fim, é celebrado, no ano de 843, o Tratado de Verdum, que teve por finalidade desmembrar o Império. Carlos II, o Calvo, fica com a França; Luís II, o Germânico, fica com a Alemanha; Lotário I, com a Holanda, a Suíça e a Itália. Veja só: todas as conquistas à conta de guerras, acrescidas de parricídio!

Ó, Crucificado, o que fizemos de Ti!

Já corre frouxo mais da metade do século XI. Agora as iniciativas partiam do Ocidente para o Oriente, pois os ânimos dos cristãos (não crísticos) estavam exaltados pelos sermões inflamados do monge francês Pedro, o Eremita (1050-1115), que, com sua voz de magnetizada atração, convocava os fiéis para a retomada da Cidade Santa (Jerusalém) e toda a Palestina das mãos dos muçulmanos, chamados de *hereges* pelos ditos *cristãos*, e, de igual maneira, aqueles quando ouviam o nome Cristo Jesus, desdenhavam-No.[2]

Pedro – homem feio, a ponto de assombrar as pessoas, mau, fanático e impiedoso – foi quem liderou a independente e frustrada Cruzada Popular ou

Cruzada dos Mendigos, em 1095, composta aproximadamente de 40 mil plebeus (entre homens, mulheres e crianças) de baixa estirpe, em missão suicida, auxiliados por um único cavaleiro – Gaultier Sans-Avoir (?-1096). E acredite: Pedro, o Eremita, foi um dos poucos sobreviventes. Este ímpio homem, segundo o Espírito Miramez, na obra *Francisco de Assis*, capítulo II, simboliza o Satanás Gogue do Apocalipse (20:8) de João.

Entrementes, o Imperador Bizantino Aleixo I (1056-1118) pediu ajuda ao Papa Urbano II (1042-1099), que, inspirado pelos agentes das Trevas, no Concílio de Clermont-Ferrand, no dia 27 de novembro de 1095, deu o grito de guerra – *Deus vult!* (Deus quer!) – contra os turcos que haviam invadido Jerusalém. Estavam lançadas as Cruzadas dos Nobres! Ou seja, organizadas expedições militares contra os Islâmicos, sob o pretexto de preservar o Santo Sepulcro (o túmulo do Cristo), que matou centenas de milhares de muçulmanos. Eram comandadas por homens nefários (extremamente malvados), isentos de todo e qualquer sentimento de fraternidade.[3]

Entre os anos de 1096 e 1270, foram organizadas muitas Cruzadas, conquanto a história registre oito delas como sendo as mais notórias. A Primeira Cruzada (1096-1099) foi comandada por Godofredo de Bulhão (1060-1100), que liderou 1.500 cavaleiros e 18 mil soldados. No dia 7 de junho de 1099, chegaram às portas de Jerusalém e armaram acampamento do lado de fora da capital judaica. Depois de bombardearem os muros da cidade, no dia 15 de junho de 1099, uma seção da muralha ruiu. Guerreiros começaram a invadir Jerusalém e travou-se a batalha direta. Na manhã do dia seguinte, o quadro era de horror: mais de 25 mil corpos (entre cristãos e muçulmanos) estavam espalhados pelas ruas, e o sangue correndo como água. Nas escadarias dos templos se podia divisar o risco vermelho que descia dos degraus – inclusive crianças, mulheres, velhos e até cães de estimação dizimados pelo chão.

Depois de tomada a cidade, era imperioso estabelecer um governo, embora batalhas isoladas ainda fossem travadas devido à resistência de alguns sobreviventes maometanos. Essa era a situação da cidade, quando se realizou, aos 22 de julho de 1099, um concílio na Igreja do Santo Sepulcro, no qual foi decidido que Raimundo IV de Toulouse (1041-1105) deveria ser o rei de Jerusalém. Ele recusou – não como gesto de piedade com o povo fracassado, mas sim porque pretendia, para aguçar seu ego, que insistissem em dar-lhe o título –, e a oferta foi feita a Godofredo de Bulhão que, a seu turno, recebeu não o título de *rei*, mas sim de *adovocatus Sancti Sepulchri* (protetor do Santo Sepulcro).

O dia 12 de agosto de 1099 amanheceu confuso. Alguns maometanos haviam atacado a igreja do Santo Sepulcro, deixando os cristãos irritados. Um dos militares presos relatou, sob tortura, onde se encontrava o foco da resistência. O exército de Godofredo de Bulhão, em um ataque preciso, deu por encerradas as atividades da Primeira Cruzada, vencendo naquele dia a última refrega. A partir daí, começaram a surgir várias Ordens de Cavaleiros, cujas principais foram os Hospitalários e os Templários.[4]

A Segunda Cruzada (1147-1149) foi liderada por Luís VII (1120-1180), Rei da França, e por Conrado III (1093-1152), Imperador do Sacro Império Romano-Germânico – este império era responsável pela evolução cultural, política, religiosa e econômica da Europa Central, que compreendia os territórios de Germânia, Itália e Borgonha. A expedição alcançou Constantinopla e, com efeito, chegou à Ásia pelo Estreito de Bósforo. Não obstante, foi derrotada antes de chegar à Palestina.

A Terceira Cruzada (1189-1192) foi decidida (preparada) pelo Papa Gregório VIII (1100-1187), embora ele tenha desencarnado antes de ela começar. Teve o pontificado mais curto da história – 56 dias. Seu sucessor foi Clemente III (1121-1191), que organizou (colocou em prática) o projeto de reconquista da Terra Santa, pois o sultão egípcio que dominava o Egito e a Síria – Saladino (1138-1193) – tinha retomado Jerusalém em 1187, expulsando inclusive os Templários que lá se encontravam. Lideraram a Terceira Cruzada o Rei da Inglaterra, Ricardo I, Coração de Leão (1157-1199), o Rei da França, Filipe Augusto (1165-1223), e o Imperador do Sacro Império Romano-Germânico, Frederico I (1122-1190), também conhecido como Frederico Barba Ruiva. No entanto, Frederico I desencarnou na Ásia Menor; Filipe II (Augusto) afastou-se por divergências de ideias, ficando somente Ricardo I, Coração de Leão, que, a seu turno, não tomou a Terra Santa, mas fez um armistício com Saladino para que as peregrinações fossem permitidas.

Inocêncio III (1161-1216) sobe ao trono papal em 1198, e incentiva a Quarta Cruzada (1202-1204), também conhecida como *Cruzada Comercial*. Foi uma expedição militar (de caráter religioso, no início), empreendida por cavaleiros cristãos (franceses e venezianos). O objetivo inicial dos cruzados era a conquista da Terra Santa (Jerusalém), que estava dominada pelos muçulmanos. Porém, esse escopo foi deixado de lado e os cruzados tomaram e saquearam a cidade de Constantinopla (capital do Império Bizantino), em 1204. Os vitoriosos cruzados fundaram, na região, o Império Latino, que resistiria até o ano de 1261. O nome *Cruzada Comercial* está relacionado a uma das consequências dessa expedição, pois após o saque de Constantinopla, muitos cruzados passaram a comercializar os produtos saqueados no retorno para a Europa. Logo, essa Quarta Cruzada teve grande importância para o renascimento comercial, que ocorreu na Europa a partir do século XIII, dando início ao processo de crise do feudalismo. Vale ressaltar que os venezianos, fortes comerciantes do período, tinham também como meta estabelecer a supremacia comercial no Oriente. Nesse contexto, tomaram a cidade de Zara (atualmente localizada na Croácia), por ser um ponto comercial estratégico.

Não era novidade que Inocêncio III havia se dobrado ante a superioridade espiritual de Francisco de Assis (1182-1226), concedendo-lhe a constituição da ordem franciscana, em 1209. Apesar disso, exortou seus fiéis a se unirem em expedições de perseguição aos Cátaros (também chamados de Albigenses ou Patarinos), em uma das páginas mais dantescas de que se tem notícia.[5]

Com efeito, a Quinta Cruzada (1217-1221) também ocorreu pela iniciativa do Papa Inocêncio III, que a propôs em 1215, no Quarto Concílio de Latrão. Mas ele desencarnou em 1216, e seu sucessor, Honório III (1150-1227), no ano seguinte (1217), coloca-a em prática, e não esqueceu as investidas contra os Cátaros. Dentre várias expedições à Terra Santa, na Quinta Cruzada, uma delas aportou em Damieta, no Egito, e houve a participação de Francisco de Assis. Segundo seu biógrafo, Tomás de Celano (1185-1260), estima-se que o *poverello* tenha chegado à região no dia 29 de agosto de 1219. Francisco teve a audácia de se fazer conduzir à presença do sultão Malique Camil Nácer Adim Abu Almaali Maomé (1180-1238), filho de Saladino, tendo somente sua fé por salvaguarda. O sultão o escutou com a maior atenção, como que subjugado.

Na Sexta Cruzada (1228-1229), o Imperador Romano-Germânico e Rei da Itália Frederico II (1194-1250) conseguiu um acordo com os muçulmanos, para que Jerusalém, Belém e Nazaré ficassem sob a jurisdição dos cristãos do Ocidente, mantendo-se, porém, o livre acesso dos muçulmanos às mesquitas da capital judaica. Desde então, a Ordem dos Templários conseguiu se instalar, novamente, em seu quartel-general (Mesquita Al-Aqsa), logo no primeiro ano da expedição (1228). Mais tarde, porém, mais precisamente no ano 1244,

Jerusalém foi tomada novamente pelos turcos, e a Ordem dos Templários foi expulsa. Resultado? Foi obrigada a se mudar para São João d'Acre (cidade situada a noroeste de Israel, tomada desde a Terceira Cruzada), onde permaneceu até o ano de 1291.

Veio a Sétima Cruzada (1248-1250), liderada por Luís IX (1214-1270), e organizada a partir da pregação que o Papa Inocêncio IV (1195-1254) fizera no Concílio de Lyon, em 1245. A Oitava Cruzada (1270) também foi liderada por Luís IX, que, juntamente com seu exército, foram dizimados por uma epidemia de tifo (doença infectocontagiosa causada pelo piolho do corpo), desencarnando na Tunísia (África).[6]

Conforme já escrevemos, os Templários ficaram em São João d'Acre até 1291. Nesse ano, a cidade caiu definitivamente nas mãos dos sarracenos (como também eram chamados os muçulmanos). Em uma fuga estratégica, os *carrascos de Deus*, conforme se denominavam, foram para a ilha de Chipre – última linha de terra cristã no Oriente. De lá, os Cavaleiros tentavam minar o domínio muçulmano na Terra Santa. Porém, o domínio dos Templários na ilha era severo, provocando um levante dos nativos cipriotas já em 1292. Embora tenham reprimido a conspiração, os Templários decidiram retornar à Europa.

Em 1298, o templário Jacques de Molay (1243-1314) foi nomeado grão-mestre e enfrentou o Rei da França Filipe IV, o Belo (1268-1314), que tinha enormes dívidas com a Ordem e passou a cobiçar as suas riquezas. Filipe IV, tão diferente de Luís IX (seu avô), deveria ter a alcunha *o Feio* de tão enegrecida era sua alma, cheia de vaidade e cobiça. Foi, em suma, um rei mercenário. Através de um plano, arquitetado por seu ardiloso chanceler Guilherme de Nogaret (?-1314), e com o apoio de sua marionete (Raymond Bertrand de Got) – isto é, o Papa Clemente V (1264-1314) –, Filipe IV iniciou sua perseguição aos Templários, quando em 1307, depois de armar uma cilada (para alguns autores, na Catedral de Chartres), decretou a prisão de todos os Cavaleiros do Templo sob acusações heréticas de vária ordem, sendo eles colocados no castelo da cidade de Chinon.

Depois de serem torturados, a Ordem foi abolida em 22 de março de 1312, e de Molay, juntamente com o preceptor da Normandia Geoffroy de Charnay (1251-1314) foram queimados em fogo lento, no dia 18 de março de 1314, sendo Jacques de Molay o último grão-mestre da Ordem dos Cavaleiros do Templo. O interessante, provavelmente já observado pelo leitor, é que Guilherme de Nogaret, Clemente V e Filipe IV também vieram a desencarnar em 1314.

Como pôde haver tantas censuráveis guerras religiosas, pela defesa do mesmo Deus e da mesma verdade? Como entender milhares de espadas sangrentas a punho, quando, segundo a própria Igreja Católica, o primeiro Santo Padre – Simão Pedro –, a pedido de Jesus, teve que pôr a sua espada na bainha (Jo 18:11)? O fanatismo e o ouro falaram mais alto, e manipularam as consciências! Foram 174 anos (1096 a 1270) de expedições sanguinárias. Desencarnaram mais de 2 milhões de pessoas. Os cruzados, em sua grande maioria, pareciam absolutamente tresloucados quando, gritando o nome de Jesus, faziam um alarido ensurdecedor de choque dos metais que carregavam. Eram urros desvairados e impropérios dirigidos aos judeus e muçulmanos. Estes, conquanto fosse um povo deseducado nos preceitos cristãos, não eram menos dignos e respeitáveis do que seus invasores. Vergando o inimigo pela força da espada, proferiram, nas Cruzadas, justificativas divinas para tais nefandos atos. A guerra religiosa, em qualquer nível, compõe um cenário grotesco, alheio a qualquer ensinamento do Cristo Jesus.

Ó, Crucificado, o que fizemos de Ti!

O panorama cristão, porém, depois das Cruzadas, ainda era sombrio. Mas três faróis da Verdade aparecem no mundo no século XIV! É nesse período que entra o inesquecível pré-Reformista Jan Huss (1369-1415), que tinha como base, em seus sermões, as obras do teólogo inglês John Wycliffe (1328-1384), trazidas à Boêmia (principalmente a Praga, sua capital) por Jerônimo de Praga (1379-1416), que havia estudado na Universidade de Oxford – de onde trouxera numerosas cópias dos livros de Wycliffe.

Jerônimo de Praga possuía um gênio brilhante, eloquência e saber em alto grau; dotes, esses, que conquistaram, também, o favor popular. Entretanto, quanto às qualidades que constituem a verdadeira força de caráter, Huss era maior. Seu discernimento calmo servia como de restrição ao espírito impulsivo de Jerônimo, que, sem deixar de agir com verdadeira humildade, se apercebia do valor de seu *amigo-mestre* e cedia aos seus conselhos. E por discreparem do poder absoluto do papa e optarem pela investigação e vivência do Evangelho, sem a intermediação dos teólogos, em idioma nacional, negando-se a cooperar com as escandalosas indulgências, o Primeiro Tribunal Inquisitorial, fundado em 1231, pelo Papa Gregório IX (1145-1241), cujo funcionamento confiou ao zelo dos frades dominicanos, queimou vivo, em Constança (Alemanha), os dois mártires intrépidos da antiga Boêmia – Jan Huss, em 6 de julho de 1415, e Jerônimo de Praga, em 30 de maio de 1416. Quanta insensatez!

Ó, Crucificado, o que fizemos de Ti!

Não deixaremos no ostracismo a conquista de Constantinopla (no dia 29 de maio de 1453), liderada pelo sultão Maomé II (1432-1481), depois de tê-la cercado durante oito semanas. Com um exército de 80 mil guerreiros otomanos e 127 navios, contra apenas 7 mil soldados (entre romanos e genoveses) e 26 navios, o último Imperador Romano do Oriente, Constantino XI (1405-1453, não conseguiu defender os 22 km de muralha da maior e mais rica cidade medieval da Europa, estrategicamente localizada entre o Corno de Ouro e o Mar de Mármara. A *Queda de Constantinopla* (embora nada tenha caído) pôs fim à Idade Média (476-1453), contando aproximadamente 4 mil baixas. Ora, cristãos e turcos não compreendiam que o Universo é regido pelas mesmas leis – isto é, as de Deus ou Alá (em árabe: *Alláh*).

Ó, Crucificado, o que fizemos de Ti!

Os luminares tchecos Jan Huss e Jerônimo de Praga haviam aberto o caminho para a Reforma que haveria na Igreja, pelo menos na Alemanha, no século vindouro – ou seja, o XVI. Foi assim que Martinho Lutero (1483-1546), com sua eclesiologia hussita, promulgou suas 95 teses, em 1516, e foi excomungado, pela Igreja Romana, quatro anos mais tarde. Para o Reformador (mais tarde chamado de *protestante*), tudo quanto fosse contrário à razão seria, certamente, em maior grau, contrário a Deus, já que a razão era a principal de todas as coisas, ou melhor, algo divino. A Reforma Protestante devolveu os textos evangélicos ao povo, traduzidos em língua viva alemã, contemporânea, que todos podiam ler e entender. Essa bandeira, como sabemos, provocou, da parte da Igreja Católica, uma Contrarreforma, que, de início, ganhou contornos de encarniçada guerra, espalhada por toda a Europa. O Concílio de Trento (1545-1549) foi o instrumento usado pela Igreja para impedir a contaminação pelo protestantismo nos países ainda não atingidos. E como fizeram isso?

Vejamos. Dentre várias medidas ofensivas e defensivas, citaremos algumas. Começaremos com o Papa Paulo III (1458-1549), que reorganizou o nefasto Tribunal da Inquisição. Em 1534, já havia sido criada a Companhia de Jesus, fundada por Inácio de Loiola (1491-1556), com o fim de promover a *salvação das almas*, pela pregação, pelos exercícios espirituais, pelas obras de caridade, pela educação das crianças e pela confissão dos fiéis. Em verdade, o objetivo do Jesuitismo era restabelecer o poder e o prestígio da Igreja Católica, através do ensino religioso. Não almejava, ela, uma simples educação religiosa; o plano era mais ambicioso, pois desejava, sim, a mais avançada educação secular a serviço da Igreja. Para tanto, o ensino secundário, propedêutico, e o ensino superior foram o seu campo de ação. A Igreja criou os melhores colégios dos séculos XVII e XVIII, levando para o currículo escolar a ciência e as letras do tempo, filtradas, obviamente, pela interpretação católica.

O Papa Pio IV (1449-1565) publicou o *Index* (índice dos livros proibidos), dentre os quais estavam obras do próprio Martinho Lutero e as de João Calvino (1509-1564). O Papa Pio V (1504-1572) editou o Catecismo Romano para os párocos (sacerdotes, vigários, abades) instruírem o povo. Na verdade, a Igreja quis violentar a consciência dos jovens, com o dogma da fé, esquecendo que a formação educacional baseada no conhecimento científico era a forma mais eficaz de libertar a criatura. Vem o Papa Gregório XIII (1502-1585) e reforma o calendário. Dessa forma, a Igreja recuperou sua unidade e supremacia sobre o Protestantismo. O Concílio de Trento, o mais longo da história, foi um trampolim flexível e tão resistente, que durante três séculos o mundo ficou livre de novo concílio!!! A Igreja tornou-se, novamente, a dona do mundo! Quanta ambição pelo poder temporal!

E ela não *perdeu tempo*...

Perseguiu o padre italiano dominicano, e médium vidente Girolamo Savonarola (1452-1498). Ele fez de Florença seu púlpito. Pregou ousadamente, e com tanto fervor, a favor dos pobres e humildes que sofriam as maiores privações em contraste com o luxo e ostentação dos ricos; combateu as violações dos direitos humanos, os adultérios, a idolatria, as blasfêmias, que, após denunciar a corrupção do clero romano com suas palavras, que se assemelhavam a espadas nuas, foi excomungado em 1497, pelo Papa Alexandre VI (1431-1503), sendo queimado vivo na fogueira da Inquisição no dia 25 de maio de 1498. Que disparate!

Vem a Noite trágica de São Bartolomeu, no dia 24 de agosto de 1572, sob o comando da testa de ferro Catarina de Médici (1519-1589), mãe do jovem rei francês Carlos IX (1550-1574), que somente naquela madrugada, em Paris, ordenou a matança trucidando mais de 3 mil calvinistas indefesos, por considerá-los hereges. A quem possa interessar, na França os seguidores de João Calvino eram chamados de *huguenotes*. Pois bem: a sagaz rainha-mãe conseguiu convencer o filho da existência de uma trama dos dirigentes huguenotes, que permaneceram em Paris após o casamento de Margarida de Valois (1553-1615), irmã do rei, com Henrique de Navarra (1553-1610), ocorrido seis dias antes

(18 de agosto). Como Carlos IX era um rei pusilânime, atemorizado, consentiu no massacre dos reformadores.

Outro evento execrável ocorreu no dia 17 de fevereiro de 1600, no local então conhecido como Campo del' Fiore (das Flores), em Roma, quando a Inquisição queimou vivo o teólogo, filósofo, escritor, matemático, poeta, teórico de cosmologia, ocultista hermético e frade dominicano Giordano Bruno (1548-1600). Ainda bem que esse italiano não afrouxaria sua característica principal – o destemor, fruto de uma coragem da fé incomum –, retornando à matéria na personalidade da notável teosofista Annie Besant (1847-1933), já muito bem citada em nosso livro *A Filosofia da História, sob a Visão Espiritual* (Editora AGE, 2019). Ainda bem que os veladores da luz, sempre intrépidos, jamais fogem de seus ideais no Bem, ainda que pese estarem encarnados nesse Vale de Incompreensão – a Terra.

E a Guerra dos Trinta Anos (1618-1648), que teve por causas essenciais o antagonismo entre protestantes e católicos, bem como a ambição da casa de Áustria ou Casa de Habsburgo? Essa família nobre – uma das mais importantes e influentes da história europeia do século XIII ao século XX – representava a dinastia soberana de vários Estados e territórios. Entre os seus principais domínios estavam o Sacro Império Romano-Germânico (962-1806). Essa infeliz guerra, que se dividiu em quatro períodos – o palatino, envolvendo a Boêmia (1618-1624), o dinamarquês (1624-1629), o sueco (1630-1635) e o francês (1638-1648) –, desencarnando mais de 5 milhões de pessoas (a maioria protestantes), findou no dia 24 de outubro de 1648 através do Tratado de Westfália – assinado entre o imperador germânico Fernando III (1608-1657), a França e a Suécia. Resultado? Deram aos príncipes alemães os diversos territórios independentes (cerca de 360), recebendo o direito de conduzir a sua própria política externa (ou seja, de aliança com o estrangeiro), marcando, com efeito, o fracasso dos Habsburgo na sua tentativa de unificação da Alemanha. E o principal: a liberdade de religião.

Caro leitor. Sem medo de errar, somente contando o período da Reforma Protestante (1516) até o fim da Guerra dos Trinta Anos (1648), a Igreja Católica fez mais vítimas que as dez perseguições mais notórias executadas pelos imperadores da antiga Roma, contra os adeptos da abençoada doutrina de Jesus!

Ó, Crucificado, o que fizemos de Ti!

Chegamos à Revolução Francesa – uma grande explosão social. Deu-se basicamente pela combinação de dois fatores: I) por um lado, os camponeses franceses estavam cansados de estar sempre esfomeados e já não suportavam o abuso de seus reis arrogantes; II) por outro, a burguesia, então em ascensão, já não admitia ser excluída do poder pela aristocracia. A Revolução Francesa modelaria toda a vida do mundo moderno ocidental, induzindo o desenvolvimento de um Estado muito mais poderoso, organizado, mais eficiente, mais centralizado do que existira antes, pois incorporou as massas ao processo político, como influiu em todos os aspectos da sociedade. Pela primeira vez, todo o povo francês se sentiu coparticipante no processo de nacionalização.

Com efeito, instituiu-se um governo provisório e a Guarda Nacional – tropa de caráter popular, nas cores emblemáticas da bandeira francesa (azul, vermelho e branco), cuja finalidade era resistir às forças do Rei da França, Luís XVI (1754-1793). No dia 14 de julho de 1789, a multidão reunida nos jardins do *Palais-Royal* de Paris, em frente ao café *du Foy*, resolve tomar a Bastilha, depois de um discurso fervoroso do então advogado e jornalista Lucie-Simplice-Camille-Benoist Desmoulins (1760-1794). A Tomada da Bastilha simboliza um marco nessa luta armada que passa a ocupar as ruas parisienses. Ainda não se cogitava, a essa altura, de derrubar a monarquia; apenas se desejava limitar os poderes do rei, que passariam a ser fiscalizados, na sua execução, pelos representantes do povo. A despeito disso, por toda a França o povaréu queimava e destruía castelos, matando os nobres, que não puderam ou não quiseram escapar, ou simplesmente expulsando-os de seus domínios.

A situação estava beirando o caos, quando uma Assembleia Nacional foi convocada para discutir e deliberar sobre o que fazer. No início de agosto do mesmo ano, depois de um ACORDO entre o clero, a nobreza e o *terceiro Estado* (representantes populares), algumas decisões importantes foram tomadas: abolição da servidão, dos privilégios, das isenções tributárias e das cortes feudais. Ninguém mais podia usar títulos monárquicos.

No dia 26 de agosto de 1789, surge o documento histórico *Declaração dos Direitos do Homem e do Cidadão*. Mas Luís XVI – um bom homem, que certamente não nascera para o exercício do poder – recusou-se a assinar tal *Declaração*, e, com isso, as bases do pacto que selava o fim de muitos privilégios, fez eclodir a ira dos franceses. As ruas de Paris foram tomadas novamente. E para agravar ainda mais a situação, começou a faltar comida para as pessoas, porquanto todo um sistema de produção e distribuição se desarticulava. A culpa, obviamente, foi atribuída ao regime monárquico. Resultado: Luís XVI, residindo em Versalhes, era mais um espectador que participante desses acontecimentos. Circulou uma notícia, não se sabe se era falsa ou verdadeira, a saber: em Versalhes não havia falta de alimentos. Imagine, leitor, um povo famélico tomando conhecimento que os ricos continuavam a realizar banquetes na ofuscante luz dos palácios, com copos de cristal. Na manhã de 5 de outubro de 1789, organizou-se uma espécie de "marcha da fome" sobre Versalhes. A multidão sitiou o Palácio e, num confronto dramático e violento, conseguiu impor suas exigências ao rei Luís XVI. No dia seguinte, os manifestantes obrigaram o rei e sua família a voltar com eles para Paris. Assim se fez: o rei francês foi morar no Palácio das Tulherias.

Dois anos se passam, e no dia 3 de setembro de 1791 nasce a Constituição Francesa. Esta Carta Magna deixa ao monarca (Luís XVI) muitos de seus privilégios, embora busque conciliar o interesse dos mais variados. Permite, por exemplo, o acesso ao poder por parte da burguesia e assegura a liberdade religiosa, ainda que pese proclamar o Catolicismo como religião oficial.

Em suas primeiras atividades, o novo regime republicano descobriu uma série de documentos que comprovavam as negociações do rei Luís XVI junto à monarquia austríaca, terra natal de sua esposa Maria Antonieta (1755-1793), para que fosse possível combater o processo revolucionário francês. No dia 10 de agosto de 1792, os insurgentes – aproximadamente 15 mil homens – invadiram o Palácio das Tulherias, bem como várias outras cidades francesas. Luís XVI foi preso. Essa jornada determinou o fim da monarquia. Menos de um mês depois (de 2 até 7 de setembro de 1792), em Paris, surge uma série de execuções sumárias e em massa. Nesses famosos Massacres de Setembro morreram mais de 1.400 pessoas que se encontravam prisioneiras em decorrência da famosa jornada de 10 de agosto de 1792.

Em 20 de setembro de 1792 criou-se a Convenção Nacional – denominação oficial dada ao novo regime político francês –, colocando aquela data como sendo o ano I da República Francesa. A Convenção dividia-se em dois partidos: I) os Jacobinos (clube radical, formado pelos revolucionários exaltados, que desejam implantar uma ditadura, eliminando toda nobreza e membros da corte), cujo líder principal era Maximilien François Marie Isidore de Robespierre (1758-1794), acompanhado de Georges Jacques Danton (1759-1794) e

Jean-Paul Marat (1743-1793); II) e os Girondinos (clube mais conservador, quase todo formado por deputados do sul da França, e se opuseram aos Massacres de Setembro).

Em pouco tempo, um processo judicial acusou o Rei da França de traição e, mediante grande pressão popular, os Jacobinos assumem o poder da Guarda Nacional, mandando guilhotinar qualquer oposicionista do novo governo. No dia 21 de setembro de 1793, o rei Luís XVI e Maria Antonieta não recebem clemência e são guilhotinados, no período denominado *Terror*. Robespierre assume a liderança da Convenção Nacional. Leitor, não se assuste: entre 5 de setembro de 1793 e 27 de julho de 1794 cerca de 17 mil pessoas foram executadas em toda a França, sendo aproximadamente 2.700 desencarnes somente em Paris.

Assim escreve Hermínio Miranda, em seu livro *Os Senhores do Mundo*, página 213:

> O povo arrebentava as prisões, trazia todos os detidos para fora e os julgava sumariamente, aos berros e aos vivas; matava-se à larga, trucidava-se sem piedade. Era o regime do terror que se iniciava, com toda a sua tremenda violência, abrindo-se de par em par as comportas do ódio, da vingança e da destruição. Nenhuma frase caracteriza melhor esse período trágico da história como a de madame Rolland [1754-1793], a caminho da guilhotina: quantos crimes se cometiam em nome da liberdade!

Ó, Crucificado, o que fizemos de Ti!

Estas páginas permitem uma narrativa, no mínimo, interessante. Pedimos vênia ao leitor para abordarmos sobre o Espírito que assumiu a personalidade de Júlio César e estava de volta ao grande palco do mundo, agora travestido na identidade de Napoleão Bonaparte. A história de sua vida é contagiante, e aqui apenas faremos um resumo dela. Pois bem: ele nasceu no dia 15 de agosto de 1769, em Ajaccio, capital da Córsega – uma grande ilha situada no mar Mediterrâneo, que por muito tempo foi governada pela cidade-Estado de Gênova. Embora o povo corso estivesse muito vinculado à Itália – até falava (e continua falando atualmente) um dialeto próximo do idioma italiano –, em 1768 Gênova cedeu Córsega à França, e no dia do nascimento de Napoleão a ilha estava sendo obrigada a celebrar o primeiro aniversário de dependência francesa. O nome tradicional da família era Buonaparte; somente a partir de 1796 foi adotada a grafia que a história conhece – ou seja, sem o "u" depois do "B" inicial.

Diz Hermínio Miranda, em *Os Senhores do Mundo*, na página 218:

Tecnicamente, o menino [Napoleão] era francês, pois que nasceu em território francês, mas as suas raízes se embebiam no solo da Itália e sua língua materna era o italiano; seu francês foi sempre deficiente e carregado de sotaque, como em toda a sua família, da sua geração e dos ramos ascendentes. Seja como for, porém, foi educado como menino francês, numa escola francesa, sob orientação das ideias francesas da época.

E na página 223, lê-se:

Napoleão não consegue fugir da tutela da França, a antiquíssima Gália, que, como César, percorrera de ponta a ponta, nas suas estripulias de conquistador impiedoso. Parece ironia do destino, mas é a maneira que os poderes lá de cima encontram para nos ensinar as lições que precisamos aprender.

Em 1785, Napoleão alistou-se na artilharia. Em setembro desse ano, com a idade de 16 anos, ele foi promovido a segundo-tenente. Indicado para participar de uma comissão encarregada de estudar o "lançamento de bombas com canhões", apesar de ser o mais jovem membro da comissão, ele impressionou e surpreendeu os oficiais comandantes com seus planos brilhantes e detalhados.

Napoleão não tomou parte diretamente da Revolução Francesa. Malgrado, ele ficou realmente deliciado ao saber que as leis que mantinham os pequenos nobres confinados a posições compatíveis com sua classe social tinham sido abolidas. Isso significava que ele já não precisava pôr limites a sua ambição e poderia chegar tão alto quanto quisesse dentro do Exército Francês. Entre idas e vindas à sua terra natal, algum tempo depois foi destacado para o 4.º Regimento de Artilharia Francês e promovido a primeiro-tenente. Em setembro de 1791, levado pelas saudades que sentia da Córsega, obteve outra licença, agora de três meses, e voltou para casa. Nessa época, ele esqueceu temporariamente que fazia parte do Exército Francês. Tornou-se tenente da Guarda Nacional corsa e participou de um ataque a uma fortaleza, em poder de tropas monarquistas. Quando terminou seu período de licença, recusou-se a voltar à França e, em janeiro de 1792, **foi declarado desertor**. Seu irmão mais velho – Joseph Napoleão Bonaparte (1768-1844) –, todavia, convenceu-o a retornar a Paris e apresentar-se ao seu regimento. Napoleão chegou quando começavam os grandes levantes que levariam Luís XVI à guilhotina.[7]

O governo revolucionário estava tendo muita dificuldade para dirigir a França. A Convenção Nacional entrou em guerra não só contra os inimigos da revolução no estrangeiro, mas também estava empenhada numa luta encarniçada para manter o controle dentro das próprias fronteiras. Para combater a oposição interna foi estabelecido um Comitê de Salvação Pública, com poderes de executar qualquer pessoa suspeita de ser inimiga da revolução. O chefe desse Comitê era Augustin Robespierre (1763-1794), irmão mais jovem do líder jacobino. Augustin já tinha ouvido falar das façanhas de Napoleão, na cidade de Toulon, quando lá combatera os ingleses, e o considerava, além de bom soldado, um verdadeiro patriota. Inclusive declarou ao irmão mais velho e todo-poderoso, que se um dia precisasse de um soldado de ferro, contra a multidão, escolhesse um homem moço – Bonaparte. O chefe do Comitê de Salvação Pública ficou mais entusiasmado ainda ao tomar conhecimento de um plano elaborado pelo corso, cujo objetivo era cruzar os Alpes e tomar a Itália, então em mãos dos austríacos. Robespierre apresentou o plano ao comando geral da Convenção Nacional, e logo foi aceito.

Enviado em missão para Gênova, Napoleão imaginava que seus problemas tivessem acabado, mas, ao voltar à França, em julho de 1794, ele soube que Augustin Robespierre, seu poderoso protetor, tinha sido destituído e guilhotinado. O incitamento a uma revolução social maciça tinha granjeado a Augustin o ódio dos outros membros da Convenção Nacional, que se voltaram contra ele sob a alegação de que procurava apropriar-se do poder e tornar-se um ditador. Napoleão, tão ligado a Robespierre, também era suspeito. Ficou horrorizado quando o novo governo liberal francês (formado pelos adversários políticos de Augustin) afastou-o do serviço ativo do Exército e mandou prendê-lo. Napoleão estava convencido de que esse era o fim da sua carreira, senão de sua vida. Contudo, foi julgado inocente por uma comissão de investigação e libertado; mas, devido à sua ambição e às ligações que mantinha com os membros radicais da Convenção, teria de aguardar um longo tempo até ser designado para um novo posto.

Em 1795, numa tentativa de consolidar o poder, a Convenção fez o esboço de uma nova Constituição, estabelecendo as bases do Diretório – **um conselho de governo formado por cinco membros**. Os *émigrés* (realistas no exílio), que tramavam o retorno ao regime monárquico, percebendo que a nova Constituição acabaria definitivamente com suas chances de restabelecer a monarquia, fomentaram e financiaram a revolta, empunharam armas e marcharam contra a Convenção. O general Paul Barras (1755-1829), que não tinha experiência em batalha, e sabedor dos importantes feitos de Napoleão no cerco de Toulon, encarregou-o de reprimir a insurreição realista. Então, no dia 5 de outubro de 1795 (conhecido como 13 vindimário), Napoleão disparou sua artilharia contra a multidão rebelde. Seiscentas pessoas morreram ou ficaram feridas por apenas uma rajada de metralha. Napoleão salvou a Convenção Nacional. Resultado: o Diretório pôde ser instalado e a nova Constituição entrou em vigor.

Cinco dias mais tarde, graças a uma moção de Barras, agora comandante-geral do Exército do Interior, o corso foi nomeado subcomandante. Quando Barras se tornou um dos cinco membros do Diretório, ele renunciou a seu posto militar. Inesperadamente, Napoleão Bonaparte o sucedeu como comandante-geral do Exército do Interior. Logo depois, em março de 1796, uma semana antes de seu casamento civil com Josefina de Beauharnais (1763-1814), ele foi nomeado comandante do Exército da Itália. Essa nomeação foi surpreendente, já que, na época, sabia-se pouco a respeito dele, exceto que era um bom comandante de artilharia. Na certidão de casamento, Napoleão aumentou em dois anos sua idade, ao passo que Josefina diminuiu para 29 seus 33 anos. Não queria se reconhecer mais velha que o noivo. Logo após o dia de núpcias, ele partiu para assumir o comando do Exército francês da Itália. Essa campanha tinha mais o intuito de dar aos franceses um poder de barganha maior, para assim obterem concessões da Áustria, do que propriamente estabelecer o poderio francês na península. Outro objetivo não menos importante era espoliar as riquezas dos Estados italianos e, com isso, prover os cofres do Diretório. Pode parecer estranho que a França esperasse atingir a Áustria atacando a Itália, mas no fim do século XVIII o mapa da Europa era bem diferente do que é hoje. A Áustria não era uma nação pequena como atualmente, mas constituía-se num império grande e poderoso. Do mesmo modo, a Itália não era um país unificado e sim um conjunto de Estados separados. Alguns deles eram independentes, como, por exemplo, os Estados papais, as repúblicas de Veneza e de Gênova e o Reino da Sardenha; outros pertenciam a potências estrangeiras, principalmente à Áustria, que reivindicava ainda os Estados de Milão, Mântua, Toscana e Módena.

Transcorridos menos de seis meses de sua nomeação para a Itália, Napoleão colecionara tantas vitórias militares que toda a França, e mesmo o restante da Europa, estava atônita. Após cada conquista, Napoleão apresentava-se a si mesmo como libertador dos povos conquistados.[8]

Embora os membros do Diretório o tenham advertido no sentido de não ajudar os movimentos revolucionários na Itália, Napoleão desobedeceu a suas ordens. O Diretório estava um tanto preocupado com os tratados que Napoleão insistia em negociar independentemente, sem pedir sua aprovação. Sua popularidade crescia a passos de gigante, e seus membros não estavam em condições de detê-lo. Napoleão partiu pelos Alpes em perseguição encarniçada. Quando estava praticamente às portas de Viena, os austríacos decidiram negociar. O resultado foi o tratado preliminar de paz, assinado na cidade de Leoben, em abril de 1797. Napoleão concluiu esse tratado sob sua exclusiva responsabilidade e autoridade, sem a aprovação do Diretório, que considerara os termos demasiado generosos para a Áustria. Embora os membros do Diretório não estivessem satisfeitos com essa diplomacia pessoal de Napoleão, eles prefeririam isso a vê-lo em Paris, uma vez que o general estava se tornando muito popular na França e podia ser perigoso se voltasse.

No dia 17 de outubro de 1797, foi firmado o Tratado de Campo Formio, que basicamente reafirmava o tratado preliminar de Leoben. À França caberiam as províncias belgas, até então dominadas pela Áustria, e o norte da Itália, enquanto a Áustria ficaria com Veneza e seus territórios. Uma cláusula secreta obrigava ainda a Áustria a ceder a margem esquerda do Reno à França. Mais uma vez, Napoleão assinara o tratado sem pedir nenhuma autorização para o Diretório, conquanto o povo francês estivesse delirante de alegria. No dia 5 de dezembro do mesmo ano, quando voltou a Paris, foi recebido com uma grande celebração oficial. Os membros do Diretório, irritados, ainda que discretos, proclamaram que o tratado satisfazia todos os seus anseios e, imediatamente, concederam a Napoleão o comando do Exército que faria uma **expedição ao Egito com o objetivo de impedir que os ingleses estabelecessem o seu domínio (principalmente comercial) na Índia**.

Parece que a primeira intenção, tanto do Diretório como do próprio Napoleão, era invadir a Inglaterra; entretanto, uma análise da situação das tropas, reunidas ao longo do canal inglês, mostrou ao general que a ideia era impraticável – os soldados destreinados não seriam capazes de enfrentar os ingleses.

Foi assim que ele sugeriu aos diretores que invadissem o Egito e a ilha de Malta. Com um pé no Mediterrâneo, afirmava o corso, ele poderia destruir a Inglaterra. A bem da verdade, a campanha militar francesa no Egito, a longo prazo, foi um desastre, mas Napoleão tinha uma maneira própria de contar a história de suas batalhas.

Desse modo, quando as notícias de suas vitórias chegaram a Paris – notícias que Napoleão, inteligentemente, fizera questão de redigir pessoalmente –, todos os objetos egípcios tornaram-se a última moda na capital francesa. E para o povo francês ele continuava sendo o grande herói conquistador. Ele partiu no dia 19 de maio de 1798, com trezentos barcos, 16 mil marinheiros e 30 mil soldados, e se fazia acompanhar de uma comissão artística e científica composta por 167 membros, mais todo o suprimento de que necessitaria. As notícias de seu embarque não eram segredo, pois foram publicadas no jornal londrino *The Times*.[9]

Em fevereiro de 1799, Napoleão decidiu invadir a Síria. Mas as forças francesas sofreram uma derrota terrível nas mãos dos turcos e de seus aliados ingleses, na fortaleza de Acre. Durante sua fuga para o Cairo, em julho, Napoleão recebeu a notícia de que os turcos estavam desembarcando em Alexandria. Para sorte das tropas francesas, exaustas e assoladas pela peste (de Jafa), os turcos eram poucos e seu ataque foi mal organizado, o que propiciou a vitória dos franceses. Após a batalha, Napoleão teve oportunidade de ver um exemplar de um jornal francês, encontrado a bordo de um navio inglês que viera com os turcos. As notícias de sua pátria não eram nada agradáveis – Áustria, Rússia, Inglaterra e Turquia tinham formado a Segunda Coligação, vencendo as tropas francesas na Itália e atacando a Suíça e a Alemanha. Pior ainda: dentro da própria França, os monarquistas controlavam muitas das províncias do oeste, e o Diretório estava economicamente quebrado e politicamente instável. Às 5h da manhã do dia 22 de agosto de 1799, o general corso abandonou seu exército e seu posto de comando, juntamente com cinco de seus generais e dois cientistas, e retornou à França, deixando para trás um rastro de aproximadamente 60 mil almas desencarnadas.

Ao chegar, encontra uma nação traumatizada pelo *terror* implantado, além de verificar a considerável diferença social e econômica que assolava os franceses, em especial os comerciantes. Um dos membros do Diretório – Emmanuel Sieyès (1748-1836) – decidiu que o governo tinha de ser reorganizado. Sieyès queria limitar o poder do Parlamento eleito e tornar mais forte o Diretório. Na realidade, seu plano era mesmo dar um golpe de Estado, respaldado pelo Exército, e necessitava de um general para deflagrar o processo. Mas em qual dos generais poderia confiar? A França necessitava de um líder forte e decidido que pudesse conduzir o país de volta ao crescimento e à estabilidade socioeconômica. Ora, quando Napoleão chegou a Paris, foi saudado pelo povo como o homem que poderia salvar a República francesa.

Entre os que apoiavam o golpe estavam o ministro das Relações Exteriores da França, Charles-Maurice de Talleyrand-Périgord (1754-1838), e o irmão de Napoleão, Luciano Bonaparte (1775-1840), que era presidente do Conselho dos Quinhentos (a Câmara Baixa do Parlamento). No dia 9 de novembro de 1799, o Conselho dos Anciãos (a Câmara Alta) aprovou uma moção para que todo o Parlamento, por motivos de segurança, fosse transferido para o Palácio de Saint-Cloud, nos subúrbios da capital francesa. Usando a desculpa de que havia uma conspiração terrorista preparada para derrubar o governo, nomearam Napoleão comandante-chefe de todas as tropas de Paris. O decreto foi aprovado com facilidade. De acordo com o calendário revolucionário, o 9 de novembro era o dia 18 Brumário (isto é, o 18.º dia do "mês das Brumas"). Repare: Bonaparte tomou a mesma atitude de 18 séculos atrás, quando na personalidade de Júlio César atravessou o Rubicão, tornando-se ditador romano. Dessa vez ele executou um golpe de Estado, e o famoso *18 Brumário* (9 de novembro de 1799) o conduzira ao poder, **instalando-se para o governo da França um consulado**, composto por Sieyès, Napoleão e um terceiro homem chamado Roger Ducos (1747-1816). Ora, não parece a formação do *Primeiro Triunvirato* (César, Pompeu e Crasso), na Roma antiga? Desde então, Napoleão Bonaparte começa a dirigir o destino dos franceses, como **Primeiro-Cônsul**, com mandato de dez anos.

Esse singular homem tinha uma linda e, quiçá, libertadora missão a cumprir. Convidamos à leitura da obra *Cartas e Crônicas*, do Espírito Irmão X (Humberto de Campos), psicografia de Francisco Cândido Xavier, que narra, notavelmente, um encontro nas Esferas Superiores, em 31 de dezembro de 1799, entre Napoleão Bonaparte e aquele que seria o exemplo da fé raciocinada e codificaria os ensinamentos do Alto, através da *Terceira Revelação* (Allan Kardec), que ainda não tinha nascido. Marcando a entrada do século XIX, tal evento se deu na presença de vários Espíritos – luminares e de categorias menos evolutiva. O próprio (futuro) Kardec, após singular reunião, leva o Primeiro-Cônsul francês até seu leito, ajudando-o no retorno ao corpo físico, naquela *sui generis* festa espiritual. Entretanto, o herói nacional da França desviou-se do caminho que lhe estava destinado, e começou a valorizar suas próprias ideias, ombreadas de vaidade e uma ambição desmedida. Sua inteligência e sagacidade incomuns, atributos trazidos de suas encarnações anteriores, poderiam tê-lo feito um líder capaz de unificar o tão sofrido povo francês, através da democracia e da liberdade.

No dia 7 de fevereiro de 1800, o Consulado realizou um plebiscito para votar uma nova Constituição. Mais de 3 milhões de pessoas votaram a favor dela e de Napoleão; somente 1.562 cidadãos votaram contra. Além disso, os outros dois cônsules tinham pouquíssimo poder, e, assim, o Primeiro-Cônsul, aos 30 anos, tinha a França na palma de sua mão. Bonaparte mudou-se para o Palácio Real das Tulherias e passou a reorganizar o governo francês e a encher os cofres públicos, novamente vazios.

Napoleão delineou um plano para vencer a Áustria de uma vez por todas, enquanto se certificava de que as possessões francesas na Alemanha, na Suíça e na Itália estavam seguras. Num movimento arrojado, ele atravessou os Alpes pelo desfiladeiro conhecido como Grande São Bernardo, no norte da Itália, com 22 mil homens, cavalos e trenós com suprimentos, lutando contra a neve, o gelo, as avalanches e o vento. Quando chegou a Marengo, seus soldados estavam exaustos, famintos e morrendo de frio. Ele planejara pegar os austríacos de surpresa, mas encontrou um exército de 35 mil homens fortemente armados. O Primeiro-Cônsul tinha enviado uma de suas divisões, sob o comando do general Louis Charles Antoine Desaix (1768-1800), para outra missão, e na tarde de 14 de junho de 1800 parecia que Napoleão não resistiria ao ataque dos austríacos. Então, miraculosamente, o general Desaix apareceu com seus 5 mil homens. Os austríacos, que julgavam que tudo tivesse terminado definitivamente, agora, sim, foram pegos de surpresa. Completamente despreparados para um novo ataque francês, fugiram e a Batalha de Marengo, com a qual Napoleão conquistou para a França todo o norte da Itália.[10]

Napoleão Bonaparte proclamou que a revolução terminara e que a paz, finalmente, chegara. Prometeu que as velhas feridas seriam curadas e trabalhou com afinco para restaurar a harmonia, convidando, a princípio, todos os *émigrés* (os monarquistas e outros adversários da revolução) a voltar para a França. Queria que, após tantos anos de luta, o povo francês se sentisse unido. Conforme seu plano de reunificação, decidiu reatar relações com a Igreja Católica, rompidas quando o Papa Pio VI (1717-1799) condenara a revolução e seus princípios, após a nova República ter tomado enormes extensões de terra que pertenciam à Igreja. Não que a questão religiosa tivesse grande importância pessoal para ele, mas soube perceber que o povo francês não tinha perdido a fé e que a religião ainda era útil para a sociedade.

Assim, após vários meses de negociações com o Papa Pio VII (1742-1826), em 1801 foi assinado um acordo, chamado *Concordata* – este estabelecia liberdade religiosa para todos, reconhecia o catolicismo como a religião principal da França e ainda obrigava o Estado a pagar os salários do clero. Em troca, o papa reconhecia a República e suspendia toda reclamação sobre as terras tomadas da Igreja durante a Revolução Francesa. Com a Concordata, Napoleão removeu um dos principais argumentos da oposição monarquista contra o novo regime, deixando os partidários do antigo regime sem o argumento religioso para ganhar o apoio dos camponeses. Não se pode negar, porém, que sua própria indiferença religiosa ajudou a amenizar a permanente contenda entre católicos e protestantes.

E mais: admirador da obra-prima de Nicolau Maquiavel (1469-1527), *O Príncipe*, adota-a como livro de consulta e, com efeito, percebe a utilidade de todo governante que ascende ao poder construir um forte aparato de leis civis e militares para garantir-lhe a segurança e o controle da justiça. Resultado? Idealiza o Código Civil, garantindo a liberdade pessoal, a liberdade de consciência e a igualdade perante a lei, que, editado em março de 1804, seria a norma básica, doravante, para a construção de vários sistemas jurídicos de nações de todo o mundo, inclusive do Brasil.

A despeito disso, dois meses depois (em 18 de maio de 1804) tornou-se imperador da França, fazendo que o título se tornasse hereditário. O povo francês, mais uma vez chamado a referendar a decisão num plebiscito, votou em massa a favor de seu herói, e agora imperador Napoleão I. Ele se via como um novo Alexandre Magno, Júlio César (na verdade, fora a reencarnação dos dois) e Carlos Magno – este último fora coroado em Roma pelo Papa Leão III (750-816) como o imperador do Ocidente, e, semelhante ao seu conterrâneo de alguns séculos, também quis ser coroado pelo papa, pois achava que sem isso a cerimônia seria incompleta. Pio VII teria que vir a Paris para coroá-lo. Visando a realizar seu intento, deu a entender que, se o pontífice cooperasse, em troca ele fortaleceria o catolicismo na França. A oferta era um tanto vaga, mas o líder da Igreja Católica concordou em cruzar os Alpes. A presença do papa, pensava o imperador francês, faria a população acreditar que a coroação tinha as bênçãos do próprio Deus.

A coroação deu-se na Catedral de Notre-Dame, no dia 2 de dezembro de 1804. Napoleão e Josefina partiram do Palácio das Tulherias, com duas horas de atraso, numa magnífica carruagem. Quando chegaram, estavam vestidos de veludo bordado e sedas trabalhadas em ouro e prata. Imediatamente teve início a cerimônia. No momento da coroação, quebrando o protocolo, Napoleão tomou a coroa das mãos do Papa Pio VII, a quem detestava, e autocingiu-se, repetindo o gesto em relação a sua, então, esposa Josefina, na condição de imperatriz. Voltando-se para seu irmão Joseph Bonaparte, falou em voz baixa: "Se nosso pai pudesse ver-nos!"

Ressaltamos que o imperador francês adquiriria, em 11 de março de 1810, segundas núpcias, por procuração, com a filha do imperador Francisco I, da Áustria (1768-1835) – a Arquiduquesa Maria Luísa (1791-1847) –, de apenas 18 anos. Um casamento, obviamente, por interesse em manter um período de paz e amizade entre a França e a Áustria, que estiveram em guerra nas últimas duas décadas. Francisco I achava que esse casamento suavizaria a atitude de Napoleão para com a Áustria, ao passo que ele pensava em fortalecer seu controle sobre Francisco. Ainda como um atrativo a mais, Napoleão descobriu que a mãe de Maria Luísa tinha 13 filhos! Rapidamente ele ultimou os preparativos do divórcio e, em dezembro de 1809, já estava separado de Josefina. Maria Luísa de Áustria lhe dera um único herdeiro – Francisco Carlos Joseph, ou Napoleão II (1811-1832). A quem possa interessar, Maria Luísa era irmã de Maria Leopoldina de Áustria (1797-1826), que se casou com Dom Pedro I, e foi a grande responsável pela Independência do Brasil.

Sentindo-se *senhor do mundo*, aliado a seu temperamento bélico, Napoleão Bonaparte se alimentou ainda mais pelo gosto da conquista e da dominação. O maior exemplo de seu incomensurável desejo de subjugar outros povos encontra-se na Campanha da Rússia, iniciada em 24 de junho de 1812, quando Napoleão cruzou o rio Niemen e entrou nesse imenso país. Nessa sua última investida armada, cerca de 80 mil soldados franceses (dos 680 mil do grande exército) desertaram, e mais de 600 mil soldados, entre aliados da França e a rival Rússia, desencarnaram. No dia 30 de março de 1814, enquanto Napoleão dirigia algumas operações a leste de Paris, os exércitos aliados manobraram secretamente e, passando entre as forças francesas sem serem notados, entraram na capital. Ato contínuo, Napoleão fez planos para recuperar a cidade, mas seus generais se recusaram frontalmente. Pela primeira vez, ele era um comandante sem tropas.

Em 1814, ele foi exilado na Ilha de Elba, a poucos quilômetros da Córsega, pela Sexta Coligação – união militar de Áustria, Prússia, Rússia, Suécia, Reino Unido e alguns Estados alemães. O povo francês podia estar saturado de Napoleão e de suas guerras intermináveis, mas isso não significava que estivesse disposto a aceitar um rei Bourbon novamente no trono. Não confiavam em Luís XVIII nem nos *émigrés* (realistas) monarquistas que trazia com ele. O monarca era considerado um instrumento de potências estrangeiras e uma ameaça às conquistas da Revolução Francesa. Napoleão estava ciente disso, e sabia que se controlasse esse descontentamento poderia convertê-lo em seu próprio benefício; reconquistaria a França novamente. Menos de um ano depois (26 de fevereiro de 1815), o corso francês fugiu de Elba com um exército de mil homens, e retornou ao poder.

Mas no dia 18 de junho de 1815, Napoleão foi derrotado na Batalha de Waterloo. Sua retomada do poder – os Cem Dias – chegara ao fim. Ele deixou o trono pela última vez em 22 de junho de 1815. Decidira dirigir-se aos Estados Unidos da América do Norte, como fizera seu irmão Joseph Bonaparte, e começar uma nova vida, mas foi interceptado pelos ingleses. Em 15 de outubro de 1815 (num domingo), Napoleão desembarcou de um navio inglês e passou os últimos seis anos de sua vida confinado pelos britânicos, seus arqui-inimigos, na ilha vulcânica de Santa Helena, localizada na costa africana. Ela só tem 47 milhas quadradas, sendo praticamente uma rocha só, onde apenas um terço do solo é arável.

Caro leitor: Nas Guerras Napoleônicas, entre 1803 e 1815, desencarnaram aproximadamente 4 milhões de pessoas. Ah! Napoleão Bonaparte! Por que não ouviste tua voz interior, depois daquele inesquecível sono físico que tivera, talvez para ti, à conta de apenas um belo despertar no ano novo de 1800?! Agora, encarnado, enquanto escrevemos as linhas destas páginas, depois de uma curta missão relevante, tu estás novamente entregue ao anonimato! Que possas repetir conosco:

Ó, Crucificado, o que fizemos de Ti![11]

Mas o *terror* não é menor atualmente. Vivemos em um cenário de conflitos. Após a Segunda Guerra Mundial já tivemos 160 guerras e 40 milhões de mortos. Se contabilizarmos desde 1914, esses números sobem para 401 conflitos e 187 milhões de mortos, aproximadamente. Outrossim, desde 1998, assistimos aos Estados Unidos contra o Iraque; árabes contra judeus; os separatistas bascos e irlandeses; Etiópia contra Eritreia; Índia contra Paquistão; guerras civis no Afeganistão, em Angola, na Argélia, em Bangladesh, no Cazaquistão, no Congo, na Iugoslávia (hoje dividida pela Croácia e Eslovênia), na Libéria, na Papua, na Namíbia, em Nova Guiné, no Senegal, no Sri Lanka, no Sudão, e por aí vai... Também é ostensivo o moderno progresso tecnológico, sem um correspondente progresso na visão ética do ser humano. Uma situação assim permite, por exemplo, que atualmente mais da metade de toda a verba aplicada em pesquisas científicas nos Estados Unidos esteja ligada ao desenvolvimento de novas armas de guerra.

Ó, Crucificado, o que fizemos de Ti!

Teus discípulos procuravam ser "simples como as pombas" (Mt 10:16); por que preferimos cumprir somente a outra metade do teu dizer, sendo sagazes (prudência hábil e astuta) como as serpentes? É difícil entender como lições tão claras, apresentadas de maneira tão escorreita e fácil, pudessem causar nas mentes tantas interpretações polêmicas e obscuras. Ó, Mestre! És o nosso Modelo e Guia, e queremos evoluir moralmente sendo o Seu contraste? Impossível! Iniciaste Tua missão divina entre homens do campo, viveste entre doutores irritados e pecadores rebeldes, Te uniste a doentes e aflitos, comeste o duro pão dos pescadores humildes e terminaste Tua tarefa santa entre dois ladrões. O que mais desejamos? Se aguardamos vida fácil, poder e situações de evidência no mundo, lembremo-nos de Ti e pensemos um pouco.[12]

Heróis da intolerância

Quando Jesus revelou aos Seus discípulos a sorte de Jerusalém (Mt 26:1-2; 20:17-19; Mc 8:31-33; 9:30-32; 10:32-34; Lc:9:22-27), predisse também a experiência de Seu povo, desde o tempo em que deveria ser tirado dentre eles, até *Sua volta* em poder e glória para seu libertamento.[13]

Do Monte das Oliveiras, o Salvador contemplou as tempestades prestes a desabar sobre a igreja apostólica; e penetrando mais profundamente no futuro, Seus olhos divisaram os terríveis e devastadores vendavais que deveriam açoitar Seus sectários nos vindouros séculos de trevas e perseguição. Em poucas e breves declarações, e de tremendo significado, predisse o que os governadores deste mundo haveriam de impor à Igreja de Deus. Os seguidores de Jesus, sejam eles os 12 do colégio apostólico, os 72 que já O esperavam, os 500 da Galileia, bem como todos os que viriam a segui-Lo nos dois séculos seguintes, deveriam trilhar a mesma senda de humilhação, ignomínia e sofrimento que Seu Mestre palmilhara. A inimizade que irrompera contra o Redentor do mundo manifestar-se-ia contra qualquer um que vivesse Seu Evangelho. E vamos ver, já no primeiro século da nossa era, os inimigos do Bem (encarnados e desencarnados) arregimentarem-se contra Jesus, na pessoa de Seus adeptos.

Esses acossamentos, iniciados sob o governo de Nero, do ano 62 em diante, continuaram com maior ou menor fúria durante, no mínimo, mais três séculos. Os ditos *cristãos* eram falsamente acusados dos mais hediondos crimes e tidos como a causa das grandes calamidades – fomes, pestes e terremotos. Outrossim, eram condenados como rebeldes ao Império Romano, inimigos da religião e peste da sociedade. É bem sabido que grande número dos seguidores de Jesus foram lançados às feras ou queimados vivos nos anfiteatros. Alguns eram crucificados, outros cobertos com pele de animais bravios e lançados à arena para serem despedaçados pelos cães. De seus sofrimentos muitas vezes se fazia a principal diversão nas festas públicas. Várias multidões reuniam-se para gozar o espetáculo e saudavam os transes de sua agonia, com risos e aplausos.

Sob as mais ignominiosas perseguições, os que deram testemunho de Jesus conservaram incontaminada a sua fé. Privados de todo conforto, excluídos da luz do Sol (porque muitos encontravam abrigo nas galerias feitas através da terra e da rocha, além das catacumbas), jamais se queixavam. Com palavras de amor e fé, paciência e esperança, animavam-se uns aos outros a suportar a privação e a angústia. Os sofrimentos que suportavam, levavam os cristãos mais perto uns dos outros e do Crucificado. Os exemplos que os mártires da primeira hora davam em vida, e seu testemunho ao morrerem fisicamente, eram constantes atestados à Verdade. Provações e perseguições não eram senão passos que os levavam para mais perto Daquele que foi e é o "Caminho, a Verdade e a Vida" (Jo 14:6).

Paulo de Tarso, em sua II Carta a Timóteo (3:12), diz que "todos os que piamente querem viver em Cristo Jesus padecerão perseguições". E o Espírito Emmanuel, através da psicografia de Francisco Cândido Xavier, no livro *Vinha de Luz*, capítulo LXXVII, depois de rememorar aquela frase de epígrafe, retirada da missiva do apóstolo dos gentios ao seu *discípulo amado*, faz a seguinte digressão:

> Incontestavelmente, os códigos de boas maneiras do mundo são sempre respeitáveis, mas é preciso convir que, acima deles, prevalecem os códigos de Jesus, cujos princípios foram por Ele gravados com a própria exemplificação.
>
> O mundo, porém, raramente tolera o código de boas maneiras do Mestre divino.
>
> Se te sentes ferido e procuras a justiça terrestre, considerar-te-ão homem sensato; contudo, se preferes o silêncio do grande Injustiçado da Cruz, ser-te-ão lançadas ironias à face.
>
> Se reclamas a remuneração de teus serviços, há leis humanas que te amparam, considerando-te prudente, mas se algo de útil produzes sem exigir recompensa, recordando o divino Benfeitor, interpretar-te-ão por louco.
>
> Se te defendes contra os maus, fazendo valer as tuas razões, serás categorizado por homem digno; entretanto, se aplicares a humildade e o perdão do Senhor, serás francamente acusado de covarde e desprezível.
>
> Se praticares a exploração individual, disfarçadamente, mobilizando o próximo a serviço de teus interesses passageiros, ser-te-ão atribuídos admiráveis dotes de inteligência e habilidade; todavia, se te dispões ao serviço geral para benefício de todos, por amor a Jesus, considerar-te-ão idiota e servil.

Enquanto ouvires os ditames das leis sociais, dando para receber, fazendo algo por buscar alheia admiração, elogiando para ser elogiado, receberás infinito louvor das criaturas, mas, no momento em que, por fidelidade ao Evangelho, fores compelido a tomar atitudes com o Mestre, muita vez com pesados sofrimentos para o teu coração, serás classificado à conta de insensato.

Atende, pois, ao teu ministério onde estiveres, sem qualquer dúvida nesse particular, certo de que, por muito tempo ainda, o discípulo fiel de Jesus, na Terra, sofrerá perseguições.

E não poderia ser diferente, pois "nenhuma edificação do Bem alcança a sua gloriosa destinação dispensando os heróis da abnegação e da renúncia. Incompreendidos, no início, suportam as dificuldades mais sérias confiantes no resultado dos esforços, vencendo as intempéries de todo tipo, os enfrentamentos mais covardes e rudes, traiçoeiros e ignóbeis, firmes de decisão até o momento em que o triunfo do ideal os aureola com o martírio demorado."[14]

Não há saída. Em todas as épocas, e ainda hoje, os que se dedicam à árdua tarefa de viver por antecipação, relativamente à maioria, experiências internas que os habilitam a ultrapassar os conceitos gerais, em qualquer área de atividade, pagam o preço da perseguição desonrosa. Nos dias atuais, mudaram-se apenas os métodos. Bem arguiu um Espírito Protetor, quando trouxe sua mensagem na cidade de Cracóvia, no ano de 1861, e Allan Kardec exarou-a em *O Evangelho Segundo o Espiritismo*, no capítulo XI, item 13:

> Hoje, na vossa sociedade, para serdes cristãos, não se vos faz mister nem o holocausto do martírio, nem o sacrifício da vida, mas única e exclusivamente o sacrifício do vosso egoísmo, do vosso orgulho e da vossa vaidade. Triunfareis se a caridade vos inspirar e vos sustentar a fé.

Não há nada a temer! Ao contrário: alegremo-nos pelos tormentos e pelas fustigações alheias, bem típicas deste mundo de desgosto. Foi o próprio Crucificado quem nos pediu júbilo diante das perseguições, e Mateus registrou no capítulo V, versículos 11 a 16, de seu Evangelho. Vejamos:

> Felizes sois vós, quando vos injuriarem e perseguirem e caluniosamente disserem de vós todo o mal, por minha causa; alegrai-vos e exultai, porque grande é vossa recompensa nos céus. Pois do mesmo modo também perseguiram aos profetas que antes de vós existiram.

Tais palavras parecem ainda ressoar aos ouvidos de nossa alma, assim como serviram de acústica a muitos que O seguiram, pois "foram torturados, não aceitando o seu livramento, para alcançarem uma melhor ressurreição" (Hb 11:35). Como outrora, parece-nos que Ele continua a dizer: "Sê fiel até à morte, e dar-te-ei a coroa da vida" (Ap 2:10), e "lembrai-vos da palavra que vos disse: não é o servo maior do que o seu Senhor. Se a Mim Me perseguiram, também vos perseguirão a vós" (Jo 15:20).

E se ainda não vos sucedeu tão verossímil vaticínio, vinculado ou não a qualquer segmento filosófico e/ou religioso, é porque ainda vos encontrais adormecido, em conformidade com a norma do mundo. O Espírito Joanna de Ângelis, no livro *Vidas Vazias*, capítulo XXII, bem diz o que gostaríamos de dizer pessoalmente ao leitor:

> Agora é tua vez. Cristão sem sofrimento é apenas candidato. Tem coragem e segue adiante. Ama e compreende. Persevera e desculpa.

Ó despertai-vos vós que dormis, pois do contrário não suscitareis oposição! Somente com a fé sentida e o amor vivido ireis compreender o caráter puro que assinalou os mártires de ontem. Somente assim o espírito de opressão reviverá, reacendendo-se sob vós as fogueiras da perseguição. E quando isso se der podereis dizer como os bem-aventurados do passado: Ave, Cristo! Em Tuas mãos depositamos nossas vidas, para que delas faças o que Te aprouver, sem nos consultar o que queremos, porque só Tu sabes o que é de melhor para nós!

O servidor sincero, e solitário em Deus

Nossas considerações finais não são específicas para os católicos, para os luteranos, para os evangélicos, para os espíritas, para os umbandistas, para os teosofistas, para os antroposofistas, para os adeptos de quaisquer correntes religiosas ou filosóficas que, porventura, aqui não citamos. Escrevemos para a criatura humana – adepto de qualquer seita ou doutrina – que, em sua maioria, não tem condições, ainda, de se conduzir, mas apenas de ser conduzido. Pois bem; é com imensa tristeza que observamos muitos não quererem cansar-se, pensar, arriscar-se, preferindo permanecer seguros nas concepções tradicionais. Estes, na própria preguiça, consideram pessoas perturbadoras quem parece rebelde à velha ordem, somente porque tem sede de luz, incomodando os que dormem quietos numa aquiescência passiva, que ainda chamam de *fé*, como se esta não fosse essencialmente ativa. Infelizmente, a muitos não interessa um maior conhecimento e a conquista da verdade, pois só lhes serve o grupo humano de que fazem parte, o seu poder terreno (mascarado de espiritualidade) e o seu engrandecimento pela conquista de prosélitos. Como na vida tudo se baseia na luta – e leva cada grupo humano a tomar uma posição de defesa, de encastelar-se no sectarismo, na intransigência –, resistem para sobreviver.

Esse é o grau de evolução da Humanidade atual. O nível de unificação, hoje alcançado, não vai mais além da família, de grupos particulares e, com bastante otimismo, de movimentos em torno dessa ou daquela doutrina. Sejam elas de ordem religiosa, filosófica, econômica ou política, estarão sempre limitadas em função de determinados interesses comuns. Enquanto não superarem essa fase de evolução, deverão ficar submetidas às leis que vigem nosso plano inferior. Portanto, aquele que não teme evoluir, que trate de elevar-se a um nível superior, para funcionar com outras leis (as siderais ou cósmicas), com outra compreensão da vida. Em outras palavras: que viva no mundo, sem pertencer a ele, porquanto abaixo de seu mundo psíquico ele sempre será um **intruso, um solitário, um condenado.**

O evoluído, devido à sua posição avançada, encontra-se fora dos grupos, porque o seu objetivo não é a defesa de nenhum deles dentro dos quais se encontraria (sentiria) encerrado, mas sim o progresso da Humanidade. Perguntar-se-ia: mas por que o evoluído se encontra neste mundo de desterro, se já tem condições de estar em outros planos de evolução, dentro da Lei do Progresso? Porque o sonho maior da criatura humana espiritualizada é o de colaborar na elevação do semelhante.

Outra pergunta surge: como, então, faz o Homem espiritualizado para viver em um mundo que se contrasta com seus ideais superiores? Ora, perante o grupo, segue o seu ideal segundo a sua consciência, entregando-se na busca da Verdade, pensando e falando livremente, cumprindo a sua missão. Não olvidamos que se encontrará isolado, pois **não tendo declarado sua adesão e obediência a qualquer grupo ou movimento, não depende de ninguém, nem tampouco recebe a defesa de que necessita para viver trabalhando pelo seu ideal.** Estará em soledade! Ora, se ele não se une aos fins de algum grupo, ninguém está disposto a fazer-lhe gratuitamente o trabalho de protegê-lo.

São essas as leis da vida no nível em que se encontra, ainda, o planeta Terra. No entanto, o obediente de quaisquer grupos gozará da vantagem de uma proteção que garantirá a vida e a tranquilidade para trabalhar, ainda que pese seus pensamentos e atividades ficarem submetidos ao grupo ao qual pertence. Deve-se, por isso, pensar e trabalhar no interesse do movimento em que está inserido; e por fazê-lo sobreviver, tais movimentos têm o direito de exigir obediência aos seus interesses. Quem dá e protege, o faz por interesse próprio e, portanto, tende a escravizar. Quem recebe, deve dar em troca obediência.

Observando as coisas sob uma óptica benevolente, conforme nos pede a caridade, vemos que o grupo (movimento) não é culpado de tudo, pois está empenhado na luta pela sua existência, e, por isso mesmo, deve fazer dos seus membros os seus fiéis executores, para manterem a sua unidade. Não interessa ao grupo a evolução, e sim o mais urgente: **a sobrevivência.** O ser moralmente evoluído, pelo contrário, antecipa a evolução e, em vez de conservar e consolidar as posições, tende a fazê-la avançar. Resultado: por essa oposição de intenções, **ele é temido e combatido como um perigo.** Mas também assim não se deu com Jesus – o maior de todos os seres que baixou neste orbe de calcetas? Não era Ele ou temido ou amado? Pois é: para o idealista, acredite ou não o leitor, ele tem vontade de gritar desesperadamente: "na Terra não há lugar para o ideal!"

O inovador, por sua própria natureza (construída através dos carreiros da existência física) e, com efeito, pela posição espiritual na qual se encontra, tem ciência e consciência de seu destino na Terra – incompreensão, isolamento e perseguição. Ele terá de trabalhar em condições difíceis, porque não segue os interesses imediatos do grupo, já que os seus são superiores e longínquos. Para poder viver sem incômodos, em não tão propagada "paz", o inovador de ideias superiores teria que concordar com o movimento; mas também teria que renunciar à sua iniciativa, à sua independência espiritual, ao seu ideal elevado – o que é impossível para ele. Isso se dá porque o mundo não quer ser perturbado e afasta os indivíduos que procuram fazê-lo progredir. Repetimos: **o movimento (seja ele qual for) tem necessidade de defesa, para sobreviver. Luta contra as coisas novas, para se manter conservado, uma vez que nelas enxerga uma tentativa de destruição do passado, sobre o qual se baseia a sua existência.**

As afirmações do evoluído são mesmo de molde a despertar juízos opostos e provocar celeuma nos espíritos mais conservadores. Mas ele é despreocupado de críticas, dos julgamentos prematuros e das glorificações extemporâneas do mundo. Ora, ele possui o maior tesouro, a maior ventura que nenhum tirano, nenhum malfeitor lhe poderá usurpar, porque está oculta em cofre divino; e para alguém conseguir abri-lo, com chave radiosa, terá de escalar o próprio céu! Referimo-nos à consciência pura, à paz interior, gerada pelos deveres morais, austeramente cumpridos, apesar de todas as atribulações que o ser espiritualizado, inevitavelmente, tem que passar. As palavras de Krishina aqui bem se encaixam ao evoluído: "Não sou bom porque me louvam; ruim porque me censuram; sou o que sou aos olhos de Deus, e à luz da minha consciência".

Ressaltamos que o servidor sincero, solitário em Deus, aceita com o coração aberto a impossibilidade de seus irmãos (que lutam para sobreviver) se ajustarem ao seu modo particular de sentir e viver. Ele sabe que somos como flores cujas pétalas, de constituição diferente, não podem apresentar o mesmo colorido. A despeito disso, ele deve zelar pela integridade de seus sentimentos, pelo seu equilíbrio espiritual, imunizando-se contra a impossibilidade temporária de conquistar os outros para a sua forma de sentir e pensar. Oh! Mas Deus é testemunha do seu desejo sincero de espalhar o Bem à sua volta e o auxilia a conformar-se quando não pode ver esse bem estendido a todos.

Não existe nada tão grande, caro leitor, como a inocência perseguida, que sofre para respeitar um ideal de ordem superior. O ser espiritualizado, no orbe terráqueo, paga a alegria de levar Deus aos Homens e o sofrimento de levar os Homens a Deus. Esse é o tributo pago pelo ser que recebe o Bem como hóspede querido de sua alma. Esse é o papel, na Terra, do velador da luz! E como feixe dessa luz, jamais perde o contato com sua fonte, penetrando todos os lugares sem contaminar-se. Que poder têm os Homens contra quem tem a seu favor as leis da Vida e a ajuda de Deus? Nenhum. Ademais, quem vive a lei de amor, conforme preconizou e viveu o Crucificado, o que mais pode pedir senão estar ao lado Dele, ser tratado como Ele o foi, sofrer como Ele sofreu! Que honra, que alegria, que amor existe maior do que esse? Não há.

Paz em Cristo.

Notas

1. Jesus dividiu a era da Humanidade por causa de sua sublime orientação e vivência do "amar aos inimigos". É bem profunda essa máxima do Crucificado! Em uma análise à luz da psicologia profunda, aqueles que a vivem sabem que seus inimigos se encontram em si mesmos (egoísmo, orgulho, vaidade, inveja, cobiça, ódio, etc.). Resultado: percebem que o conceito *inimigo* é uma criação do *ego* insipiente e desaparece naturalmente com o advento da sapiência, assim como as trevas desaparecem à chegada da luz. Na prática – ou seja, na zona da experiência mística, não há inimigos; logo, não pode haver amor aos inimigos inexistentes, porquanto nessa zona domina o amor universal, sem distinção de amigos ou inimigos; domina a luz integral que não lança sombras. Disse o Cordeiro de Deus: "Eu sou a luz do mundo; quem me segue não andará em trevas, mas terá a luz da vida" (Jo 8:12).

2. A palavra *heresia* (em grego: *hairesis*) significa *seleção*. O termo *herege* quer dizer *selecionador*. Hereges eram chamados antigamente os cristãos que *selecionavam* a verdade no meio dos erros. Os outros (os não hereges) encapavam cegamente tudo – verdades e erros. Paulo de Tarso manda ser herege, quando diz: "Examinai tudo e ficai com o que é bom" (1 Ts 5:21). E aqui vai uma triste nova: a heresia, quase sempre, equivale a uma verdade inoportuna ou prematuramente proclamada. Hoje em dia, pasmem, seria o Crucificado considerado tão herege pelos cristãos como o foi, no primeiro século, pelos judeus. Os cristãos, em sua maioria, estão divorciados do espírito cósmico das alvíssaras de Jesus.

3. Para que não haja confusão sobre a diferença entre o significado dos termos *muçulmano* e *turco*, vimos essa nota como digna de menção. Vejamos. O termo *islâmico* se refere aos seguidores do Islamismo – religião monoteísta criada no século VII d.C., pelo

mercador honrado Maomé (571-632), e que hodiernamente existe mais de 1 bilhão e 500 milhões de seguidores em toda a Terra. Logo, islâmico é todo seguidor da religião islâmica. O vocábulo *muçulmano* é sinônimo de *islâmico* e até de *maometano*, não havendo nenhuma diferença entre as três palavras, porquanto dizem respeito a uma religião. Ressaltamos que o monoteísmo do Islamismo é resultado do intercurso com os israelitas expulsos pelas perseguições romanas, nos cinco primeiros séculos, e com os numerosos convertidos cristãos.

Já o termo *árabe* se refere a uma etnia, que, por sua vez, é caracterizada pela língua árabe. Exemplos de povos árabes: os iraquianos, os egípcios, os marroquinos, os palestinos, os sauditas, etc. A cidade de Meca, na Arábia Saudita, é considerada a mais sagrada do Islamismo. A religião islâmica foi criada pelo povo árabe, e entre esse povo o Islamismo ganhou muitos adeptos. Malgrado, nem todo muçulmano (ou islâmico) é árabe. Os turcos, os iranianos e os afegãos são povos muçulmanos, mas não árabes. Aliás, a Indonésia é o país onde existem mais muçulmanos. Ademais, na Europa há diversos povos muçulmanos, como é o caso dos albaneses, bósnios e chechenos. Além disso, há muitos imigrantes muçulmanos em países como França, Alemanha e Inglaterra.

Posto isso, nem todo muçulmano é árabe, como também nem todo árabe é muçulmano. Conquanto a maioria dos povos árabes professe o islamismo, o Líbano e a Síria (países árabes) – que têm o árabe como língua oficial e a maior parte de seus povos sejam seguidores do Islamismo – contêm uma expressiva parcela de sua população que é adepta do Cristianismo. Em outras palavras: no Líbano e na Síria existem muitos árabes que não são muçulmanos, já que não seguem o Islamismo.

Ainda cabe ressaltar que há bastante confusão entre imigrantes árabes, tomando-os como sendo turcos. Estes são muçulmanos, mas não são árabes. O equívoco muitas vezes se dá porque quando os primeiros imigrantes, que vieram da Síria e do Líbano (países árabes), inclusive para o Brasil, esses dois países estavam sob o domínio do Império Turco-Otomano (fundado em 1299), e, com efeito, eram registrados como turcos. Daí o engano. Contudo, atualmente o Líbano e a Síria são países independentes.

4. A Ordem dos Cavaleiros do Templo surgiu a partir de Hughes de Payens (1070-1136) – um cavaleiro que lutou ao lado de Godofredo de Bulhão –, quando no ano de 1118 se apresentou ao Rei Latino de Jerusalém – Balduíno II (1060-1131) –, com outros oito Cavaleiros, mostrando o enorme desejo de defender o reino cristão e proteger a rota de peregrinação, que ia da cidade portuária de Israel – Jafa – até Jerusalém. Em retribuição, Balduíno II ofereceu aos Cavaleiros a Mesquita Al-Aqsa, onde o rei Salomão tinha construído o original Templo de Jerusalém. Assim, surgiria o primeiro quartel-general da Ordem dos Templários, tornando-se, a partir de então, a sede oficial.

Pouco tempo depois, Hughes partiu ao Ocidente em busca do reconhecimento da Ordem pela Igreja e de novos Cavaleiros. Seu desiderato foi bem-sucedido: a Ordem dos Cavaleiros do Templo (ou Templários) foi aprovada e reconhecida no Concílio de Troyes, em 1128, pelo Papa Honório II (1060-1130). Em 1130, Hughes voltou à Palestina como o primeiro grão-mestre da Ordem dos Templários, e com um pequeno, mas bem treinado, exército de monges – todos eles hábeis com a espada, na luta corporal, e travestidos de hábito branco com o desenho da cruz de malta, na cor vermelha. O lema dos Cavaleiros Templários foi extraído do livro dos Salmos: "Non nobis Domine, non no-bis, sed nomini tuo ad gloriam." (Sl 115:1), que significa: "Não a nós, Senhor, não a nós, mas pela Glória de Teu nome." O crescimento vertiginoso da Ordem e, paralelamente, de seu prestígio na Europa, muito se devia ao fervor religioso.

É digno de menção e de alegria o que narra o Espírito Manoel Philomeno de Miranda sobre os Templários, na obra *No Rumo do Novo Mundo de Regeneração*, no capítulo V: "Havia abusos do poder e da conduta, sem dúvida, mas alguns eram profundamente devotados à Causa do Cristo e à libertação de Jerusalém, em razão da ignorância histórica e da intolerância medieval. Renasceram muitas vezes, tentando restaurar a fé e, na atualidade, vemos muitos deles à frente de respeitáveis instituições de caridade iluminadas pelo Espiritismo e a verdadeira fé raciocinada. Outros permanecem no mais-além vinculados aos seus cômpares, que estão no mundo, e tornam-se protetores desses abençoados núcleos de amor, que atendem com coragem, abnegação e renúncia. Eis por que o apoio dos Templários desencarnados é muito grande, cooperando sempre que se faz necessário, em favor da divulgação e vivência do Evangelho de Jesus. Através da História, eles sempre estiveram auxiliando, desde a Erraticidade, os trabalhadores do bem e investindo na dignificação da crença e no trabalho de libertação das paixões humanas."

5. Os Cátaros viviam em uma região localizada no sul da França – chamada Languedoc – composta dos seguintes departamentos (divisões territoriais) com suas respectivas cidades: Tarn-Et-Garonne (Montauban), Tarn (Albi, Puylaurens e Castres), Hérault (Béziers e Minerve), Haute-Garonne (Verfeil, Toulouse e Avignonet-Lauragais), Aude (Lastours, Farjeaux, Montreal, Carcassonne, Narbonne, Limoux, Fontfroide, Coustaussa, Puivert, Puliaurens, Peyrepertuse e Quéribus), Ariège (Pamiers, Mirepoix, Foix, Roquefixade, Montségur e Montaillou), Pyrénées-Orientales (Perpignan). O vocábulo *Languedoc* é formado pela expressão *langue d'oc*, ou seja, a *língua do oc*. A língua do *oc* era também conhecida como occitano, da palavra Occitânia, que, por sua vez, foi o nome atribuído pelos romanos à região, no intuito de distingui-la da Aquitânia. Na antiga Occitânia, que incluía o Limousin, o Languedoc, a antiga Aquitânia e parte dos Alpes franceses, a língua comum era o occitano – dialeto derivado do latim.

Baseados na mudança individual, na responsabilidade, na fraternidade, os Cátaros, onde se estabeleciam, faziam fluir as luzes do amparo a todos, revivendo os costumes de auxílio, de caridade fraterna, criando laços de amor e estudo. Eram pacíficos. Muitos deles eram ricos e nobres. Os Cátaros negavam a necessidade de intermediários entre Deus e Jesus, como a Igreja apregoava, e se davam o direito de estudar e interpretar, por si mesmos, as Santas Escrituras. Eles estudavam exclusivamente os Quatro Evangelhos. No entanto, não eram católicos dissidentes; tinham, ao contrário, perfeita consciência e convicção de pertencerem a uma religião que jamais teve coisa alguma a ver com o Catolicismo – a uma religião mais antiga do que Igreja.

E mais: o fato de o catarismo haver adotado práticas ou princípios doutrinários gnósticos não o caracteriza necessariamente como seita gnóstica. Da mesma forma, não podemos considerar que o Espiritismo seja seita gnóstica, por possuir uma doutrina que o gnosticismo também incorporou aos seus postulados. Conceitos como Espírito e sua preexistência antes da formação do corpo material, sua sobrevivência após a morte, imortalidade e reencarnação, constituem verdades universais e não propriedade desta ou daquela corrente religiosa ou filosófica.

Os neoplatônicos também ensinavam tais aspectos, sem se preocupar com o conteúdo religioso, ou melhor dizendo – teológico – embutido no seu ideário e nem com o proselitismo ou a perseguição de que não pensasse como eles. Contudo, podem ser considerados verdadeiros gnósticos no sentido primordial do termo – isto é, aqueles que buscam o conhecimento como método de aprimoramento individual.

Acrescentamos que os Cátaros introduziram, ainda que sutil, significativa modificação ao pensamento maniqueísta, ou seja, não consideravam bem e mal como princípios da mesma força e poder. Para os Albigenses, o bem seria imutável, eterno, permanente, ao passo que o mal estaria sujeito à instabilidade, à transitoriedade e, portanto, à entropia e eventual extinção em um mundo regenerado, purificado e, com efeito, livre do erro. Os Cátaros não admitiam senão um único Deus, embora percebessem a necessidade moral de distinguir os dois princípios – do bem e do mal. O dualismo cátaro representa uma doutrina intermediária entre o monismo agostiniano (Agostinho afirmava que o mal não tem existência real, não sendo senão a ausência do bem) e o dualismo maniqueu.

Vamos encerrando essa extensa, mas necessária nota, informando que logo na primeira investida, em Béziers, no ano de 1209, através do comandante militar da cruzada contra os Albigenses – Simon Monfort (1165-1218) – 60 mil pessoas desencarnaram da forma mais torpe e violenta imagináveis ou não. De lá, marcharam para Carcassonne, onde aprisionaram Raimundo VI (1156-1222), que desencarnou na prisão. Simon prosseguiu e conquistou Alzonne, Franjeaux, Castres, Mirepois, Pamiera e Albi. Em 1210, sitiaram Minerve queimando 40 pessoas vivas. Também conquistaram Puivert. A destruição total dos Cátaros, ordenada pelo Papa Inocêncio III, em 1209, demoraria 35 anos para se efetivar totalmente. A campanha militar encerrou-se tecnicamente com a tomada de Montségur, em 16 de março de 1244, onde foram queimados vivos mais de 200 Cátaros, homens e mulheres, em uma só fogueira gigantesca, que iluminou os céus com as *chamas do ódio* e deixou espalhadas no chão da história as *cinzas da liberdade*.

6. O Rei francês Luís IX é o mesmo São Luís. Este teve papel fundamental na Codificação Espírita, sendo o principal Espírito responsável pela composição de *O Livro dos Médiuns*, além de ter sido o mentor espiritual da Sociedade Parisiense de Estudos Espíritas, fundada em 1.º abril de 1858, por Allan Kardec.
7. Joseph Bonaparte nasceu em Corte, na Córsega, no dia 7 de janeiro de 1768, pouco mais de um ano antes de seu irmão Napoleão. Casou-se com Marie Julie Clary (1771-1845), em 1794. Foi nomeado embaixador do Diretório primeiro em Parma e

depois em Roma. Negociou o Tratado de Mortefontaine com os Estados Unidos, em 1800, a Paz de Lunéville com a Áustria, a Concordata com a Santa Sé (1801), e a Paz de Amiens com a Inglaterra, em 1802. Como ilustre diplomata, ajudou a negociar, em 1803, a compra do Estado da Louisiana/EUA. Os destaques de sua carreira militar foram suas nomeações para o posto de coronel e brigadeiro-general em 1804. Em 1805, foi enviado por Napoleão como major-general e comandante do exército de Nápoles. Em 1806, Joseph invadiu Roma e derrubou o rei Fernando I (1751-1825) de Nápoles, bem como os britânicos. Napoleão ficou tão feliz que, no mesmo ano, nomeou seu irmão mais velho como Rei de Nápoles e da Sicília, e, com efeito, sua esposa Clary tornou-se a rainha consorte de Nápoles, ao ponto de continuar (sozinha) no poder como tal quando Joseph precisou, às pressas, assumir o reinado da Espanha, pois Napoleão (como imperador) publicou o decreto que nomeou seu irmão, em 6 de junho de 1808.

O escritor australiano Philip Dwyer, em sua excelente biografia de Napoleão, no volume II – *The Path to Power* (*O Caminho para o Poder*), p.160/161 – diz que o imperador corso "certamente amava seu irmão". Na *The Confidential Correspondence of Napoleon Bonaparte With His Brother Joseph* (*A correspondência confidencial de Napoleão Bonaparte com seu irmão José*), volume I, publicada em 1855 (p.4/5), está exarado o que em junho de 1795 Napoleão escreveu a Joseph: "Em quaisquer circunstâncias em que você seja colocado pela fortuna, você sabe bem, meu amigo, que não pode ter um amigo melhor ou mais querido do que eu, ou alguém que deseja mais sinceramente a sua felicidade. A vida é um sonho frágil, que logo acabará. Se você vai embora e acha que ainda vai demorar, mande-me seu retrato. Temos vivido juntos por tantos anos, tão intimamente unidos, que nossos corações se tornaram um, e você sabe melhor que o meu pertence inteiramente a você. Enquanto escrevo estas linhas, sinto uma emoção que raramente experimentei. Temo que demore muito para nos vermos novamente e não posso escrever mais."

Trazemos uma especulação, baseada em informações dadas pelos Espíritos, ao longo dos 20 anos de nossa experiência mediúnica, de que o amigo íntimo e principal general romano de Júlio César – o triúnviro Marco Antônio –, é o mesmo Espírito que assumiu a personalidade de Joseph Bonaparte, irmão mais velho de Napoleão. Apenas algumas curiosidades: à semelhança de Marco Antônio, Joseph nunca foi afeito à política. Como deputado da Córsega, no Conselho dos Quinhentos, os debates pouco o atraíam e, no final do mandato, não procurou a reeleição. No livro *Napoleon's Brothers* (*Os Irmãos de Napoleão*), de Andrew Hilliard Atteridge (1844-1912), publicado em 1909 (p.48/49), vamos encontrar que "Joseph tinha um elemento de preguiça em seu caráter, uma disposição para descansar e desfrutar tranquilamente das coisas boas que possuía de maneira digna." Concordamos plenamente com o autor.

8. Essa atitude de Napoleão assemelha-se à de Alexandre Magno, quando conquistava cidades e povos. E não poderia ser diferente: esse atavismo estava intrínseco nos refolhos de sua alma (perispírito), uma vez que estamos falando do mesmo Espírito.

9. Até então, a maioria das informações sobre esse país tão grande e fascinante provinha das histórias contadas pelos viajantes aventureiros e pelos escritores da Antiguidade, como, por exemplo, Heródoto. A comissão de cientistas que acompanharam Napoleão estava continuamente ocupada, estudando cada aspecto da vida e da história dos egípcios. Estudaram os pássaros e os gatos mumificados, a vida selvagem do rio Nilo, a música oriental. Confeccionaram excelentes mapas da região, exploraram ruínas antigas e fizeram pesquisas arqueológicas. Qualquer turista que hoje for visitar o Museu do Louvre, em Paris, e desejar conhecer a "ala" egípcia ficará estupefato com a riqueza de detalhes desse país – todas elas trazidas da campanha de Napoleão ao Egito.
10. Vide nota n.º 8 (Parte II) deste livro.
11. A personalidade que esse Espírito está assumindo, enquanto fazemos esta narrativa, não temos autorização para revelá-la. O respeitável médium Divaldo Pereira Franco, que nos passou tal informação, não nos pediu sigilo; mas também não disse que poderíamos disseminar quem seria, hoje, o corso francês. Preferimos manter a discrição.
12. Assim está exarado em o Apocalipse (1:19): "Escreve as coisas que tens visto, e as que são, e as que depois destas hão de acontecer." Pois bem: "as coisas que tens visto" são as que João viu naquela oportunidade em que escreveu o capítulo I; "as que são" diz respeito às que João escreve nos capítulos II e III; "e as que depois destas hão de acontecer" são as ações ignominiosas que o ser humano realizou, descritas neste pequeno resumo – "Ó, Crucificado, o que fizemos de Ti!" – e estão contidas nos capítulos IV ao XVII do *Livro da Revelação*. O estabelecimento irrevogável do evangelho crístico de Jesus, na civilização do terceiro milênio, encontra-se nos capítulos XVIII a XXII.
13. Desde já, ressaltamos que é falsa a concepção de que Jesus voltará à Terra em pessoa. Haverá volta espiritual e não física, tal como o homem a sonhou; será volta para seu povo, pela voz dos mensageiros, falando àqueles que têm os ouvidos (da alma) abertos. Não é somente "o Consolador, que é o Espírito Santo a quem o Pai enviará em Seu nome" (Jo 14:26), a única referência a demonstrar ser em espírito que Jesus havia de "voltar PARA nós" (Jo 14:18), e não ENTRE nós.

Supor que Jesus precisasse regressar à Terra – esse sórdido atoleiro, esse exílio temporário a Espíritos rebeldes –, depois da luminosa Revelação do Espírito de Verdade, ao qual claramente se refere pelo verbo de João (14:17), é admitir uma superfetação de deveres, uma intromissão supérflua, uma repetição de ensinos, que já agora nada mais adiantariam ao que Ele pregou. Que viria o Messias cá fazer em pessoa senão provocar polêmicas e explosões de ódios, que culminariam por fazê-lo ascender ao Gólgota novamente com a cruz às costas? A quem possa interessar, deixaremos aqui algumas referências evangélicas de que Jesus não virá pessoalmente. Ei-las: (Mt 14:27; 24:23,27,30; 26:29; Jo 14:19,26).
14. Página psicografada pelo médium Divaldo Pereira Franco no dia 22 de maio de 2007, quando visitou as ruínas de Éfeso, na Turquia. Essa mensagem está exarada no livro *Espiritismo e Vida*, capítulo XIX, cujo autor é o Espírito Vianna de Carvalho.
15. Lázaro. (*O Evangelho Segundo o Espiritismo*, cap. XVII, item 7.)

Referências

ALMEIDA, João Ferreira de Almeida. *Bíblia Sagrada Almeida Corrigida Fiel*. Belenzinho, SP: Sociedade Bíblica Trinitariana do Brasil, 1994.

ÂNGELIS, Joanna de (Divaldo Pereira Franco). *Amor, Imbatível Amor*. 12.ed. Salvador, BA: Livraria Espírita Alvorada, 1998.

_____, Joanna de (Divaldo Pereira Franco). *Autodescobrimento*. 16.ed. Salvador, BA: Livraria Espírita Alvorada, 1995.

_____, Joanna de (Divaldo Pereira Franco). *Estudos Espíritas*. 2.ed. Rio de Janeiro: Federação Espírita Brasileira, 1982.

_____, Joanna de (Divaldo Pereira Franco). *Jesus, à Luz da Psicologia Profunda*. 2.ed. Salvador, BA: Livraria Espírita Alvorada, 2000.

_____, Joanna de (Divaldo Pereira Franco). *No Limiar do Infinito*. 5.ed. Salvador, BA: Livraria Espírita Alvorada, 1978.

_____, Joanna de (Divaldo Pereira Franco). *Vidas Vazias*. Salvador, BA: Editora Leal, 2020.

BESANT, Annie. *As Revelações Secretas da Religião Cristã*. São Paulo: Editora Pensamento, 2009.

BROWN, Raymond E. *O Nascimento do Messias*. São Paulo: Editora Paulinas, 2005.

CAMPOS, Humberto de (Francisco Cândido Xavier). *Boa Nova*. 32.ed. Brasília: Federação Espírita Brasileira, 2004.

CARVALHO, Vianna de (Divaldo Pereira Franco). *À Luz do Espiritismo*. 4.ed. Salvador, BA: Livraria Espírita Alvorada, 2000.

_____, Vianna de (Divaldo Pereira Franco). *Espiritismo e Vida*. Salvador, BA: Livraria Espírita Alvorada, 2009.

_____, Vianna de (Divaldo Pereira Franco). *Princípios Espíritas*. Salvador, BA: Livraria Espírita Alvorada, 1992.

_____, Vianna de (Divaldo Pereira Franco). *Reflexões Espíritas*. Salvador, BA: Livraria Espírita Alvorada, 1992.

DENIS, Léon. *Cristianismo e Espiritismo*. Rio de Janeiro: Federação Espírita Brasileira, 2008.

EMMANUEL (Francisco Cândido Xavier). *A Caminho da Luz*. 11.ed. Rio de Janeiro: Federação Espírita Brasileira, 1982.

_____, (Francisco Cândido Xavier). *Emmanuel*. 25.ed. Rio de Janeiro: Federação Espírita Brasileira, 1938.

_____, (Francisco Cândido Xavier). *O Consolador*. 24.ed. Rio de Janeiro: Federação Espírita Brasileira, 1940.

_____, (Francisco Cândido Xavier). *Religião dos Espíritos*. Rio de Janeiro: Federação Espírita Brasileira, 1960.

_____, (Francisco Cândido Xavier). *Vinha de Luz*. 19.ed. Rio de Janeiro: Federação Espírita Brasileira, 1952.

EUSÉBIO. *História Eclesiástica*. Rio de Janeiro: Casa Publicadora das Assembleias de Deus, 1999.

FOXE, John. *O Livro dos Mártires*. 1.ed. eletrônica. São Paulo: Editora Mundo Cristão, 2013.

GOLDSWORTHY, Adrian. *Antônio e Cleópatra*. Lisboa: Esfera dos Livros, 2012.

JEREMIAS, Joachim. *Jerusalém no Tempo de Jesus*. 3.ed. Santo André, SP: Editora Paulus. 2015.

JOSEFO, Flávio. *Antiguidades Judaicas*. São Paulo: Editora das Américas, 1974.

_____, Flávio. *Biografia Escrita por Ele Mesmo*. São Paulo: Editora das Américas, 1974.

_____, Flávio. *Guerras I*. São Paulo: Editora das Américas, 1974.

_____, Flávio. *Guerras II*. São Paulo: Editora das Américas, 1974.

KARDEC, Allan. *A Gênese*. 48.ed. Rio de Janeiro: Federação Espírita Brasileira, 1944.

_____, Allan. *O Evangelho Segundo o Espiritismo*. 43.ed. Rio de Janeiro: Federação Espírita Brasileira, 1954.

_____, Allan. *O Livro dos Espíritos*. 33.ed. Rio de Janeiro: Federação Espírita Brasileira, 1974.

_____, Allan. *Revue Spirite de 1863*. São Paulo: EDICEL, São Paulo, 1985.

_____, Allan. *Revue Spirite de 1864*. São Paulo: EDICEL, 1985.

MIRANDA, Hermínio Correia. *Cristianismo: A Mensagem Esquecida*. Matão, SP: Editora O Clarim, 1988.

_____. Hermínio Correia. *Os Cátaros e a Heresia Católica*. Niterói, RJ: Editora Lachâtre, 2002.

_____. Hermínio Correia. *Os Senhores do Mundo*. Bragança Paulista, SP: Editora Lachâtre, 2015.

MIRANDA, Manoel Philomeno de. *No Rumo do Mundo de Regeneração*. 1.ed. eletrônica. Salvador, BA: Editora Leal, 2020.

NEWTON, Isaac. *As Profecias do Apocalipse e o Livro de Daniel*. 2.ed. São Paulo: Editora Pensamento, 2011.

PASTORINO, Carlos Torres. *Sabedoria do Evangelho*, volume I. Rio de Janeiro: Editora Sabedoria, 1964.

_____. Carlos Torres. *Sabedoria do Evangelho*, volume II. Rio de Janeiro: Editora Sabedoria, 1964.

_____. Carlos Torres. *Sabedoria do Evangelho*, volume III. Rio de Janeiro: Editora Sabedoria, 1964.

_____. Carlos Torres. *Sabedoria do Evangelho*, volume IV. Rio de Janeiro: Editora Sabedoria, 1964.

_____. Carlos Torres. *Sabedoria do Evangelho*, volume V. Rio de Janeiro: Editora Sabedoria, 1964.

_____, Carlos Torres. *Sabedoria do Evangelho*, volume VI. Rio de Janeiro: Editora Sabedoria, 1964.

_____, Carlos Torres. *Sabedoria do Evangelho*, volume VII. Rio de Janeiro: Editora Sabedoria, 1964.

PLUTARCO. *Alexandre e César*. 4.ed. Rio de Janeiro: Nova Fronteira, 2016.

_____. *Vidas Paralelas*, 1.ed. eletrônica. Madrid: Secretaria de Cultura, 2017.

RODRIGUES, Amélia. *Há Flores no Caminho*. 5.ed. Salvador, BA: Livraria Espírita Alvorada, 1982.

_____. Amélia. *Luz do Mundo*. 1.ed. eletrônica. Salvador, BA: Editora Leal, 2017.

_____. Amélia. *Primícias do Reino*. 1.ed. eletrônica. Salvador, BA: Editora Leal, 2015.

_____. Amélia. *Quando Voltar a Primavera*. 6.ed. Salvador, BA: Livraria Espírita Alvorada, 2004.

_____. Amélia. *Vivendo com Jesus*. 1.ed. eletrônica. Salvador, BA: Editora Leal, 2014.

ROHDEN, Huberto. *O Drama Milenar do Cristo e do Anti-Cristo*. 2.ed. São Paulo: Fundação Alvorada, 1981.

_____. Huberto. *A Mensagem Viva do Cristo (O Novo Testamento)*. São Paulo: Martin Claret, 2006.

_____. Huberto. *Paulo de Tarso*. 6.ed. São Paulo: Martin Claret, 2007.

SAMPAIO, Bittencourt. *Do Calvário ao Apocalipse*. 7.ed. Rio de Janeiro: Federação Espírita Brasileira, 2005.

SAYÃO, Antônio Luiz. *Elucidações Evangélicas*. 14.ed. Rio de Janeiro: Federação Espírita Brasileira, 2006.

SCHUTEL, Caibar. *Interpretação Sintética do Apocalipse*. Matão, SP: Editora O Clarin, 1918.

SCOTT, Benjamin. *As Catacumbas de Roma*. 30.ed. Rio de Janeiro: Editora CPAD, 2008.

SUETÔNIO, Caio. *As Vidas dos Doze Césares*. 6.ed. São Paulo: Atena, 1985.

UBALDI, Pietro (Sua Voz). *A Grande Síntese*. Rio de Janeiro: Federação Espírita Brasileira, 1939.